高校辅导员专业发展论

史仁民◎著

中央编译出版社
Central Compilation & Translation Press

图书在版编目（CIP）数据

高校辅导员专业发展论 / 史仁民著 .—北京：中央编译出版社，2018.1
ISBN 978-7-5117-3444-0

Ⅰ．①高…
Ⅱ．①史…
Ⅲ．①高等学校 – 辅导员 – 工作 – 研究
Ⅳ．① G645.1

中国版本图书馆 CIP 数据核字（2017）第 269745 号

高校辅导员专业发展论

作　　　者：	史仁民
出版统筹：	贾宇琰
责任编辑：	曲建文
执行编辑：	廖晓莹
责任印制：	刘　慧
出版发行：	中央编译出版社
地　　　址：	北京西城区车公庄大街乙 5 号鸿儒大厦 B 座（100044）
电　　　话：	（010）52612345（总编室）　（010）52612370（编辑室） （010）52612316（发行部）　（010）52612346（馆配部）
传　　　真：	（010）66515838
经　　　销：	全国新华书店
印　　　刷：	廊坊市海涛印刷有限公司
开　　　本：	710 毫米 × 1000 毫米　1/16
字　　　数：	226 千字
印　　　张：	19.25
版　　　次：	2018 年 1 月第 1 版
印　　　次：	2018 年 1 月第 1 次印刷
定　　　价：	68.00 元

网　　　址：	www.cctphome.com　　邮　箱：cctp@cctphome.com
新浪微博：@中央编译出版社　　微　信：中央编译出版社（ID：cctphome）
淘宝店铺：中央编译出版社直销店（http：//shop108367160.taobao.com）（010）52612349

本社常年法律顾问：北京市吴栾赵阎律师事务所律师　闫军　梁勤
凡有印装质量问题，本社负责调换，电话：（010）55626985

序

我很高兴为史仁民博士《高校辅导员专业发展论》一书作序。该书是在其博士论文的基础上经过几年的积累、沉淀、修订与发展，立意更为高远，观点更为明晰，视野更为广阔，结构更为合理，分析更加深入。

高校辅导员是高等学校教师队伍和管理队伍的重要组成部分，在大学生健康成长中起着非常重要的作用。2016年12月在北京召开的全国高校思想政治工作会议上，习近平同志出席并发表重要讲话。他强调，高校思想政治工作关系高校培养什么样的人、如何培养人以及为谁培养人这个根本问题。要坚持把立德树人作为中心环节，把思想政治工作贯穿教育教学全过程，实现全程育人、全方位育人，努力开创我国高等教育事业发展新局面。习近平同志的要求，明确了加强和改进高校思想政治工作的聚焦点、着力点，为新时期做好大学生思想政治工作提出了新要求、新方法。如何践行则需要更好地发挥高校辅导员队伍的作用，为此也迫切需要从理论和实践两个层面对其角色定位和素质提升进行深入研究。此书可谓"生正逢时"。

史仁民的研究从高校辅导员专业化视角切入，研究主要采用理论分析与实证考察相结合的方式。首先运用教师专业发展理论、人力资源管理理论和高等教育功能理论为研究基础，对高校辅导员工作角色做以"教育者""管理者"和"服务者"的划分，研究目标直指促进学生发展和提高辅导员队伍的自身生命质量，既抓住了我国高校学生事务管理中的问题症结，也深入探讨了高校辅导员专业发展的制度意义与实践意义。在此基础上，按照本体论和方法论的研究视角，对辅导员的专业发展内容与途径进行深入剖析，并加以思辨与阐释。其次，在当前辅导员专业发展过程中，辅导员的"双重身份"带来的"双重管理"问题，已经形成了辅导员发展问题的强大惯性；同时，辅导员的发展研究又很难找到实验室的数据参照、依据；加之定位模糊、政策调整变化等客观原因的存在，让辅导员专业发展的应然图景很难在实然中落地生根。

面对学界异彩纷呈的研究成果，史仁民抱着学习借鉴又勇于创新的态度展开研究。基于历史研究视角，提出将我国高校辅导员的发展追溯至"黄埔军校的政治工作制度"，几经变迁发展至今，辅导员工作从"单项"转向到"全面育人"专业发展之路；基于比较研究视角，从英美等境外高校学生事务管理的发展轨迹中采撷适合我国高校辅导员专业发展需要的本土资源；基于实证考察角度，结合他本人近30年的辅导员相关岗位实践，从专业发展视角出发，着重对高校辅导员角色定位、工作内容、核心素质、在职培训等突出问题予以具体考察分析，并对专业培养方案、管理实践样本以及辅导员发展路径进行实证调研，为当前高校辅导员专业发展提供了实践样本。研究视野开阔、内容充实，体现了真实性、时代性与实践性的特点。

高校辅导员专业化是个值得研究的问题，以教师专业发展理论为依据对高校辅导员的发展问题进行研究，这更不失为一个有意义的大胆尝试。随着时代的发展，特别是全球化和高等教育大众化的来临，高校的思想政治工作也发生了根本的变化，在人才培养中的重要地位日显突出。高校辅导员的专业素质问题成为近年来我国教育变革中的重要议题，亦是需要理论界不断基于多视角、多路径、多方法进行综合探究的问题。史仁民在申请攻读教育学博士学位的研读计划中，便开始关注和思考高校辅导员专业发展相关问题，体现了他对高等教育问题的敏感，凝结了其多年来对从事的本职岗位的热爱和尊重情感，更体现了他在岗位实践遇到困惑的时候，选择用理论研究为实践解惑也是一种做研究的实事求是的基本态度。

作为其博士生导师，四年来，我见证着他在研究道路上的成长，并欣赏他在学问求索上的坚持不懈。希望他不忘初心，为教育改革中的高校辅导员专业发展研究奉献更多的智慧！更希望能够得到更多的同行学者的支持与鼓励！

2017年2月15日于大连

前 言

高等教育改革的推进，一直将辅导员置于风口浪尖，给辅导员不同工作定向和不同发展角度的思考。所以学界对高校辅导员专业发展问题的研究一直呈现"多且杂"的局面。从历史研究来看，高校辅导员这个研究领域没有自己独立的专门的本体化理论作为研究基础，都是将思路放在辅导员是教师这个框架进行的。而教师作为一个专业，是发展的。因此，对辅导员专业发展的论说，首先要厘清教师专业发展研究。

在对教师专业发展研究中，一直有两种思潮齐头并进：一是教师专业主义思潮，二是教师发展主义思潮。专业主义思潮主张把教师视为一种专业，而发展主义思潮则是把教师这个专业的发展作为研究出发点。本书将以此为始基，从专业和发展两个维度，论述高校辅导员的专业发展。

育人是大学的本体功能与任务。教学、管理和服务三个主要育人环节分别通过课程、制度和活动的形式发挥着大学的功用。在实现育人目标的过程中，大学内部逐渐形成了不同形式的育人主体。教学育人在世界高校范围内都是通过专业教师用课程的形式通过知识的传授，使学生获得知识和技能，我们称之为"教以事"。知识和技能以外，学生还需要获得和提高身心全面的可持续发展能力，这是大学的管理和服务育人环节的任务，我们称之为"教以理"。相对于教学，这个系统在国（境）外高校的设置中称作学生事务，实行明确的专项分工，工作人员的专业化程度高，在高度专业的领域里专职从事促进学生发展的工作。在中国高校，这项育人职能的任务主要由辅导员队伍来完成。

中国高校设立辅导员制度最初是以思想改造为目的的，其角色是政治性的，负责"思想政治工作+思想政治教育"，可以说这是中国大学的一个特色。客观上，辅导员在中国高校的历史发展中也发挥了不可替代的作用。

随着高等教育的改革、发展和进步，辅导员队伍在育人的过程中出现了群体的不适应，甚至陷入发展困境。究其根源，这是一种从传统单纯的思想政治教育问题到实现高校全面发展需要的转变过程中，传统高校"单项工作"和现代大学"全面育人"要求的碰撞。解决这个问题已经不只是辅导员这个拥有12万之众群体自身对工作的一种诉求，从某种意义上说，这是国家、高校、辅导员和高校服务对象的共同企盼。

辅导员是离大学生最"近"的老师，要使其工作发展成为集教育、管理和服务的角色于一身，成为大学生健康成长和全面发展的"指导者和引路人"，根本办法是还原辅导员的教育性，从专业发展的思路来解决问题。

本书系统梳理高校辅导员制度的发展历史，得出辅导员专业发展的内涵实质；从专业发展的视角总结归纳了辅导员发展问题的关键结点。研究抛开了过去所有关于辅导员的职业的、专业的、理论的、现实的争论，以专业发展问题为核心直面辅导员"发展"问题本身，展开全景的论述。通过调查研究，明确辅导员发展现状，分析中国辅导员专业发展的主要问题。选择有代表性的案例分析高等教育发达的国家和地区学生事务管理的先进经验。在综合、全面地分析辅导员工作的基础上，结合中国高校实际，提出辅导员专业发展的对策和建议。本书的主要价值和意义在于：紧紧围绕和把握辅导员专业发展问题的本质，在广泛调研、综合分析和吸取他人研究成果的基础上提出可操作的辅导员专业发展路径；以学生事务管理的科学化、专业化为基础对辅导员专业发展进行的研究，既是新的教育观念在教师教育领域的体现，也力图让人们开始以系统思维的视角看待辅导员作为专业教师的教育。

本书试图突破传统单一思辨式的研究方法，构建全新的高校辅导员专业发展理论与实践路径。专业发展研究是本书的核心，理论探索与实证研究相结合是本书的最大亮点。辅导员的发展研究很难找到实验室的数据参考；加之定位模糊、政策变化更替频繁等客观原因，让辅导员专业发展的应然图景很难在实然中落地生根。面对纷繁复杂的研究现状，结合笔者对辅导员角色的深刻理解和岗位实践，从专业发展的视角着重对高校辅导员角色定位、工作内容、核心素质、在职培训等突出问题予以具体展开；而实证研究方法的运用使得本书更丰满、更鲜活，对专业培养方案、管理实践样本及辅导员发展路线的实证调研，为当前高校辅导员专业发展提供了实践样本。通过实证考察基础上的反思与分析，既突出重点，又切中要害。这种独特的视角和高度的"问题意识"，体现了对高等教育问题的敏感性，也凝结了笔者从事高等教育理论与实践工作的深入思考。

在结构方面，本书分为两部分。第一部分"作为专业的辅导员"是本体论研究，主要回答"是什么"的问题。从研究的缘起、目的、方法，到境内外的案例分析和比较，汇集百家之言于一身，都在回答一个问题：专业。第二部分"作为发展的辅导员"，是方法论研究，主要回答"怎么做"的问题。以休伯曼的教师生涯发展理论和伯利纳的五阶段理论为基础，纵向上从职前培养到入职选拔和在职教育，各个阶段的方案、对策清晰、具体。横向上以教师信念理论、知识理论、能力理论和人力资源管理理论为依托，在特质论和生态文化视角框架下将"知、情、意、行"的培养镶嵌在纵向的三个阶段中。这种以多学科为基础的研究是时下主要研究范式，让辅导员专业实现的可能性和具体操作路径的可行性顺理成章，使两部分应然与实然亲密互动，架构清晰明确。

从博士论文到专著，是笔者在学术研究方面的一个理性思考。用教师专业发展理论为基础对高校辅导员的发展问题进行研究，这是先例。实践证明，在教育学原理研究的领域，只要方法得当，找准一个理论或者实践方面的真实问题，以教育学的基本理论为基础，辅之以艰辛的理论学习和实践的助力，就可能出现有价值的研究成果。

时代在发展。习近平同志在高校思想政治工作会议上的讲话，明确提出了加强和改进大学生思想政治教育工作的意见，指出了高校育人的方向。加强和改进大学生的思想政治教育工作，辅导员是先锋。辅导员应该克服腼腆与羞涩，理直气壮地站在高校育人最前沿，在完成高校"为谁培养人""培养什么样的人""怎么培养人"的使命中，主动担当。

因笔者学识水平有限，视野也不够开阔，书中难免存在疏漏以及不当之处，恳请高校同行、专家、学者给予批评指正。

目 录

第一部分 作为专业的辅导员

第一章 专业研究的必要性与可行性 ………………………………… 4
一、研究的必要性 ………………………………………………………… 4
（一）辅导员在高校实现育人功能中的意义 ……………………… 4
（二）高校辅导员发展存在的问题分析 …………………………… 7
（三）境内外高校提供了辅导员制度发展的成功范例 ………… 14
二、研究的可行性 ……………………………………………………… 16
（一）与辅导员专业发展问题相关的研究 ……………………… 17
（二）与辅导员专业发展相关的教师专业发展研究 …………… 21
（三）辅导员发展建设的相关文件、规定 ……………………… 21
（四）现有研究存在的主要问题 ………………………………… 22

第二章 理论研究的基础、意义与方法 ……………………………… 25
一、研究的基础 ………………………………………………………… 25
二、研究的意义 ………………………………………………………… 26
（一）理论意义 …………………………………………………… 27
（二）现实意义 …………………………………………………… 27
三、研究的方法 ………………………………………………………… 28
（一）文献分析法 ………………………………………………… 30
（二）调查研究法 ………………………………………………… 31
（三）工作分析法 ………………………………………………… 31

第三章 历史研究的界说与对比 ……………………………………… 33
一、概念的界定 ………………………………………………………… 33
（一）辅导员与辅导员制度 ……………………………………… 33
（二）发展与辅导员专业发展 …………………………………… 35

二、研究的理论依据 …………………………………………… 39
　　（一）高等教育功能论 …………………………………… 40
　　（二）教师专业发展理论 ………………………………… 41
　　（三）人力资源管理理论 ………………………………… 44
　　（四）马克思主义关于人的全面发展理论 ……………… 45
　　（五）人本主义理论 ……………………………………… 46
三、高校辅导员专业发展的意义诠释 ………………………… 49
　　（一）辅导员专业发展是实现高校育人目标的重要途径 … 50
　　（二）辅导员专业发展是实现学生全面发展的客观需要 … 51
　　（三）辅导员专业发展是辅导员队伍可持续发展的需要 … 52
四、辅导员专业发展的内容构成要素 ………………………… 59
　　（一）教育理念的专业化 ………………………………… 59
　　（二）知识体系的专业化 ………………………………… 60
　　（三）组织制度的专业化 ………………………………… 61
　　（四）教育培训的专业化 ………………………………… 61
　　（五）资格制度的专业化 ………………………………… 62

第四章　实证研究的现状与问题 ……………………………… 64
一、中国高校辅导员制度发展历史的概况 …………………… 64
　　（一）中国高校辅导员制度发展的历史演进 …………… 64
　　（二）中国高校辅导员制度历史发展的主要特征分析 … 71
二、中国高校辅导员制度的发展现状与问题分析 …………… 74
　　（一）高校辅导员制度的现状调查 ……………………… 74
　　（二）高校辅导员制度存在的问题分析 ………………… 79
三、国（境）外高校学生事务管理的案例分析 ……………… 109
　　（一）国（境）外高校学生事务管理简介 ……………… 110
　　（二）国（境）外高校学生事务管理的共性特征及启示 … 125

第二部分　作为发展的辅导员

第五章　发展阶段的角色与分析 ……………………………… 137
一、辅导员职业的角色定位分析 ……………………………… 137
　　（一）学生健康政治社会化的塑造者 …………………… 139

（二）学校提高学生就业竞争力的指导者 …………………… 141
　　（三）学生心理健康发展的咨询者 ………………………… 142
　　（四）学校日常学生事务的管理者 ………………………… 143
二、辅导员的工作内容组成分析 …………………………………… 144
　　（一）思想引导 ……………………………………………… 145
　　（二）发展辅导 ……………………………………………… 147
　　（三）事务管理 ……………………………………………… 152
三、辅导员的核心素质构成分析 …………………………………… 162
　　（一）科学的工作理念 ……………………………………… 163
　　（二）全面的工作知识 ……………………………………… 170
　　（三）系统的工作能力 ……………………………………… 190
　　（四）实用的工作智慧 ……………………………………… 199

第六章　培养阶段的定位与教学 …………………………………… 208
一、构建职前的专业培养方案 ……………………………………… 208
　　（一）培养目标 ……………………………………………… 213
　　（二）培养要求 ……………………………………………… 213
二、完善在职的持续培训体系 ……………………………………… 215
　　（一）培训内容要实用化 …………………………………… 218
　　（二）培训形式要多样化 …………………………………… 219

第七章　入职阶段的标准与保障 …………………………………… 221
一、建立辅导员专业标准的框架 …………………………………… 222
　　（一）辅导员专业标准框架的内容 ………………………… 222
　　（二）对辅导员专业标准框架的说明 ……………………… 225
二、体制建设保障 …………………………………………………… 226
　　（一）完善"双重领导"的领导体制 ……………………… 226
　　（二）落实"双重身份"的管理体制 ……………………… 227
三、机制建设保障 …………………………………………………… 229
　　（一）建立科学的选聘和培养机制 ………………………… 230
　　（二）完善规范的考评、激励机制 ………………………… 230
　　（三）落实长效的培训机制 ………………………………… 243

四、组织建设保障 ·· 244
　　　　（一）规范和引领学生事务工作走向专业化 ················ 244
　　　　（二）打造辅导员专业发展的平台 ······························· 245
　　　　（三）沟通政府、社会与高校 ······································· 246
　　五、物质资源建设保障 ·· 247

第八章　在职阶段的培训与提升 ··· 248
　　一、辅导员的培训与提升 ··· 248
　　二、辅导员岗位管理模式的实践样本 ·· 249
　　　　（一）辅导员职业的管理模式类别 ······························· 249
　　　　（二）专项分工管理模式的辅导员配置 ······················· 251
　　结　语 ·· 254

后　记 ·· 258
附　件 ·· 259
　　附件1：《对高校辅导员职业的认识调查问卷》（调查问卷1）····· 259
　　附件2：《关于高校辅导员的职业、专业发展现状的调查问卷》
　　　　　（调查问卷2） ·· 262
　　附件3：《关于高校辅导员工作效果的调查问卷》
　　　　　（调查问卷3） ·· 267
　　附件4：访谈提纲 ·· 269
参考文献 ·· 270

第一部分
作为专业的辅导员

辅导员的专业发展，包含着辅导员的专业和辅导员的发展。从大学的本体功能与任务思考，辅导员是专业的，又是发展的。作为专业的辅导员，在过去的专业研究领域，有与教师专业发展共同的理论基础，有境内外专业发展的成功范例佐证，具备了自己的理论基础和实践依据。

爱因斯坦说过，提出一个问题往往比解决一个问题更重要更困难，需要创造和想象力，标志学科的真正进步，解决问题也许只是数学上的或实验上的技能而已。提出的问题必须有价值，学术价值要求理论上有所突破或补充完善理论；应用价值是教育研究的实际客体，能指导实践。所以问题必须明确且有可学的现实性、创造性和可行性。在传统的高校管理研究过程中，中国高校普遍存在"重教学学术、轻学生事务"的问题。而现在我们提出，专业的辅导员管理、服务学生事务也是一种教育理论，希望以此能够提升人们从专业角度观察问题的视角，逐渐将学生事务与教学学术放置在高校发展研究的平等位置上，让大家从系统思维的角度看待"辅导员"作为"教师"的教师教育。

选择高等教育功能论、教师专业发展理论和人力资源管理理论等作为对专业的辅导员研究的主要理论基础，是用基本价值作为判断的。如果说加强和改进中国大学生的思想政治教育，对辅导员专业发展的研究而言具有重要意义，那么毫无疑问，这项研究自身需要这些系统的理论武装。

读博期间，傅先生要求我们对任何一项专业研究都须做到有理有据。这对我们学习和研究的过程影响极为深刻。学生事务管理进入高校学术的范畴，这一点已经在高校基本达成共识，是教育功能的一个组成部分。"教育功能的形成基本属于教育活动过程；教育功能的释放则要渗透在其他的社会活动过程之中。"[①] 所以，高等教育功能论正好可以作为研究高校辅导员专业问题的基本理论工具。

以休伯曼（Huberman）的理论为基础，我们展开对辅导员作为教师角色的讨论，也能显现出一个多层次、多维度的概念。这个时候，辅导员与教师一样，都是专业的。知识技能的增长、专业意识的养成、专业身份的建立等都涵盖其中。[②] 辅导员的目的在于实现教师个体生命的价值，促进学生的成长，满足学生发展和国家教育改革的需要。由此可见，教师专业发展理论与辅导员的专业发展存在明显的契合点和关系。

---

① 傅维利：《论教育功能的释放与阻滞》，载《教育科学》1989 年第 1 期。
② 朱旭东主编：《教师专业发展理论研究》，北京：北京师范大学出版社 2011 年版，第 310 页。

第一部分
作为专业的辅导员

从辅导员作为一个职业的角度看，我们又可以找到一个新的理论基础——人力资源管理理论（以"工作分析"为核心）。泰罗在其代表作《科学管理原理》中提出"时间动作研究"，是近代工作分析的起源，就是通过分析，将工作分解成若干组成部分，并对每一部分进行计时，目的是达到管理的科学化和专业化。

在寻找专业辅导员的实践依据方面，研究的必要性和可行性无疑是最核心的依据；其次是现有研究的界说与对比；再次是实证研究的现状与存在问题的分析。从大学管理角度来看，虽然世界上各国各地区高校的管理队伍设置形式各异，但是高校学生管理的职能却是相通的。从高校教育教学改革的角度，在一定意义上说是辅导员发展的成熟度决定着高校变革的广度和深度。从大学的基本功能出发，现代大学都是要从人本的角度加强管理，给学生更多的人文关怀，全面促进学生发展，这是各大学普遍思考的问题。

总结已有的实践历程，从专业的视角以"政治化—双肩挑—专业化"为脉络，可以清晰梳理中国高校辅导员制度发展的历史，并可以总结归纳出特有的历史特征。从世界范围看，国（境）外高校学生辅导制度给我们的启示是，学生事务管理工作是大学组织管理系统的重要组成部分；辅导员发展要经历从无到有、从非专业到专业的过程；专业的学科背景和明确的分工是辅导员发展的前提条件。

本书中实证研究的现状表明，中国高校辅导员专业发展的前景堪忧。从根本上来说，辅导员的工作对象——学生面临着激烈的竞争和来自各方面越来越大的压力，由此派生出的管理问题、心理健康教育问题、职业规划与辅导的问题也不断增多。也就是说，大学要实现学生全面发展的实践指向，使得对辅导员的专业发展实践成为一个新的课题。

从宏观角度的问题归因分析可以看出，对专业性的认识对于辅导员的专业发展影响深刻，辅导员专业发展的问题总体上见诸各个环节。从微观角度分析，则有队伍整体性的角色冲突问题，工作对象、工作内容的复杂性问题，辅导员队伍的低稳定性问题，辅导员的职业素养有待提高的问题，选聘制度存在缺失的问题，尚未建立规范、科学的人才培养机制问题，岗位培训重视程度不够的问题，缺乏公平的评价晋升机制问题，辅导员工作分工的明确性问题，辅导员自身工作满意率低的问题等。

论说辅导员的专业发展，无论是从专业的角度论说理论基础和实践依据，还是从发展的层面解读路径指引和行动保障，都是以促进辅导员的发展为目标，进而让他们为大学生提供高品质的教育。

第一章 专业研究的必要性与可行性

一、研究的必要性

(一) 辅导员在高校实现育人功能中的意义

育人是高等教育的基本任务与职能,高校的育人系统一般可以划分为教学、管理与服务三个环节,各环节分别对应着课程育人、制度育人和活动育人。如果说高校的专业教师通过上课教给学生知识与技能(课程),在教学环节分解学校的育人功能,那么高校辅导员(简称"辅导员",下同)的工作就是通过管理(制度)和服务(活动)使学生获得身心全面可持续发展的能力。专业教师的"教以事"与辅导员的"教以理"两方面相互促进并形成合力,最终实现学校的育人功能。从图1.1可以看出,辅导员作为分解大学教育目标的一支主要力量在分解高校育人目标的过程中处于中枢的位置。"思想政治教育+思想政治工作"的职责让辅导员在学校实现合力育人功能的过程中占据着非常重要的地位,发挥着教学、管理与服务的纽带作用;同时,对中国高等教育的稳定、健康发展也起到了不可替代的作用。

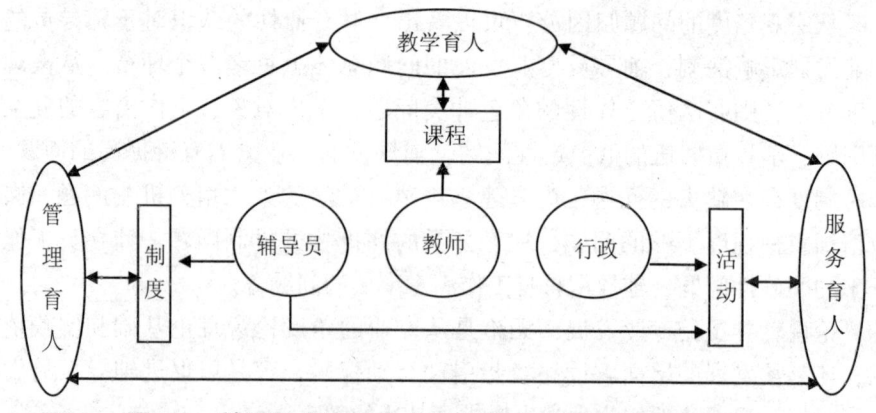

图1.1 辅导员在高校育人的过程中所处的位置和作用图

从大学管理角度来看，管理是高校发挥育人功能的一个重要方面，学校管理这个职能是伴随着大学的产生而出现的。加塞特说，大学是为了把普通学生教育成为有文化修养、具有优秀专业技能的人。[①] 世界上高校学生管理的职能相通，但管理队伍设置的形式各异。在中国高校，管理这个教育职能很大的一部分是通过设立辅导员制度来实现的。境外高校没有辅导员称谓，但从其学生事务管理的一整套设置来看，也是有一批人员在专门从事对学生进行管理和为学生发展进行咨询服务的工作，与中国高校辅导员的职能类似。

现代高校的每一项改革都有涉及辅导员队伍具体去落实的工作。因为高等教育的每一次改革都是以育人为中心的行动，需要整体考量高校教学、科研、管理等工作的实际情况，然后才能确定改革的有关目标，这都离不开对辅导员发展状况的考虑。可以从某种意义上理解，辅导员在高校教育改革过程中，其发展的成熟度在一定意义上决定着高校变革的广度和深度。

辅导员对大学的意义还可以在大学全面综合育人的角度上理解，即培养全面发展的人是大学世界性的使命。各大学都在自己传统的学科优势、科研优势等方面继续巩固并力图创新，在根本任务不变的前提下，如何从人本的角度加强管理、提高效率、给学生更多的人文关怀、全面促进学生发展，是各大学普遍思考的问题。正如曾任斯坦福大学校长的唐纳德·肯尼迪所言，"对学生负责，是大学的主要使命"。大学仅有好的教学是不够的，更要有效地对大学生思想道德和日常行为给予指导。

现在，随着高等教育大众化进程的发展，中国高等教育的内、外部环境都发生了重大变化，大学的学生事务工作已经不再是过去单纯的管理概念，"发展与服务"成了辅导员的基本工作职能。高校新的职能要求无形中更加凸显了辅导员的重要作用。调查统计结果显示，超过半数的人认为，在中国高校育人的过程中教学和学生工作是相辅相成、不可分割的。针对一个大学专业教师和一个辅导员在高校育人中对学生发展所起的作用，调查结果显示63.2%（第93页，表4.13）的人认为辅导员的作用更大。

辅导员的育人作用如此之大，原因是什么？我们研究团队对此做了认真分析后发现，这应该归因于高校学生的发展对高等教育的客观要求。在信息化、全球一体化的环境下，在以全面育人为目的的现代大学内部，学

[①] 〔西〕奥尔特加·加塞特：《大学的使命》，徐小洲、陈军译，杭州：浙江教育出版社2001年版，第95页。

生面临着激烈的竞争和来自各方面越来越大的压力,由此派生出的管理问题、心理健康教育问题、职业规划与辅导的问题也不断增多。与此同时,大学辅导员的工作职能也在加宽加大,不再仅仅承担学生的思想政治教育工作,而是开始担负学生人生的领路人与导航者的角色。从图 1.2 可以看出,面对高等教育大众化及社会的改革进步,辅导员的除了基本的思想政治教育以外,还包括职业规划、学生管理、心理辅导等多方面;在实行完全学分制的院校,还要承担学生的学业指导、科技创新基地等工作;有的院校的军事理论课、分党校、分团校及思想品德的教学工作也由辅导员承担;时下,高校广泛深入地开展创新创业教育,辅导员自然而然地成为创新创业教师。这些工作的核心目的都是为了全面推进和深化高等教育改革,满足学生日益增长的发展需求,全面提高学生的素质,实现学生的健康和全面发展。众所周知,尽管以全面发展为指向的素质教育贯穿整个学制体系,但在经历基础教育和中等教育后,学生在全面发展方面并没有达到人们的预期,所以素质教育依然是高等教育的主要内容。大学生的全面发展,就是要从实际出发,因材施教,例如让大学生有确定自己发展方向的自主权、进行个性化的辅导等,真正地实现"学生发展本位"这一素质教育的宗旨,让成才成为全体大学生的自觉实践行动。在高校,这个任务历史性地落在辅导员队伍的头上,辅导员的工作"一切为了学生发展",就是不以学生成长的可计量成果作为教育成功的标志,而是以学生的发展作为工作的追求。

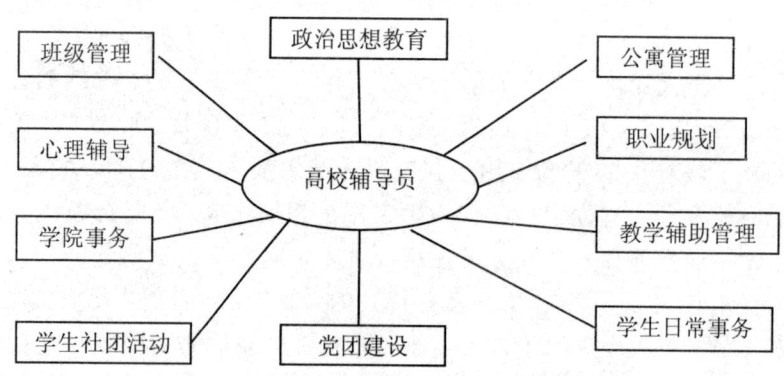

图 1.2　高校辅导员日常工作的基本类别图

在大学,要实现学生的全面发展,在相关的研究和实践方面是有多个指向的。其中,辅导员的专业发展研究就是一个主要的研究课题。过去的研究和实践告诉我们:辅导员的发展存在着一些问题。解决这些辅导员的发展问题，全面提升学生服务与管理的水平，已经成为中国大学发展的内在诉求。与此同时，辅导员的工作也被提升到前所未有的高度。例如，2012年1月，上海市教委发布《上海高校辅导员誓词》（以下简称《誓词》）："忠诚人民教育事业，依法履行辅导员职责；坚定信仰，不辱使命；敬业爱生，立德树人；励学笃行，提升专业水平；平等尊重，体现人文关怀。为学生终身发展，导航青春；为民族伟大复兴，奠基未来。"这是中国省级教育部门第一次发布关于辅导员发展的《誓词》，对辅导员提出了新的更高的素质要求：从辅导员的职业定位——学生的人生导航者，辅导员的理想信念——实现民族伟大复兴，辅导员的工作内容——从事人民教育事业，辅导员的工作方法——立德树人和人文关怀，辅导员的职业操守——敬业爱生和平等尊重，辅导员的内涵提升——专业发展和励学笃行等方面；把辅导员工作提升到事关学生终生发展、民族复兴的高度。[①] 所以说，现在高校学生工作的重要地位日益突出，针对辅导员专业发展而展开的相关研究也显得比任何时期都重要。

（二）高校辅导员发展存在的问题分析

从宏观的发展角度分析，高校辅导员面临的新挑战很多：高校教育改革和教育环境的变化对辅导员素质能力提出更高要求；多元化和复杂化的工作对象带来的挑战；教育目标与人才培养理念的多元化的挑战；信息化对工作内容、形态变化的挑战；扩招实现大众化教育之后高校学生绝对数的增加；传统班级概念在削弱；学分制的实行使传统的统一管理在逐渐失效……这些都让辅导员的工作在时间、空间、内容上有不断扩张和拓展的趋势。而客观上，与辅导员的作用越来越重要相比，辅导员的群体面临的挑战和压力也越来越大。我们对辅导员的培养和使用在传统上是建立在几乎无所不能的认识观基础上的，而事实上这是不现实的，因为责任越大，也就越容易造成逃避。根据统计数据，2007年中国高等教育在学人数达到2700万人，高等教育毛入学率约23%，这是中国高等教育进入大众化发展阶段的标志。新的背景下，越来越繁重的工作让原有的辅导员岗位职责满足不了当前高校对学生事务工作的发展改革需求，辅导员的发展问题群体性地显现出来，总体表现在人们对专业身份的认同，职业的稳定性，专业

[①] 滕云：《高校辅导员职业化研究》，上海：上海交通大学出版2013年版，前言第2页，正文第112—123页。

化的建设与发展，职务、职称的晋升等"专业发展"的问题上。

1. 专业身份的认同问题

前面已经提到，如果简单线性地说明辅导员工作的重要性会很直观，因为在高校育人工作的三个环节里面，需要由辅导员承担和负责的就有两个，占了三分之二。但是现实中辅导员队伍不能完成或者说不能很好地完成高校育人的目标，这里面的原因很多，也很复杂，下文将会认真进行分析。我们通过调查、分析了解到，辅导员专业发展中出现的所有问题，从根本上说首先要归结到对这个队伍的身份认同问题。也就是说，当下对"辅导员"身份的定位争论尚存。辅导员作为一种职业应该没有争议，职业对从业者来说是个人在社会中所从事的作为主要生活来源的工作。这一点没有问题，争论主要存在于辅导员的"专业性"问题上。有人认为高校辅导员是一种专业人员，因为《普通高等学校辅导员队伍建设规定》（教育部令第24号）明确规定，"高校辅导员是高校教师队伍的重要组成部分"，而高校教师作为专业人员是受到社会和法律的认可的。然而，一个行当是否专业，是规定了专业就专业了吗？从专业理论和现实来看，有研究者认为高校辅导员作为一种成熟专业的论据尚显不足，或者说只能是一种准专业。[①] 第一，辅导员没有学科的支撑且构成人员学科背景不一。一般认为学科和专业在高校中的开设是该种专业受到公认的重要标志，至少目前在中国高校没有面向普通高考学生招收辅导员这样的学科或专业，虽然有思想政治教育专业，但是学科背景来源于该专业的辅导员还只是队伍中的少数。第二，辅导员尚未形成一个经过明确界定、具有专业且实用的知识和技能的科学体系。有学者根据辅导员胜任力模型提出，一个优秀的辅导员要具备多种知识与技能，比如思想政治教育知识、心理学知识、教育学知识、法律知识、人际沟通技能等。但是这些知识和技能并没有得到权威的统一界定，以至于现实中存在认为辅导员工作不一定需要专门的知识这样的理解与认识。第三，辅导员职业的稳定性、连续性不足。专业的一个重要属性就是正式的全日制职业，并且专业的人员对本专业的忠诚度比较高。而反观中国辅导员工作，在过去很长一段时期内，这项工作往往被人看作职业发展的跳板，人员流动性很大。第四，没有专业自治组织。专业自治组织在保护和造就专业人员、孕育和维持一个专业特定的知识和服务等方面

[①] 滕云：《高校辅导员职业化研究》，上海：上海交通大学出版2013年版，第30—31页。

扮演了关键角色。一般只设在一所高校或一个地区的几所高校的内部，全国性的辅导员协会能发挥的作用还十分有限。

综合以上原因，滕云引用我国学者赵康对充分成熟专业的判定标准，判断说明中国辅导员目前的发展还不能界定为一个成熟的专业，尚不完全具备成熟专业的特征和属性。但是因为辅导员工作对于高校人才培养、青年学生的成长甚至对于中华民族的伟大复兴具有重要意义，辅导员的职业发展"最终走向专业是一种发展趋势"。应该说，前面的争论广泛代表学界的一些观点和认识。我们知道，辅导员刚诞生的时候，身份是明确的，就是政工干部，按规定完成组织交给的政治任务。而随着辅导员制度的发展，现代大学育人功能的不断强化，辅导员的概念和内涵都发生了深刻变化，辅导员队伍的身份也模糊起来，没有得到明确。如果说已经明确的话，那也是加了引号的，因为在文件规定中明确是教师，一种"双重身份"的教师。顾明远教授指出，社会职业有一条铁的规律，即只有专业化才有社会地位，才能受到社会的尊重。如果一种职业是人人可以担任的，则在社会上是没有地位的。而今天，辅导员担负着比历史上任何一个时期都更高的社会期望，如果辅导员没有社会地位，这个职业不被社会尊重，那么高等教育很难获得进步。

如果辅导员是管理者或者教师，那么我们从专业的角度分析一下辅导员的专业界定问题。根据现有学者的研究成果，在西方，教师专业发展理论从关注职业（vocation）和专业（profession）概念的差异，到开展"教师专业"和"教师专业发展策略"研究，历时将近200年的时间。人们普遍认为：工业革命推动了人类的劳动分工，后来第二次产业革命细分了职业。1841年，英国的人口统计中列出的职业是431种。1850年，美国在专门的职业普查里确定了15大行业323种职业。专门研究社会分工和职业问题的标志，是1893年著名的法国社会学家迪尔凯姆（E.Durkneim）的博士论文——《社会分工论》。从此以后，社会学家们开始研究专业的形成和特性，也包括研究专业（专门职业）和职业（一般职业）的评判标准。其中，较有代表性的是卡尔·桑德斯（Carr-Saunders.A.M），他对"专业"进行了定义："一群人在从事一种需要专门技术的职业，是一种需要特殊智力才能培养和完成的职业，其目的在于提供专门性的服务。"在这个定义的基础上，他指出牧师、医生和律师是社会上最古老而又最典型的专业。另一个代表性的学者布兰德斯（Brandeis）指出，专业评判标准是："一个正式的职业，为了从事这一职业，必要的岗前训练的特质是智能，包括知识和某些扩充的学问，这些知识和学问不同于单纯的技能；专业主要表现在供人从事于为他人的服务，而不是从业者单纯的谋生工具。"① 国际社会对于专业的认定通常有三条公认的标准：第一，成员的职业实践要依据系统的理论，要有专门的技能作为保证，还要有持续不断的研究作为支持；第二，职业里的成员把服务对象的利益放在第一位，要遵照严格的职业道德规范；第三，成员有专业性的自主权，其行为一般不受外力的限制。

关于职业和专业的认定和理解方面也有很多研究，有学者引用美国学者马丁-克尼普（Giselle O.Martin-Kniep）所著《捕捉实践的智慧——教师探索档案袋》一书，汇集了国内外学者提出的标准，将职业和专业的主要差异用直观的方式绘制成表1.1。

表1.1 专业与职业的内容比较②

专 业	职 业
工作实践基础：专门知识和专门技术	工作实践基础：经验和技巧
工作过程需要心智和判断力	工作过程的特征是重复操作
工作需要自主权	工作需要服从指挥
专业工作者需接受高等教育、学习高深学问和专门知识	一般从业人员通过学徒培训即可
工作需要不断更新知识、掌握新工具、方法	工作中日益熟练和灵巧
从业资格不易获得	从业资格相对容易获得
工作目的是为了服务社会	工作目的是为了谋生

这样看来，从历史渗透和现实工作中我们可以判定，作为高校辅导员的教师与高校其他教师一样也是一个专业。结合前面对专业和职业的比较分析，可以从学理上几个维度对其进行解释并说明。第一，辅导员工作实践需要系统的知识和技能作支撑，零星的知识和技能不够；第二，需要专

---

① 台湾师范教育学会：《教师专业》台湾大学书苑，1992年版第1次第1页。
② 张民选：《教师专业发展策略译丛：教师专业发展评价》，北京：轻工业出版社2005年版，第198页。

门的高等教育机构才能培养这种知识和技能；第三，它是一种特殊的且范围明确的，又是社会不可或缺的服务，从事的是专业性很强的专业育人工作，需要通过培养合格的大学生以为社会服务；第四，辅导员实践是一个研究过程，在岗位上接受持续的培训提高实践技能；第五，辅导员有明显的新手与专家之分，而不仅仅是工作熟练与否；第六，辅导员实践是辅导员的生活方式和存在状态，不仅仅是谋生的手段。

由此可见，辅导员职业符合各国学者对专业提出的基本标准，其工作性质和要求也表现出起码的专业特征，辅导员的工作是一个专业，这应该是没有疑问的。可是前面的那些争论又是怎么出现的呢？现实中人们又是怎么认识的呢？笔者把关于专业的几个特征列出，然后以专业、半专业和非专业做选项，对与辅导员关系密切的人群（高校专业教师、管理者和社会人士、辅导员、学生、学生家长）进行了调查，结果只有27.5%的人认为辅导员的工作是专业的，23.9%的人认为是半专业的，48.6%的人认为是非专业的（见第四章表4.5）。在访谈中问及高校辅导员工作在理论上应该成为专业吗？在实际工作中的专业性表现怎样？结果近六成的人认为辅导员工作在理论上应该能成为专业，但在实际中的表现是半专业和非专业。这就在客观上形成一个理论与现实的悖论，人们既认为辅导员的专业性应该很强，可是又从实然方面不认可辅导员的专业性，比如在操作中基本上都认为一般行政人员是可以直接去代替辅导员的。究其根源，是因为长期以来，我们这支高校的辅导员队伍是在"规定下"才成为教师的，而在具体实践操作层面没有实现。对辅导员身份的专业性界定，与人们在现实中对辅导员身份所形成的近乎思维定势般的认识，提出辅导员专业发展存在的根源性问题。

2. 职业的稳定性问题

高校各种形式的专职辅导员队伍在2004年以后发展很快，到2012年年底，人数接近12万。[①] 虽然已经形成了一个独立的职业群体，但是这个群体在各个高校普遍面临着队伍不稳定的问题。辅导员队伍流动性大的原因很多，过去的研究认为：首先，人们在认识上的偏差造成对辅导员这一工作缺乏职业认同感，所以形成一种传统观点，把辅导员当作一种临时、过渡性的工作。其次，高校在解决辅导员的"出路"问题方面缺失职业发展

---

① 滕云：《高校辅导员职业化研究》，上海：上海交通大学出版2013版，第1页。

方面的规划。① 第三，辅导员工作职责不明确。处于学校管理阶梯底层的辅导员，在工作上接受着几乎学校所有部门的任务，高校里面与学生有关的工作是千头万绪的，当所有的工作都需要辅导员去执行的时候，辅导员就会面临着力不从心的境遇，工作也就变成了一种应付的局面。这些因素和因素的集合都对队伍的稳定形成直接的影响。

管理和服务本身要求从业人员专业且具有相对稳定性，辅导员队伍呈现出相对高流动性、低稳定性的境况对辅导员的发展十分不利。不对这些问题进行深层次的挖掘，我们就不会发现过去这些认识的表象性或者遮掩性的存在。首先，传统观念中，我们一直将辅导员视为思想政治教育的主要管理者，这是一种认识误区，其实应该说辅导员的工作是以学生的思想政治教育为首要任务的，同时又关联着所有的学生事务，也就是说，学生的思想政治教育必须以实际的学生工作为载体，在实际的学生工作中通过渗透的方式实现教育的目的，那些应然大道理讲述的方式，早就失去了存在的意义。另外，思想工作的特殊性还要经过相对稳定的教育周期运行后才能看出成效。其次，我们常常将辅导员队伍的不稳定归咎于高校管理问题，即高校领导没有在政策落实方面给予这个队伍足够的重视。事实上，高校在管理方面给辅导员发展的出路选择也面临两难的问题：让他们做教师（思政教师）和做管理岗位都有不合适或者不适应的地方，有的人即使给了选择机会，却不具备辅导员最基本的专业能力，还是很难实现发展的预期。再次，因为没有长远的发展为基础，以学历高、专业基础扎实、学习能力强的年轻教师为主的辅导员队伍，往往具备深厚的理论功底与较强的学习适应能力，一旦辅导员自身对这个职业没有了足够的信心，便会转向其他研究或发展领域。这样，造成高校辅导员的工作成为高校学生教育管理中的一个阶段性岗位，向终身职业选择的一个过渡时期的局面，辅导员岗位往往成为年轻人入职选择和再发展的跳板。最后，市场经济条件下社会对辅导员造成的心理落差，也导致辅导员对于本职工作的社会地位信心不足，而一个稳定的队伍是需要全体从业人员具备坚定的职业信念的。

辅导员职业的稳定性和可持续发展问题已经得到人们越来越多的关注，除了辅导员队伍自身以外，还有国家层面的政策制定者，高校层面的管理者，也包括高校的服务对象层面的学生及学生家长、用人单位。最近几年，

---

① 刘春蕾：《高校辅导员队伍专业化建设的思考》，载《高等函授学报（哲学社会科学版）》2008年第9期。

越来越多的研究学者也将研究目光投向这里,从专业发展的角度研究和解决与辅导员职业稳定有关的实际问题,这已经成为对辅导员发展研究的一个重要课题。

3. 辅导员队伍专业化程度低的问题

专业化程度低一直是困扰着辅导员队伍发展的主要问题。过去,遴选上强调的是综合素质,以品学兼优为基本要求,但没有严格的专业限制。准入门槛低(这是从专业角度的论述,不是说这个职位没有吸引力。是指现实中在岗位招聘的环节,一些高校出现几十甚至几百上千人报名竞争一个辅导员岗位的局面),直接造成整个队伍专业水平低,也直接影响辅导员队伍的专业化。传统的观点把高校辅导员视为"万金油",认为这个职业"什么事情都要干,什么人都可以干",这其实是对辅导员工作的专业性和科学性的一种忽视。① 现在,人们已经逐渐认识到正是由于辅导员工作内容的广泛性才应该对其提出更高的专业要求,辅导员要具备较高的综合素质以及与思想工作相关的多学科的背景,已经成为关注辅导员队伍发展各方面的共识。已有的研究调查显示:"辅导员所学专业中……教育学、管理学科等专业的偏少,非'科班'出身者仍占大多数,缺乏科学的理论指导。"② 可见,选聘制度的主观随意性造成了辅导员专业程度较低,而之后的培训制度的非规范性则加剧了辅导员专业知识缺乏科学性、规范性。在工作中,辅导员不具备从事学生事务的专业素质和能力。由于缺乏相应的理论体系来支撑和指导自己的工作,辅导员更多的是靠身边的案例和自己在学校时对辅导员工作的体会,积累成感性经验,以及工作中简单模仿的方式解决具体事务。

对专业从业人员而言,岗前的专业培养是基础,连续不断的在职培训则是专业发展的重要途径。根据教师的专业发展理论,从专业的角度来说,辅导员在实际工作中会面对层出不穷的变化,要通过不断的在职培训提升能力,才能实现个体的专业发展。而前面对培训问题的论述,是建立在假定通过培训后的辅导员都能得到提高并且能很好地适应现有工作基础上的。事实上,现有的培训并没有提供比常识更多的东西。培训班、专家讲座式

---

① 冯刚:《论辅导员的专业化培养和职业化发展》,载《思想教育研究》2007年第11期。
② 刘春蕾:《高校辅导员队伍专业化建设的思考》,载《高等函授学报(哲学社会科学版)》2008年第9期。

的培训缺乏持续的学习支撑。改革方向应该是通过培训使辅导员具备长期解决实际问题的能力，让这个离学生最近、最易于被学生信任的群体，在对学生的成长和发展进行直接的影响的时候，有能力达到高校育人工作的现实要求。对高校辅导员进行科学的培养、规范的选拔、长效的继续教育是实现辅导员队伍专业发展问题中的重中之重。

专业发展是要贯穿辅导员的整个职业生涯的。双重身份体现了国家对这支队伍的重视，目的是想给辅导员发展提供更多的机会。但双重身份必然接受双重管理，这也不可避免地造成了辅导员职务、职称发展的诸多问题。在实际运行和管理的过程中，高校大都不能很好地处理和解决辅导员身份的日常管理与长远出路的矛盾，辅导员没有科学、规范的职称和职务发展路径，这在客观上造成了辅导员成为一种"边缘人"的现状。从专业的角度看，辅导员没有被当作真正意义上的教师，所以在面临职务、职称这些高校符号性、标志性专业发展方面的问题时，他们只是高校同行们眼中的底层"政工干部"。切实解决双重身份及双重管理与现实工作岗位的过渡性和人员流动的频繁性之间的矛盾，就是要抓住辅导员专业发展中的制度化瓶颈问题，合理规划辅导员的发展问题，让辅导员在工作中有与专业教师或者管理干部一样正常的职务、职称发展路径，实现辅导员队伍健康、科学地发展。

（三）境内外高校提供了辅导员制度发展的成功范例

在高等教育相对发达的西方国家，高校的学生事务管理是高度规范、专业的，是大学事务的重要组成部分，许多先进国家已经走上了专业化的道路。以美国高校为例，辅导员的专业化程度很高，职业能力很强，主要表现在两方面：一个是管理人员专业化；二是有明确的职业化标准。德国、法国的高校事务由校外机构承担，社会化程度很高，这种组织在德国被称为"大学生事务局"，法国叫"学生服务中心"，都是为了学生的发展服务而设立的。香港高校的辅导员多为心理学、教育学的硕士、博士，均具有相关的知识背景，在"全人"教育理念的支撑下，能熟练运用现代化技术为学生提供专业化的服务。英国的学生事务管理经验告诉我们，对学生发展的服务和支持是全方位的。日本和中国台湾地区高校学生事务管理的发展说明，管理不但能做到专业化，而且能与专业化很好地结合起来。这些国家和地区的辅导员职业分工明确，且都具有相应专业的学科背景是他们的共同之处。它们的发展经验告诉我们，辅导员的发展都要经历从无到有、从非专业到专业的过程。我们可以把这些国家的学生事务的发展成型模式，作为中国高校辅导员的发展的模板和可能性的操作样本，它们的成熟经验加上国内高校在此方面的一些已经成功的范例为我们探讨辅导员的专业发展问题提供了依据。

综上，我们不难发现辅导员在高校育人工作中的作用是不可或缺的，而现实却是一支非专业的人群在非稳定职业的状态下做着工作，其育人的效果可想而知。辅导员队伍存在着不稳定、不专业、队伍生存状况不好、精神面貌不佳等专业发展问题。这些问题都直接影响着学生的发展和高校育人目标的实现，对高校、学生和辅导员个人的发展都是十分不利的。

以上分析可以看出，中国高校辅导员的专业发展问题已经不只是辅导员这个群体自身工作的一种诉求，从单纯的思想政治教育问题到实现高校全面发展的育人需要的转变过程中，它体现的是传统高校"单项工作"和现代大学"全面育人"要求的碰撞，是每个大学领导者、辅导员群体、政策制定者都要认真思考的问题，是教育理论界需要结合实际进行解决的问题。如果下个结论说，对高校辅导员专业发展的研究很有必要同时又是可行的，是因为大学在盼望着解决辅导员的专业发展问题，目的是能进一步深化改革，提高管理效率，稳定辅导员队伍；辅导员自身在盼望发展，目的是让所从事的职业能在不断的发展中实现安身立命的稳定和成为受到广泛尊重的行当；服务对象盼望着辅导员的发展，目的是让他们所付出的教育成本能得到匹配的大学教育管理资源与服务。

选题和相关文章都体现了人生观，也是时代赋予我们的使命。因为"如果不对大学传播知识的系统性、创新性和启发性诸性怀抱一份谨严，对创造知识无能为力，在大学里任职那只是一份勇气"[①]。前面的论述里我们能看到辅导员的重要性表现在培养、选拔，也表现在培训，说明辅导员的工作确实很重要，而如此重要的一个高校育人队伍在现实中却存在着如此之多的发展方面的问题，如何面对这个问题是态度，如何解决这个问题是水平，笔者可能还没有完全具备解决这个问题的能力和水平，但有一份关注这个问题的态度，有在辅导员岗位25年的实践经历，深谙这个队伍对高校育人的作用和生存与发展状态，喜欢为辅导员队伍的进步摇旗呐喊，愿意为辅导员发展的理论创新和改革实践尽一份力。

---

① 杨东平：《大学之道》，上海：文汇出版社2003年版，第124页。

二、研究的可行性

从大学管理角度来看,世界上高校学生管理的职能相通,但管理队伍设置的形式各异。在中国高校,管理这个教育职能很大的一部分是通过设立辅导员制度来实现的。境外高校没有直接的辅导员称谓,但从其学生事务管理的一整套设置来看,也是有一套人员在专门从事对学生进行管理和为学生发展进行咨询服务的工作,与中国高校辅导员这方面的职能类似。

前面论证了对高校辅导员专业发展的研究,不仅关乎辅导员队伍的建设问题,还与当前大学生思想道德建设紧密相连,是一项有深度、有意义的工作。对辅导员发展方面的研究,一直都是高等教育研究方面很重要的一个课题。特别是近10年,相关的研究成果在总量上和专家学者的学术关注度方面都有绝对的增长趋势。表1.2就是基于文献检索对2004年1月1日—2014年1月1日期间有关辅导员职业、专业发展方面的汇总,总体上能反映出现在关于辅导员专业发展问题研究的概况。

表1.2 2004—2014年辅导员专业发展方面的研究成果统计简表(基于文献检索)

项目 成果	总量	作者身份			研究的基本方向				
		学生工作者	研究生(硕/博)	管理者	学者	理论分析	比较研究	困境与对策	路径选择	专业标准
著作	16	3		7	6	5		3	8	
期刊	9656	6735	1304	656	958	2314	1201	4568	709	864
硕士论文	526		526			132	38	216	75	65
博士论文	6		6			3		1	1	1
合计	10204	6738	1836	663	964	2454	1239	4788	793	930

通过文献的搜集与分析,我们将已有的研究按照辅导员专业发展的相关问题,与辅导员专业发展相关的教师专业发展问题,辅导员发展建设的

相关文件、规定等三方面分类进行综述,以此来说明这项研究的可行性。

(一) 与辅导员专业发展问题相关的研究

当前国内对辅导员专业发展研究的著作数量不多,但相关的论文量大,归纳起来主要分为以下四类。

1. 对辅导员制度方面的研究

这方面的研究主要是对中国高校辅导员制度设立以来的发展进行总结和思考,在考察特定时代辅导员制度面临的主要问题的基础上,分析了问题出现的原因,并且提出了完善辅导员制度的相关建议。代表性的著作有冯刚编写的《辅导员队伍专业化建设理论与实务》(中国人民大学出版社2010年版),胡金波编写的《高校辅导员职业化发展研究》(苏州大学出版社2010年版)。论文主要包括梁燕玲的硕士论文《高等学校辅导员制度研究》(指导教师:潘懋元教授),刘刚的《我国高校辅导员制度的历史演进》(《思想政治教育研究》2009年4期),林樟杰的《高校辅导员制度建立与发展的理论定位》(《思想理论教育》2008年3期),张蕾的《中国高校辅导员制度的历史演进及发展研究》(《读与写》2011年3期),李建坡的《对当前"双肩挑"辅导员制度的理性思考》(《经济与社会发展》2008年5期)等。这些研究对我们了解辅导员制度的历史有很大的帮助,但是缺乏对当前环境下辅导员制度面临问题的分析,以及未来队伍发展建设的系统阐述。

2. 对辅导员队伍建设方面的研究

过去关于辅导员队伍建设研究的专业方面的主要集中点是思想政治教育,这些研究的思路基本都是从适应大学生思想政治教育的不同历史阶段的不同形势出发,研究探讨辅导员工作(主要是思想政治教育工作)面临的问题,对应问题要求辅导员应具备的素质及提供辅导员队伍发展建设的相关对策和建议。著作方面主要有冯刚编写的《辅导员队伍专业化建设理论与实务》(中国人民大学出版社2010年版),张再兴编写的《高校辅导员队伍建设的理论与实践》(人民出版社2010年版)。这些著作对辅导员发展的理论知识构建及辅导员队伍的性质、职能的论述较为详尽,对辅导员工作的实务指导性很强,但对当前辅导员队伍发展建设存在问题的实证分析、对有关辅导员专业发展的技术指标体系构建及对辅导员的专业培养体系构建方面的研究相对比较单薄。

这方面的论文主要有：李正军的硕士论文《新时期高校政治辅导员队伍建设现状分析及其对策思考》（指导教师：秦在东教授），从政治辅导员队伍建设的现状出发，分析了当前存在的问题及主要原因，提出了新时期高校政治辅导员队伍建设的相关对策；李品清的硕士论文《新时期思想政治教育队伍建设思想研究》（指导教师：钟青林教授），以邓小平关于思想政治教育队伍建设的思想为指导，从加强思想政治教育队伍的必要性、思想政治教育工作者必须是一支高素质队伍、努力建设一支高素质的思想政治教育队伍三方面阐述了新时期思想政治教育队伍建设的思想；徐天虹的硕士论文《论新世纪高校政治辅导员素质的培养》（指导教师：罗洪铁教授），以马列主义的基本理论为指导，结合岗位实践，运用思想政治教育学的基本理论和方法，集中探讨了高校政治辅导员的工作定位、岗位应具备的素质及其专业培养的方法；以及秦涛的《借鉴与思考：高校辅导员队伍建设的趋势研究》（《思想教育研究》2009年1期），张秋莹的《关于高校辅导员队伍建设的思考》（《厦门广播电视大学学报》2009年3期），李岚的《我国高校辅导员队伍建设面临的障碍及对策思考》（《吉林师范大学学报》2009年4期）等。这些论文将高校辅导员工作定位为思想政治教育工作者，从思想政治教育专业的角度，运用思想政治教育学的相关理论和方法，提出了提高辅导员素质的措施及队伍建设的建议，总体的落脚点在于使辅导员能更好地履行职责。[1] 这些研究存在的问题是基于辅导员作为思想政治教育工作者的角色进行的，这对全方位负责学生发展工作的辅导员来说，是不全面的，所以对辅导员现实的指导意义有限。

3. 对辅导员专业化路径方面的研究

1999年大学扩招以后，中国高等教育实现了快速的发展。高等教育内、外部环境的变化，带来了辅导员队伍自身的结构及工作形式和内容上的巨大变化，原有的辅导员制度已经远远不能满足中国现阶段学生事务工作发展的需要，因此，很多研究者将目光转向对辅导员队伍专业发展路径的研究。相关研究的著作主要有：腾云编著的《高校辅导员职业化研究》（上海交通大学出版社2013年版），霍晓丹著的《高校辅导员的素质标准与开发——基于胜任力模型的分析》（北京大学出版社2013年版）等。这些著作对中国高校辅导员专业化路径方面的具体指标研究及有关模型的构建，

---

[1] 胡胜军：《新时期地方院校学生辅导员队伍建设研究》，载《山东师范大学》2008年第5期。

有很大的借鉴价值。

对辅导员专业化路径选择方面的论文主要有：邓雪琳的硕士论文《我国高校管理队伍专业化研究》（指导教师：刘克利教授），分析了中国高校管理队伍专业化程度不高的原因，以借鉴国外高校学生事务管理队伍专业化建设过程中的经验作为基础，提出了推进中国高校学生管理队伍专业化建设的原则及主要对策；刘宏达的硕士论文《高校学生政工干部专业化问题研究》（指导教师：秦在东教授），结合作者的工作实践，在对学生政工干部走专业化道路的必然性和必要性，以及实现学生政工干部队伍专业化发展的目标、原则及基本思路进行分析的基础上，对高校学生政工干部的专业化问题进行了大胆探讨，针对实践工作中存在的问题，提出了一些建设性的观点和对策；王野夫的硕士论文《新形势下高校学生工作者角色的分析研究》（指导教师：赵平教授），在介绍了国外学生工作发展的现状及国内学生工作的历史沿革以后，结合对北京部分高校辅导员与学生的调查，从角色意识、角色行为、角色实现效果三方面了解当前高校学生工作者的角色现状，在此基础上，给出新形势下转变学生工作者角色的措施，以丰富和完善角色理论和高校学生工作实践；以及李桂平的《高校辅导员专业化建设的途径》（《教育评论》2010年6期），单慧慧的《高校辅导员专业化的涵义及标准》（《湖北经济学院学报》2008年2月），李莉的《高校辅导员专业化的目标取向》（《中国成人教育》2011年6期），龚春蕾的博士论文《高校辅导员职业化专业化发展研究》（指导教师：石伟平）等。以上论文除了2011年龚春蕾的博士论文《高校辅导员职业化专业化发展研究》从政府、高校、辅导员三方的责任出发，提出几个解决辅导员职业化专业化发展问题的有关策略，分析得比较全面具体以外，基本都是从不同的角度对高校学生工作队伍的专业化问题进行了研究，但是主要侧重于对专业化建设对策的探讨，多数是根据自己的感知和理解对该领域的某些问题泛泛而谈的文章，缺乏对现实工作的描述和专业化发展的理论分析。

4. 对国外学生事务管理队伍体制及建设方面的研究

关于国外学生事务的研究总的侧重点主要还是强调对国外学生事务具体做法的介绍，大体思路都是通过对世界上不同国家和地区学生事务的理念与做法的比较，为中国学生工作的发展及辅导员队伍的建设提供相对成熟的经验。收集到的有关国外辅导员发展的著作主要有美国温斯顿（Winston，R.B.）著《学生事务管理者专业化论》（科学出版社2010年版）。对国外高校学生事务管理介绍的书籍主要有张晓京主编的《美国高校学生事务管理》(中国传媒大学 2010 年版)、马超主编的《美国大学学生事务研究》(知识产权出版社 2009 年版)等,这些书籍本身实用性都很强,对本课题的研究有很大的借鉴价值。国内学者这方面研究代表性的成果主要有蔡国春的硕士论文《中美高校学生事务管理比较研究》(华东师范大学,1999 年)、张端鸿的《中美高校辅导员比较》(《思想·理论·教育》2005 年 5 期)、李莉的《美国学生事务管理历史演进及制度解析》(《南通大学学报》2007 年 4 期)等。这些研究展示了国外学生事务的历史演变历程和发展现状,为我们了解国外学生事务管理提供了重要的可借鉴资料,对于推动中国高校学生事务的专业发展也具有很重要的意义。但是我们同时也看到,目前的研究总体侧重于对别人理论研究和实践经验的简单迁移,而且大量的研究都集中在美国这个区域内。因此,提出的学生工作队伍发展建设方面的相关建议和策略自然就缺乏了对中国高等教育客观现实的深入分析,在实践中还存在着适应性的问题。以上论文为本课题的研究提供了一些重要信息和线索,但总体上看,这些论文水平参差不齐,也有很多低水平重复的现象,参考价值有限。

综上,不同类型的作者从不同的角度对辅导员专业发展的问题展开了比较专业的研究和探讨,以对辅导员专业化的研究为例,有从政府的政策保障、专业的学科依托、管理的机制保证及资源的人才支持等多方面为辅导员的专业发展寻求学理上的支撑的,例如曹锟等;有从辅导员职业壁垒低、职业认同感差、流动性大等角度分析辅导员职业困境原因以期为辅导员专业化的理论与实践提供支持的,如朱宁波、刘进等;有从当代大学生的视域出发分析学生理想中的辅导员与现实之间存在着明显差距的原因的,如赵惠等。总体上看,"近 10 年相关文献在数量上增长迅速,但质量并没有跟上步伐,造成了目前学界在该领域缺乏高质量研究成果的局面"[1]。已有研究仍是经验归纳与思辨研究占主导,解决实际问题的对策性研究相对较少,实证研究更是在该领域几乎为真空状态,导致当前学界对这些问题的研究呈现一种"定势"。加之研究方法过于单一,研究主题也有待更新,所以这些年来本领域很少取得实质性有突破的研究成果。

---

[1] 陈绍山、王小婷:《"高校辅导员专业化"研究进程(2005—2010)》,载《昆明理工大学学报(社会科学版)》2011 年第 8 期。

（二） 与辅导员专业发展相关的教师专业发展研究

除以上与辅导员专业发展直接相关的著作、论文外，本课题还参考了大量的教师专业发展的资料。最主要的有朱宁波教授的专著《中小学教师专业发展的理论与实践》（吉林人民出版社2002年版），卢乃桂、操太圣主编的《中国教师的专业发展与变迁》（教育科学出版社2009年版），金美福的著作《教师自主发展论》（教育科学出版社2005年版），洪明著《教师教育的理论与实践》（福建教育出版社2007年版），刘维俭、王传金主编的《教师职前教育实践概论》（南京师范大学出版社2007年版），单中惠主编的《教师专业化发展的国际比较》（教育科学出版社2010年版），柳夕浪著《教师研究的意蕴》（教育科学出版社2007年版），杨芷英主编《教师职业道德》（高等教育出版社2000年版），高伟著《回归智慧，回归生活——教师教育哲学研究》（教育科学出版社2010年版），美国奥斯特曼（Karen F. Ostenman）著《教育者的反思实践——通过专业发展促进学生学习》（中国轻工业出版社2007年版）等。这些教师专业化发展的文献、资料比较成熟、系统，为本课题的研究提供的参考价值很大。

由此可见，以成熟的理论为依托，注重理论研究与实证研究的结合，呼唤更多的学者参与，已经成为一种共识，也将成为该领域今后的一个研究趋势和不二选择。毕竟，在驾驭对辅导员的发展研究方面，学者们所具有的学术思维训练、安静的研究环境等是当前由事务缠身的学生工作者和学校的管理者组成的研究队伍所不具备的，这将对辅导员的发展大有裨益。

（三） 辅导员发展建设的相关文件、规定

国家有关辅导员队伍发展建设的政策性文件、规定对本文的写作具有重要的指导意义。例如2005年中华人民共和国教育部《关于加强高等学校辅导员班主任队伍建设的意见》（16号文件及其配套文件）和2006年下发的中华人民共和国教育部《普通高等学校辅导员队伍建设的规定》（24号令）等，都强调了加强辅导员队伍建设的重要意义，也明确了辅导员的身份，提出的辅导员队伍建设的对策具有全局性的指导意义。这些文件都是从加强大学生思想政治教育的宏观角度出发，所以客观上缺乏对辅导员队伍建设具体措施的详细论述。应该说，国家在不同时期的各个文件对辅导员发展和相关研究的推动作用都是明显可查的，特别是以《关于进一步加

强和改进大学生思想政治教育的意见》为标志，中国高校辅导员队伍的专业发展建设发生了深刻的变革，配套培训计划的颁布和实施及辅导员研修基地的建立和启动运行，都将中国辅导员专业发展的议题推向历史研究的新高度。以一线的学生工作者为主体，加上各类学者的广泛参与，展开对辅导员专业发展问题渐次深入的研究和探讨，取得的成果也比较丰硕（见第16页，表1.2）。

（四）现有研究存在的主要问题

现有的高校管理实践，以育人为中心的各种行动，都将目的指向打造一支有专业素质和专业能力的教师队伍；除了以上这些研究以外，境内外高校也同时提供了辅导员制度发展的成功范例，这些都说明这项研究是可行的。但是对于脱胎于行政管理基础上的辅导员队伍来说，如何具备对学生的专业的指导能力，同时解决辅导员的专业身份的认同问题、职业的稳定性问题、队伍专业化程度低等问题，这些研究和实践都是一个系统且庞大的工程，所以研究中的问题也客观存在。

通过以上分析，我们发现中国的辅导员专业发展理论研究存在以下几种倾向：一种是拿来主义。作为辅导员专业发展理论基础的教师专业发展理论，基本上都是舶来品，相应的辅导员专业发展理论则是在这些外来的理论基础上进行套用和拆分，其结果往往仅具有文献价值，对解决实际问题的效用低下。对辅导员发展的研究方面，专业化似乎成了标志性的代名词。例如杨先生说："在教师专业发展的理论研究与实践中，有种形式主义甚至符号化的不良趋向。这种不良趋向反映出了几个较普遍存在的问题：没有认清现代意义上的教师专业发展的含义，把学科专业和职业专业混为一谈；热衷于盲目借鉴甚至移植外国的教师专业发展理论，忽略了中国文化语境下教师专业发展应有的特色；过多地重视教师专业发展的形式和符号，忽视了发展的实质。这几个问题是关系到教师专业发展是否健康有效的基础性问题。"[①] 中国对"辅导员专业化"的研究始于1994年，但真正以"辅导员专业化"冠名的研究文献则出现在10年以后。[②] 而且相关的研究文献数量不多，主要研究兴奋点集中在身份认同、职业角色定位和队伍管理建设等几方面。另一种倾向是基于辅导

---

① 杨启亮：《教师专业发展的几个基础性问题》，载《教育发展研究》2008年第12期。
② 陈绍山：《"高校辅导员专业化"研究进程（2005—2010）》，载《昆明理工大学学报（社科版）》2011年第8期。

员行业本身存在的问题进行应然理论的建构性研究。实然问题论述得多，应然的图景设计也很美，但具体的实现路径不足。这些方法大多从对辅导员的应然性要求出发并进行思辨论证，是一种理论上的假设，也是对政策的一般解读，是分析而缺乏数据支撑的理解。这种脱离实然反复强调辅导员应然的期待，把辅导员塑造得十全十美，也因此缺少对人性尊重的事实性根基。尽管从理论上讲辅导员作为大学生的人生导师，我们对辅导员提什么要求都不过分，但这样造成的结果是理论解决不了实际问题，这样的理论自然被束之高阁，成为一种摆设性的存在。总体来看，目前关于辅导员发展的研究高质量成果的数量很少，研究不集中，学术关注度低，对实践的指导作用也弱。存在的不足主要可以归纳为以下几点：

首先，过去的研究存在着时效性不足、层次性不高的问题。传统的研究模式过多集中于辅导员制度本身，缺少时效性。辅导员制度发展的历史告诉我们，不同时期的思想政治工作都有着不同时期鲜明的烙印。对辅导员制度和队伍建设的探讨与研究在时代特征方面都呈现出很鲜明的特色。新的时代背景下，高等教育领域的辅导员制度的建设面临着新的更加严峻的挑战，国家对中国高校思想政治教育工作也提出了新的要求。在历史发展的关键时期，有必要重新审视中国高校辅导员发展和队伍建设等问题，增强研究的时效性与层次性，使研究结果更富有针对性和长久的生命力。对专业发展研究来说，时效性的提高应该建立在人本主义的实现和自我理论的基础上，从哲学的高度来研究这个职业怎么发展。

其次，对辅导员的角色定位存在着模糊性、分散性的问题。传统的研究思路定位是以辅导员的工作适应当时的形势为基础，没有抓住促进学生发展这个核心，所以给辅导员的工作角色定位总是很模糊、很分散，而辅导员角色的内涵是需要从学生发展本位的角度进行明确和清晰定位的。高等教育的发展，使学生工作呈现出不断泛化的趋势，辅导员已经不仅仅是思想政治工作者的代名词，他们还要履行更多兼顾学生发展和服务的职责，因此有必要在考察目前辅导员的工作现状的基础上，明晰、科学地定位辅导员角色，以此为基础进行广泛调研和长远规划，从根本上解决辅导员发展的问题。辅导员专业化的思想不应该被简单地理解为"教师化"或"行政化"，辅导员的职业化也不是要把辅导员的职位角色等同或者发展趋向于教师或一般管理人员，是要在和谐共生理念的支配下，让辅导员走出一条符合中国高等教育发展需求，又具有特色的发展道路。

第三，现有的研究存在着片面性、表面性问题。现代教育的复杂性带来研究视角的多样性，研究者究竟从研究对象中演绎出什么题，完全取决于研究者将研究对象"看成"什么，即取决于研究者的研究视角。① 以往对辅导员专业发展的研究不够全面，提出的解决对策缺少全局的指导作用，缺乏对辅导员发展内涵深刻一些的描述和对专业化问题本质的分析，对辅导员专业发展道路实践性的研究也相对不足，没有给辅导员的专业发展问题确定明确的方向。应该"在高等教育视野内定位辅导员身份与认同，有利于从教育本源上揭示出辅导员工作规律，探寻辅导员价值的教育根基，为推进辅导员专业化、职业化建设提供一个内生的学理视角"②。此外，以往的研究还存在着不够深入的问题，所提供的理论研究不能有效支持高校管理改革的实践。要把辅导员的职业做到独立、全职事业，组织建制完善，深化专业知识，研究服务并重，政府社会认可，并设置一个特许的专业保护市场（市场保护通常以一个治理和保护一个专业的法律文本的形式出现，其中可以包括从事某一专业所需的教育等资格条件，以及哪些行为被界定为非专业与非法，因而会得到相应制裁）。③ 研究需要增加理论分析框架，增加专业培养模式的分析与建构，需要在辅导员发展的视域里为辅导员专业发展提供解决问题的方案。

---

① 汪旺根：《论教育研究中的问题与视角》，载《西华师范大学学报》2010 年第 1 期。
② 杨建义：《高校辅导员身份定位与建构》，载《思想教育研究》2011 年第 1 期。
③ 赵康：《专业、专业属性及判断成熟专业的六条标准》，载《社会学研究》2000 年第 5 期。

第二章 理论研究的基础、意义与方法

一、研究的基础

傅维利先生说：理论研究的一个最根本特征是要做到有理有据，"教育功能的形成基本属于教育活动过程；教育功能的释放则要渗透在其他的社会活动过程之中"①。学生事务管理进入高校学术的范畴，这一点已经在高校基本达到共识，是教育功能的一个组成部分。在促进学生发展的过程中，辅导员的发展问题也是客观存在的。高等教育功能论正好可以作为研究辅导员发展问题的基本理论工具，作为本项研究的基础。

从以教师专业发展理论为基础对辅导员作为教师角色的讨论，可以看出辅导员的专业与教师专业一样，都是一个多层次、多维度的概念。它包括知识技能的增长，也涵盖专业意识的养成，还包括专业身份的建立。"其目的在于实现教师个体生命的价值，促进学生的成长，满足学生发展和国家教育改革的需要。"辅导员的专业发展与教师专业发展有明显的契合点和关系，包括教育理念、知识体系、组织制度、教育培训及资格制度的专业化。

以"工作分析"为核心基础职能的人力资源管理理论可视为辅导员专业研究的又一个理论基础。工作分析的起源是泰罗的时间动作研究。1911年，泰罗在其代表作《科学管理原理》中提出"时间动作研究"，就是通过分析，将工作分解成若干组成部分，并对每一部分进行计时，目的是达到管理的科学化和专业化。

---

① 傅维利：《论教育功能的释放与阻滞》，载《教育科学》1989年第1期。

二、研究的意义

从研究的基本价值判断上，对辅导员专业发展研究的最重要意义在于加强和改进中国大学生的思想政治教育。在对问题的研究上，让辅导员在现实中具备教育者、管理者和服务者的基本知识和能力，逐渐实现专业化，这也是大家都基本认同的；另外，解决高校中普遍存在的"重教学学术，轻学生事务"的问题，提升人们从专业角度观察辅导员专业发展问题的视角。

关于辅导员专业发展的研究不是基于某一个具体问题的考虑，而是以专业发展问题为切入点，对辅导员发展问题进行整体的考量；以高等教育功能理论、教师专业发展理论、人力资源管理理论、马克思关于人的全面发展理论和人本主义理论等为理论基础，在对中国辅导员发展历史及工作现状总结、分析的基础上，借鉴境内外高校学生事务的成功经验，提出中国高校辅导员专业发展的建议。通过工作分析、比较分析，建议我国应将硕士学位作为辅导员的入职起点，在教育学原理为基础的新视角下建立新的学生事务管理方向的学科体系。

有关教师专业发展和辅导员专业发展的课题研究一直是一项集教育学、心理学、管理学等多学科相互交叉的综合性研究，对研究资料的占有及研究人员的学科知识背景要求较高。同时，针对辅导员专业发展研究方面可借鉴的经验和资料不多，且研究本身固有的发散性造成没有诸如实验室数据的参照，所以不能通过在一定范围内进行实验来开展研究。研究成果一般都很难摆脱那种思辨式的应然般的论述痕迹，"分析+猜测"的与工作报告类似的问题普遍存在。另外，相关研究对样本的需要量大，所以，必然会造成在保证研究结论的信度和效度方面的难度很大。因此，每一个辅导员专业发展研究方面成果的呈现，都是对这些难题解决的一次突破，对后来者的借鉴价值明显。

在中国，对辅导员专业发展这方面的研究起步较晚，研究目的各异。研究多数都因为纠缠于事实而失去了对价值的反思，这方面的理论研究自然就缺少了应有的高度。[1] 笔者建议以辅导员的专业发展为视角选题，抛开辅导员专业、职业、职务等文字的争论，直面辅导员发展问题本身，以专业发展为问题切入点展开研究，以调查法和工作分析法作为主要研究方法，

---

[1] 高伟：《回归教育、回归生活——教师教育哲学研究》，北京：教育科学出版社2010年版，第2页。

展开对辅导员职务的通用和专项能力的分析，提出专业化的辅导员综合与专项分工结合的管理模式框架。这样就使选题有了格外突出的重要意义，就是摒弃了传统的研究侧重政策、理论建设、口号、文件命令等的分析模式，使研究在理论和实践上的意义更现实、更具体。

（一）理论意义

首先，本书的主要视角在于全面并系统地丰富辅导员专业发展的有关理论体系，这是进行辅导员专业发展研究的一个基本取向。特别指出了研究需要关注辅导员的知识和能力，也要增加对辅导员发展相应的观念、教学伦理、道德素质和人格特质及专业组织等进行全面系统的分析与研究。这样才能满足教育实践对辅导员全面发展的要求。基于此，本研究以教师专业发展理论为基础，用人力资源管理理论的工作分析法对辅导员进行工作分析，这在客观上也是对教师专业发展理论的充实与丰富。

其次，对辅导员专业发展的研究有利于教育理论中观点和理念的更新，以适应高等教育改革及社会变革的需要。重教学学术、轻学生事务是中国高校存在的普遍问题。基于学生事务也使教育理论的研究能提升人们观察问题的视角，逐渐将学生事务与教学学术放到高校发展研究的平等位置上，从系统思维的角度看待辅导员作为教师的教育。

（二）现实意义

第一，理论研究的价值只有被应用到实践中并在实践中得到验证和丰富才有意义。为确保辅导员的发展建设在科学、正确的轨道上进行，要严格把好入口关，在一个动态过程中保持辅导员的专业、年龄、智能、知识和个性结构平衡。[1] 中国高等教育环境的巨大变化及高校不断进行的教学管理改革等，使传统的以班级为基础的大学生思想政治教育的载体发生了重大变化，学生的学习、生活和发展空间等都处于高度的开放状态。"大学生思想政治教育工作的目标、内容和方式方法也随之发生了巨大的变化。"[2] 为科学地选拔辅导员提供依据，同时如何对辅导员现实复杂的工作做出科

---

[1] 朱永新：《校园守望者——教育心理学论稿》，北京：人民教育出版社2004年版，第213页。

[2] 刘洁：《高校辅导员专业化发展的问题所在与制度建设》，载《经营管理者》2009年第6期。

学的评鉴等都是本书对辅导员专业发展的研究中要先行解决的问题。

第二，辅导员专业发展的学科知识体系的建立。本书提出建议建立辅导员专业发展的学科知识体系框架，旨在探寻本学科发展的内部机理，摒弃传统的对辅导员工作是与思想工作有关的几个学科简单罗列叠加的认识，为辅导员培养机构的课程设置提供依据，使辅导员的专业培养从根本上具备理论依据和保障。研究证明，以充分的实证为前提，以职业化、专业化的内涵为基础，建立辅导员发展的概念，针对中国高校全面发展育人目标的要求，建立辅导员专业发展的学科知识体系，以此为基础提出适合中国国情的辅导员学科发展路径是可行的。

第三，提高辅导员队伍的形象，让辅导员自身的生命价值和意义得到体现。在操作层面，在高校同行们的眼中，辅导员尚不能完全称之为教师。本书的一个目标就是让人们通过对辅导员专业发展相关课题的研究，进而认识到辅导员职业的专业性，认识到这个队伍在高校育人中不可或缺的作用，这样无论是在辅导员个人的维度，还是在高校领导及教育政策制定专家的维度，都为辅导员的发展提供一个支持的平台。从而不断地提高人们对辅导员群体的信任度，让辅导员在实现大学生全面发展的工作实践中，实现自身的发展，使生命价值和意义得到体现。

三、研究的方法

科学研究是"一个连续而严密的推理过程，这一过程的基础是研究方法"[1]。《论语》中言："工欲善其事，必先利其器。"在对辅导员专业发展问题的研究工作中，既缺乏精密的观测仪器，也没有专门的实验室，很多问题不能在定性的情况下展开精确的定量分析。但是实证又必不可少，毕竟实证研究的重要性是不言而喻的，实证数据是对研究结果的不同解释进行正确排除的基础。[2] 这些都是我们每一个研究者在确定选题的研究方法之前必须要面对的问题。

关于辅导员的问题，诸如辅导员是职业、专业，抑或是职务等问题一直存在的争论，虽没有达到理论界针尖对麦芒的地步，但以往的研究也没

---

[1] 美国国家研究理事会主编：《教育的科学研究》，葛晓楠译，北京：教育科学出版社2006年版，第2页。

[2] 柳夕浪：《教师研究的意蕴》，北京：教育科学出版社2007年版，第36页。

能给很多问题以定论。尽管在此方面研究和关注的人也很多，都知道这里有问题，是个值得研究的问题，但不能很从容很现实地解决问题，辅导员专业发展的理论应然与现实实然的距离尚有越来越大的趋势。所以笔者在博士论文课题的研究方法确定以前，先是认真做了调查，同时也广泛征求了有关导师的意见。在这个过程中，导师朱宁波教授从确定选题到指定参考书目，都细致入微。给我帮助很大的还有傅维利先生，记得他在给我们博士班学员上第一课时就告诉我们，要学会用复杂性的理论来研究解决教育学领域的所有问题。笔者通过调查、分析、研究、解决高校辅导员队伍的发展的核心问题后发现，在这个问题的复杂性方面傅先生是一语中的的。后来，在开题报告会上，杨启亮先生又给了笔者很重要的点拨，他在听完笔者的选题陈述后道："中国高校有12万人的辅导员队伍，对他们生存和发展的研究肯定是个问题，辅导员是专业？职业？还是职务？无论是什么，发展都是客观的。既然这个问题是确定的，你就该从发展的角度找到这个问题的本源。"这些大师的指导给笔者的启发很大，当所有的问题摆在案上，交织在内心，百思不得其解的时候，笔者思考与其进行这些专业、职业、职务等文字的争论，不如用现象学的方法，将它们"括弧"起来加以悬置，就是回到事情本身、在它的最原初状态，辅导员的发展正是最基本的原始的没有争论的问题！而发展的核心取向是专业化。于是，笔者发现，在复杂性理论的框架下面采取"面向事情本身"[①]的研究思路可能是我们进行辅导员专业发展问题研究时选择研究方法的最基本原则。

面向事情本身是现象学哲学接近问题的方式。这里说研究辅导员专业发展不是要严格地执行现象学某一流派的具体操作步骤，着重要提及的是其方法论："现象学的意图并不是反叛，而是要努力丰富和重建。""面向事情本身就是从积极的角度要我们回到被它们面前的理论模型从视线中遮盖掉的现象。"[②] 直接直观与本质明察是现象学的两个基本原则。"本质直观"是现象学基本的特点，"面向事情本身"是现象学研究的根本逻辑。"其基本含义不是一开始就满脑子的概念框架，老师怎么说，柏拉图怎么说……

---

① 〔德〕海德格尔：《存在与时间》，陈嘉映、王节庆译，北京：生活·读书·新知三联书店1999年版，第41页。

② 〔美〕赫伯特·施格伯格：《现象学运动》，王炳文、张金言译，北京：商务印书馆1995年版，第920—921页。

基本态度是朝向生活的本身,自己去看、去听,然后从这里得出最原本的东西。"① 这里所表达的思想便可以用现象学的术语"悬置"来概括,也叫加括弧的方法。② 胡塞尔这个现象学的方法论,可以打破旧的习惯与思维框架,通过去"直观本质",使事物获得"还原"。

笔者这里说的关于辅导员专业发展的研究借用"面向事情本身"的研究方法,具有两个含义:其一,是要从辅导员管理的现状和实践中来认识理解辅导员的专业发展;其二,直接面对辅导员发展问题本身,而不是游离于发展的外在东西。关于教育研究的过程,已有的教育研究方法会认为是一个系统的过程。一般包括"确定问题、查阅文献、收集资料、分析资料、得出结论"几个因素③,以获得新的认识、新的理论为研究的归属。在长时间的辅导员岗位实践后,结合对辅导员专业发展研究的经历,我发现,我们对辅导员专业发展的研究,尽管以教师专业发展理论作为基础,但是却不应专门地、系统地做学问,应是以"实践方式"为主导。就回到事情本身而言,按照海德格尔对"逻各斯"(科学的起源,希腊文)的基本解释是"让看(让人看到)",也就是一个"去蔽"过程,两者是统一的。辅导员专业发展研究的目的便是本身的"去蔽",使其回到本源,走向自由。按照亚里士多德的定义,本源是万物从哪里来,又回到哪里去,既是开始又是基础(所谓"始基")。原点有起点和终点的双重属性,是事物发展的逻辑起点,是历史逻辑相统一的一个范畴。抓住了原点,才是抓住了根本,才是发展。失去了它,会成为脱离实践和生活的没有意义的文字游戏。按照这个确定研究方法的基本原则,以专业发展引领研究辅导员发展问题的始基,笔者在对辅导员专业发展的问题研究方面,主要使用以下几个基本的研究方法。

(一) 文献分析法

文献分析法是历史研究也是分析研究,是通过搜集教育现象发生发展和演变的历史事实,加以系统客观的分析研究,从而揭示客观规律的研究方法。要将研究置于当时的历史环境背景下(第一手资料、尊重历史事

---

① 张祥龙:《朝向事情本身》,北京:团结出版社2003年版,第5页。
② 张祥龙:《朝向事情本身》,北京:团结出版社2003年版,第5页。
③ 〔美〕威廉·维尔斯曼:《教育研究方法导论》,袁振国译,北京:教育科学出版社1997年版,第5页。

实），横向上与国际进行比较、归纳分析、确定内在相关或因果关系、总结规律、批判继承创新地论定问题的是非。马克思主义历史唯物主义是历史研究的科学方法论，在历史价值基础上创造性转化。

这项研究与其他研究一样，都是通过搜集和整理与辅导员专业发展相关的文献资料，采用分析、比较、综合、演绎等方法，准确、真实地把握和认识现有研究对辅导员发展的历史、现状与存在的问题等的研究状况，从而使研究者对辅导员专业发展的相关概念、构成要素、辅导员制度发展的历史与现状，以及对过去研究不断提高和加深的过程都有比较宏观的理解和把握。文献研究的作用和意义是毋庸置疑的，从某种意义上说，这是研究者能找到距离研究始基点最近的路。

（二）调查研究法

调查研究法是一种描述研究，区别于社会调查，以当前教育问题为研究对象，通过对原始资料的观察，有目的、有计划地搜集研究对象的材料而形成科学认识。调查研究本身是一种使用范围很广的研究，它包括对现状的调查研究及确定和解释社会的或心理的变量之间关系的研究。选用本方法进行研究主要是针对中国高校辅导员发展的理论研究和实践现状进行调查。调查的途径主要有观察、列表、问卷、访谈、个案研究及测验，是在自然状态下不改变观察对象的自然条件的实证调查，调查形式以问卷为主，访谈为辅。调查过程主要采用以问卷为主和结合个别题目进行访谈的方式对辅导员队伍的构成、辅导员需要提高的方面、难以提高的原因、辅导员培养教育和培训方式需要改进的方面进行初步调查，为具体解决辅导员专业发展的问题提出策略和建议做准备。在调查研究的基础上，对问卷调查的数据进行分析处理，并绘制相关图表。对辅导员专业发展问题的所有构成成分、重要性及辅导员对自身教育和自我提高等问题的认识进行具体分析。用分析得出的结果，作为研究发现和解决问题的支撑点。

（三）工作分析法

用人力资源管理理论的工作分析法对高校辅导员工作的角色、任务、性质、胜任标准进行分析，找出辅导员在工作活动中的行为，使用的机器、工具、设备及其他辅助工作用具，工作的绩效标准，工作背景，工作对辅导员的要求。通过分析，认识辅导员岗位对个体的知识和技能（教育水平、培训经历、工作经验等）及个性特征（才能、生理特征、人格品行、兴趣等）有何种要求。使辅导员的培养、招募与甄选、考核与评价、管理与培训等有所遵循，进而分析出辅导员工作的角色要求和完成这些角色所需要的知识、技术以及特有的智慧。借鉴此人力资源理论工作分析的方法，将这个分析的程序对辅导员职务进行相关配套的应用，从而解决辅导员专业发展中的有关问题。

第三章 历史研究的界说与对比

一、概念的界定

(一) 辅导员与辅导员制度

1. 辅导员

"辅导员"这一角色是特定历史时期的产物,在中国经历了"政治辅导员""辅导员"的历史演进。"政治辅导员"在《中国大百科全书·教育》中的解释是:"中国高等学校的基层政治工作干部,基本任务是对学生进行思想政治教育,做好学生的思想政治工作。"①《教育大辞典》对政治辅导员的解释是:"中国高等学校从事学生思想政治工作的人员,基本任务是在系(科)中的共产党组织和行政组织的领导下,根据培养目标和学生思想发展变化的基本规律,组织、协调各方面的力量,共同对学生进行思想政治教育。"② 目前,国内学者界定"辅导员"这一概念,主要是从工作内容角度给出的。如宁先圣认为:"高校学生思想政治工作辅导员(通常简称为辅导员)担负着学生的思想政治教育、日常生活及行为管理、社团活动指导、心理健康教育、求职择业指导等工作,学校中一切和学生有关的事情几乎都要由辅导员来协调、参与或直接负责。"③

随着高等教育的发展,学生事务的范围也在不断扩展,"政治辅导员"的称呼已经不再适合辅导员的身份。在 1995 年 11 月《中国普通高等学校德

---

① 中国大百科全书编委会编:《中国大百科全书·教育》,北京:中国大百科全书出版社 1985 年版,第 439 页。
② 顾明远主编:《教育大辞典》,上海:上海教育出版社 1997 年版,第 103 页。
③ 宁先圣:《与时俱进强化高校辅导员工作》,载《辽宁教育研究》2003 期第 7 期。

育大纲（试行）》里面已经有了辅导员的概念和职责的雏形。① 而中国高校辅导员最正规、最权威的定义是在两个文件里面体现的：一是 2004 年 10 月 14 日中共中央国务院下发的"16 号文件"，文件中既明确了辅导员和班主任队伍是教育工作的骨干力量，同时又指出大学生思想政治教育的重要性和实施方法，并把"政治辅导员"的称号改称"辅导员"；二是该文件的配套文件，2005 年 1 月教育部在《关于加强高等学校辅导员、班主任队伍建设的意见》中指出："辅导员、班主任是高等学校教师队伍的重要组成部分，是高等学校从事德育工作、开展大学生思想政治教育的骨干力量，是大学生健康成长的指导者和领路人。"

2. 辅导员制度

《辞海》对"制度"是这样定义的：（1）要求成员共同遵守的、按一定程序办事的规程或行为准则。如：工作制度；学习制度。（2）在一定的历史条件下形成的政治、经济、文化等各方面的体系。如：社会主义制度。（3）旧指政治上的规模法度。②

关于辅导员制度的定义我们无须专门界定，简要回顾一下中国辅导员制度发展的历史，就会清晰明了地知道它的内涵。一般认为，1952 年《关于在高等学校试行政治工作制度的指示》是中国高校辅导员制度的正式开始，称呼"政治辅导员"，有很鲜明的时代特征。1953 年，清华大学率先实行辅导员制度，时任校长蒋南翔为了加强思想政治工作，选用高年级优秀的学生，"半脱产"地做大学生的思想政治工作，这使中国高校辅导员制度在一开始就有了创新的含义，为兼职辅导员设立奠定了基础。对配备辅导员从兼职到专职的规定是 1961 年的《直属高等学校暂行工作条例》；配备辅导员数量比例是在 1964 年中央批复教育部《关于加强高等学校政治工作和建设政治工作机构试点问题的报告》，明确规定的数量比例是每 100 名学生配备 1 名政治工作干部；将政治辅导员的地位、作用、职责等做了明确的规定，以法规形式出现的是 1965 年的《关于政治辅导员工作条例》。至此，中国辅导员制度基本完善。后来"文化大革命"中辅导员制度遭到破坏和"四人帮"的利用，使辅导员工作声誉受到影响。

恢复高考以后，以 1978 年《全国普通高等学校暂行工作条例》的颁布

---

① 何东昌主编：《中华人民共和国重要教育文献 1991—1997》，海口：海南出版社 1998 年版，第 3903—3904 页。

② 夏征农主编：《辞海》，上海：上海辞书出版社 1999 年版，第 2750 页。

为标志，高校辅导员制度也逐步得到了恢复，条例中明确提出要建立一支新的学生思想政治工作队伍。辅导员第一次被认同为高校教师队伍是在 1987 年，国家教委颁布的《关于高等学校学生思想政治工作专职人员中聘任教师职务的实施意见》中明确指出："思想政治教育是一门科学，思想政治教育是学校教育的重要组成部分。"1999 年，扩招之后，高校的发展也产生了越来越多的管理问题。为适应这些新形势、新任务的要求，中共中央国务院下发了"16 号文件"，明确了辅导员、班主任队伍作为教育工作骨干力量的地位。把"政治辅导员"改称"辅导员"实现了辅导员的角色定位的改变。为贯彻该文件，2005 年 1 月教育部在《关于加强高等学校辅导员、班主任队伍建设的意见》中从专业发展的角度提出了辅导员选聘、培养训练及发展等政策。2006 年 5 月，教育部颁布《普通高等学校辅导员队伍建设规定》，又具体制定实施了《2006—2010 年普通高等学校辅导员培训计划》。① 这些规定、制度、培养措施的相继出台，一方面明确了辅导员的角色定位、发展方向、工作性质，以及培养和保障措施；另一方面也为高校辅导员制度发展提供了制度保障，标志着关于高校辅导员队伍向专业方向发展的问题逐渐被提升到了一个重要的位置。

（二）发展与辅导员专业发展

1. 发展

发展是指人或事物由小到大、由简单到复杂、由低级到高级的变化。发展具有几层含义：（1）发展是由"自在"到"自为"，即潜能、能力或潜在到实现的过程。这种过程又分自然事物和精神两种不同的情况。（2）发展不只是一种形式的活动，而且是有内容的、具体的。（3）发展可以理解为一种表现、展示、呈现、外现的活动。从相反方面来看，这种"外现活动"也可以说就是使外在性的东西"内化"为或"回到"概念的"主观统一性"的活动。② 西方发展学家对发展做了"经济性规定""社会性规定""人学规定"，其哲学基础分别是对人做"经济人"假设、"社会人"假设和"经济人、社会人和文化人"的有机整合后的主体性理解，相应地形

---

① 李鹏：《我国高校辅导员制度的历史、现状和未来》，载《教育探索》2010 年第 3 期。

② 张世英主编：《黑格尔辞典》，长春：吉林人民出版社 1991 年版，第 193—195 页。

成三种不同的发展观。这是一个对发展问题的理解从经济视角到社会视角再到人的视角的转换过程，既强调人本身的综合发展，又提倡人际间的平等发展和可持续发展。综观现代西方发展观的演变，有两个特点：一是对"发展"的认识，从停留在片面、现象逐步深入发展到全面、深刻的过程，发展的过程从经济化趋向人化，突出发展的人文主义特征；二是经历了一个从进步方面看待发展到从代价角度理解发展的过程，逐渐突出发展的价值特征，把发展越来越看作是通过付出和扬弃代价以寻求再生之路的过程。①

在教师专业发展中的"发展"至少有两重含义：一是指并非具体的运动变化的过程，而是指渐进的变化着的动态趋势；二是指运动变化过程的"度"或者"水平"，它意味着事物运动变化中所达到的境界或者"程度水平"。它不能只是一系列规定性的僵化指标，而是渐进中的不同境界、层次或者水平。②

2. 辅导员专业发展

（1）专业，就是"专门职业"。《中国大百科全书》这样解释："职业是随着社会分工而出现的，并随着社会分工的稳定发展而构成人们赖以生存的不同的工作方式。"③ 专业应满足以下基本条件：范围明确；工作不可或缺且具有垄断性；工作中要运用高度的理智性技术；职前需要经过长期的专业培养教育；有广泛的自律性（个人和集体）；负有直接做出判断并采取行动的责任（在专业自律的范围内）；动机非盈利而是服务；形成综合性的自治组织；伦理纲领的应用方式具体化。④

（2）专业发展，既指增进人的专业知识、技能和态度的过程及必要的条件支持，也包括所在组织如何重新设计结构和文化。对于教师而言，专业发展的核心是教育作为一个专业，教师作为一个专业人员的有意识的、持续的、系统的发展。专业发展的内涵、意义和结构由表及里、由浅入深，不断丰富、升华。首先，专业发展是一个有意识的过程，是带来了积极变

---

① 蔡旷、周汉鸣：《科学发展观在发展中国特色社会主义中的战略地位》，载《学习月刊》2009 年第 12 期。

② 杨启亮：《教师专业发展的几个基础性问题》，载《教育发展研究》2008 年第 12 期。

③ 中国大百科全书编委会编：《中国大百科全书》，北京：中国大百科全书出版社 1985 年版，第 475 页。

④ 申春生：《教师专业化的内涵分析》，载《前沿》2003 年第 11 期。

化和进步的一个有目的、有意识的努力过程。它有着清晰的愿景、恰切的目标、合理的主题、审慎的准则、有效的指标、客观的评价，而不是一个盲目的、随意的过程。因此，专业发展的明确性和重要性需要从对具体目的和详细目标的表述中开始。其次，专业发展是一个持续的过程。教育是一个动态性的发展领域，而且伴随着现代科学技术与信息社会的迅猛发展，新知识、新思想层出不穷，专业发展自然伴其一生。各个层次的教育者在自己的专业生涯中都必须成为积极的终生学习者，与时俱进、推陈出新，将发展融入日常的工作与生活中。第三，专业发展是一个系统的过程。专业发展涉及方方面面，是一个系统过程，不仅要考虑专业发展主体自身的态度、信念、意识、方法，还要考虑社会环境、组织架构、专家鼓励、学生合作、家长参与等因素。

（3）专业化，是指某项工作由经过专业培训和训练的专门人员专门从事并不断提高的过程。专业化是对职业或工作知识性、技术性的要求，是对该职业、工作的复杂性、创造性的肯定。人们通常讲的专业化有两层涵义：一是英文 professionalism，指的是一个职业群体的专业性质和发展状态处于什么水平；二是英文 professionalization，是指一个普通的职业群体逐渐符合专业标准，集体成为专门职业并获得相应的专业地位的过程。其中，个体专业化是职业专业化的基础和决定因素。也就是说，没有从业人员个体专业水平的提高与发展，根本谈不上整个职业群体的专业化。个体专业化的发展和社会承认形式构成群体的专业化，并最终代表着职业的专业化，同时反过来还会影响个体专业化的进程和水平。专业化的条件主要包括：形成一套专门知识和技能体系，并且实施专业教育和专业资格认证制度，规范职业伦理，建立专业组织等。有学者将辅导员专业化定义为"辅导员具备完成思想政治引导、学习生活指导、心理健康指导、就业指导工作所必需的知识、能力和经验，以及相应的职业理想和职业素养"[①]。对辅导员专业化的理解可以是教师职业专业化的一种类型，它包括两方面的内容：其一，辅导员个体专业化，指的是辅导员个体专业水平的提高；其二，辅导员职业专业化，指的是辅导员这个群体为争取辅导员职业的专业地位而共同努力的过程。辅导员个体专业化与辅导员职业专业化共同构成了辅导员专业化。其根本方面是辅导员的个体专业化，它是辅导员职业专业化的

---

① 曹琨：《论高校辅导员队伍专业化发展的学理支持》，载《黑龙江高教研究》第 2006 年第 12 期。

基础和源泉。职业专业化和个体专业化是辅导员专业化不可分割、密切联系的两个组成部分，这里矛盾和问题的主要方面是辅导员的个体专业化，研究辅导员专业发展，要整体把握构成辅导员专业化的这两方面，但更应注重的是辅导员个体专业化的问题。

（4）辅导员专业发展，是辅导员实现专业化的成长过程，个体从"普通人"成长为"教育专家"的发展过程，这个过程辅导员是要接受教育和不断接受再教育的，是作为主体的主动发展过程，也是寻求专业化的过程。辅导员作为发展中的人与个人环境和组织环境影响因素相互作用，它是一个动态的、灵活的而不是静态的、线性的发展过程，在辅导员整个职业生涯里，有职前教育、入门适应和在职阶段。强调的是辅导员作为一个学生事务的专业管理人员，必须经历一个由不成熟到相对成熟的专业化的发展历程。而作为一个发展中的专业人员，要成为一个符合教师标准的、成熟的专业人员，自然需要经过不断的学习、实践来拓展专业内涵，不断学习和提高专业知识与技能，逐渐达到专业的成熟。这个发展既是阶段性的，又是长期和持续性的，有时甚至是终身的。所以说专业发展应该成为辅导员自身的需要和自觉的责任，并引导其发展需要达到更高的层次，最终发展到通过教育实践实现自己的人生价值和职业梦想。

综合前面对于辅导员专业发展几个概念的分析和理解，辅导员专业发展在概念上归纳起来有三种解释：一是辅导员自身的专业发展成长过程；二是促进辅导员专业发展的过程即辅导员教育；三是两者兼而有之。这里需要明确：辅导员的专业发展与辅导员专业的发展也不是一个概念。前者强调内在专业结构不断演进、更新和丰富的过程，后者指的是辅导员的职业和对辅导员教育的发展以及演进的过程；根据辅导员专业化的定义，可以清晰明确地认为辅导员专业发展属于第三种，因为辅导员自身的专业发展是离不开辅导员这个专业的发展的。

如果从教师专业发展理论的基础上解读，辅导员专业发展要涵盖两方面：一是静态的，指的是在社会的学科领域中，学生事务作为一个系统的专业，需要从业者具有一定的专业理论和技能，并在实践中表现出很强的专业性；二是动态的，学生工作专业化是一个学科化建设过程，是在不断发展的，即学生工作者通过不断学习和实践逐渐成为一名专业人员的过程。[①] 高校辅导员的专业发展既是一个目标，又是一个过程。从目标视角而

---

① 黄永乐：《高校学生工作专业化发展初探》，载《辽宁教育研究》2004年第7期。

言，辅导员队伍作为一个专业岗位，应具有较强的专业理论与实践技能，辅导员专业发展是为了培养具有一定专业技能的思想政治教育工作者，使之具备实现高校全面发展育人目标的能力；从过程的视角而言，"辅导员专业化所依托的学科专业是什么"，是必须清晰地回答的问题。① 传统的辅导员专业化发展是指依托一定专业（思想政治教育），经过不断学习与实践，逐渐成为一名从事大学生管理工作的专业人员，是一个发展变化的过程。从现实来看，这样并没有完全达到双重身份和双重职责的要求。理想的辅导员专业发展是要在态度上从自发性向自觉性转变，专业上从经验型向科学型转变，职业上从过渡性向稳定性转变。

二、研究的理论依据

前面提到傅维利先生说的理论研究的一个最根本特征，是要做到有理有据。意思是说开展一项科学研究，选择相应的理论工具至关重要。前文已经对辅导员专业发展的概念做了界定。要选择本课题的理论基础，还需要再对辅导员专业发展的内容进行详细的分析。辅导员是高校教师也是管理者，具有教师和干部的双重身份，这些从规定上是明确的。但高校辅导员的专业发展研究是一个错综复杂的课题，双重身份的界定使得辅导员发展问题在现实中更加复杂，也在客观上赋予了高校辅导员专业发展更多的涵义。高校辅导员是一个自成专业体系的社会职业岗位，从事这项工作既需要多门专业知识又需要专门技能。就高校辅导员队伍的专业化建设而言，就是要求从事辅导员工作的人和相关的教育部门，要从职业选择、价值认同、工作待遇等方面，进行相应的准备。表现在专业化的高等教育、科学化的培训管理机构、严格的职业资格认定机制、稳定岗位配置及配套薪酬制度等多方面。辅导员队伍给公众留下的"专业性"印象不强，是辅导员专业发展面临的最大现实问题。另外，角色的定位与选择问题，从"政治指导员"，到"政治辅导员"，再到"辅导员"，辅导员职业的角色定位长期存在"角色泛化"和"角色边缘化"的问题，无所不能又无所不在的辅导员工作却"被挤到高校工作的边缘地带而处于辅助和从属的地位"②。

---

① 刘进：《我国高校辅导员专业化的现实悖论》，载《江苏高教》2010 年第 2 期。
② 朱孔军：《从两难选择到整合协调——辅导员队伍专业化建设的现实问题思考》，载《思想教育研究》2008 年第 7 期。

辅导员的核心职能是促进学生的全面发展，自身首先需要具备相应的知识和能力，智力与体力的自由的全面的发展与促进学生全面发展的要求是一致的。同时，辅导员岗位作为大学的一个管理岗位，其职责要求、考核评价等都与人力资源管理师高度契合。作为交互主体，在人本的角度上，有时候辅导员与学生的发展可能表面上看是矛盾的，而从发展本位的角度，既促进了学生发展又使自身获得生命的价值与意义，两者在终极取向上是一致的。

前面概念的界定和对辅导员专业发展的总体分析，为本课题研究确定理论工具勾勒出了一个概念性的框架，以此为基础，从高等教育功能的实现、教师专业发展基础理论、工作分析理论、人的全面发展结合人本主义理论等几方面选择出本研究的基本理论工具，作为本课题研究的理论基础。

（一）高等教育功能论

爱因斯坦说："学校的始终目标应当是：青年人在离开学校时，是作为一个和谐的人，而不是一个专家……发展独立思考和独立判断的一般能力应当始终放在首位。"[1] 这里说的是学校最基本的功能。教育具有促进社会发展的社会功能与促进人发展的个体功能，人与社会的发展在终极价值上是一致的，所以从本质上来说，教育的这两种基本功能也是统一的。在教育实践中，两种功能的现实冲突是不能否定的。教育的发展必须协调好这两种基本功能，才能发挥教育的最大功能。[2] 一般来说，"教育功能的形成基本属于教育活动过程；教育功能的释放则要渗透在其他的社会活动过程之中"[3]。根据不同的分类标准，高等教育功能可以划分为不同类型。高等教育的个体和社会功能是根据作用对象的不同来划分的，个体功能是指高等教育能促进个体身心发展，主要体现为在个体发展过程中促进其同时具备个性化和社会化的功效。社会功能指高等教育对受教育群体在社会中产生的群体效应，功能主要反映在对社会分层和社会流动的作用。高等教育的经济功能、社会功能、文化功能是根据高等教育作用于社会领域的不同而起到功效的不同来划分的。有关显性功能和隐性功能的划分是根据社会学家默顿（R. K. Merton）提出的理论，高等教育功能也可分为显性功能和

---

[1] 《爱因斯坦文集》，许良英译，北京：商务印书馆1994年版，第146—147页。
[2] 潘懋元、王伟廉主编：《高等教育学》，福州：福建教育出版社2000年版，第33页。
[3] 傅维利：《论教育功能的释放与阻滞》，载《教育科学》，1989年第1期。

隐性功能。显性功能指高等教育在人才培养、科学研究和社会服务过程中为大家所直接感知和期盼的功效;隐性功能指在高等教育过程中产生作用的一些功效,既是非人们主观预判的,也是难以直接感知却客观存在的,如若对这些功效不能正确认识和重视,还将要失去高等教育更高的社会价值。除此以外,人们还把高等教育的功能分为正功能和负功能,这是根据高等教育发展与个体健康成长或者社会进步在方向上的一致性来进行划分的,发展高等教育的目的就是为了最大限度地发挥其正功能(或称为为应然功能)和有效地控制其负功能。总之,高等教育功能具有多面性、多层次性和客观性等特征。[①] 大学首先是一个接受教育的地方,这个高等教育功能的具体化就是大学的职能。高等教育理论认为,大学具有三大职能,即教学、科研和社会服务。教学是实现人才培养的最基本途径,彰显的是高等教育的本体功能,科学研究和社会服务则是以培养全面发展的人为根本目的,彰显的是高等教育的派生功能。因此,大学教师的教学学术活动,是大学职能得以发挥的重要手段,是高等教育功能得以释放和实现的重要途径。

在高校育人功能发挥的过程中,要对各项育人目标进行分解,按照教学、管理和服务育人的分工,辅导员的工作兼有管理和服务的功能,尽管很多工作是隐性的和不可量化的,但辅导员的作用是毋庸置疑的。学生事务管理进入高校学术的范畴,这一点已经在高校基本达到共识,是教育功能的一个组成部分。在促进学生发展的过程中,辅导员的发展问题也是客观存在的。高等教育功能论正好可以作为研究辅导员发展问题的基本理论工具,作为本研究的基础。

(二) 教师专业发展理论

教师专业发展的历史可以追溯到1681年法国天主教神甫在拉萨尔建立的师资培训学校,到1966年国际劳工组织《关于教师地位的建议》提出应把教师视为专门的职业,在专业探索方面经历近300年。教师专业发展理论研究始于20世纪60年代美国的富勒《教师关注问卷》,到1980美国时代周刊发表文章《危急!教师不会教》标志着拉开促进教师专业发展的教育改革序幕,继而在1986年由霍姆斯小组提出《明天的教师》、卡内基提出《国家为培养21世纪的教师做准备》、复兴小组提出《新世界的教师》三个

---

① 刘六生:《省域高等教育结构调整研究》,辽宁师范大学博士论文,2011年。

报告为标志，开始掀起了国际教师教育运动。教师专业理论是一套理论的组合，横向上以教师的知、情、意、行为基础，由信念理论、情感理论、知识理论、能力理论、教学专长理论、合作理论、反思理论、领导理论等组成；纵向上以教师的职前培养、入职教育和在职培训为脉络，由生涯理论、赋权增能理论、职业倦怠理论、性别理论等组成。

霍伊尔认为："教师专业发展是指在教师职业生涯的每一个阶段，教师掌握良好专业实践所必需的知识和技能的过程。"① 学科专业性和教育专业性是教师专业理论的两个基本内涵：前者指国家对教师任职既有明确的学历标准和规定，也有具体的教育知识、能力、教师职业道德的要求；后者指国家有专门的教师教育机构、专门的教育内容和措施、专门的教师资格和教师教育机构的认定和管理制度。教师专业发展理论的另一内涵是指教师专业发展是一个持续不断的过程，既是一种状态，又是一个不断深化的过程。已有的研究对教师专业发展、教师专业化等重要概念均有不同理解，其内涵和概念之间的关系也较为复杂。就广义而言，都指加强教师专业性的过程，这时两个概念是相通的。很多时候会将这两个概念对照使用，区分的两个维度分别是内在与外在、个体与群体。专业发展指的是教师内在的、个体的专业性的提升，而专业化主要强调教师外在的、群体的专业性的提升。

当前，中国对教师专业发展的研究强调较多的是校本教研，提出"专家引领、同伴合作、自我反思"三条发展路径。专家引领是指向书本学习、向专家学习，可以开阔教师视野、更新观念、激发反思等作用，但多数是强制性推进，如果教师个人主观发展意愿淡薄，就会造成效果大打折扣，出现"听报告激动，报告后不动"的尴尬局面。同伴合作是指从他人的路径中学习以促进自我成长。对辅导员队伍来说，这一途径对推动辅导员专业发展是明显的，但因缺乏系统理论的支撑，这一形式容易止步于零碎的技术操作层面。自我反思强调教师发展要从自我和实践的反思过程中去获得。但停留在"技术之外"时段的自我反思更多关注的是管理效率的提升，反而局限了教师的视野。针对这些问题的分析，无论哪一种专业发展路径，都需要发挥教师专业自主意识，需要自觉的专业发展意愿才能取得相对好的成效。关于教师在教师专业发展中日益凸显的地位和作用，较多学者进

---

① Eric Hoyle & Jacquetta Megarry：World Yearbook of Education 1980：Professional Development of Teachers，London：Kongan Press，1980，p.42.

行了研究。有学者提出了"自我更新"取向的教师专业发展,强调教师自我专业发展意识的独特作用。[①] 有学者提出教师自主发展论,指出教师专业发展是一个教师自我发展、自我完善的过程。[②] 有学者对教师反思极为关注,提出教师专业发展和反思性道路。[③] 辅导员是教师队伍的重要组成部分,因此,教师专业发展的基本观点能成为支持本课题研究的理论工具。以利伯曼的教师专业发展主体理论与本研究的关联为例:信念理论是分析辅导员工作理念的基础;感情理论是辅导员智慧研究中必须参照的;知识理论、能力理论是对辅导员角色分析和建立辅导员专业培养方案的依据;辅导员的工作内容及职能的发挥等与领导理论、合作理论、学习理论、反思理论、教学专长理论等的联系十分密切;生涯发展理论、学习理论、倦怠理论等对本书解决辅导员队伍困境问题的策略是可以直接应用的;等等。从教师和辅导员专业发展的内涵来看,作为教师的辅导员,其发展自然也包括要向专业化的方向发展。教师是人类既有文明的传递者,也是建构者,既要学习又要研究,既是为学生的发展服务,又要实现个人发展,既要奉献也要发展。[④] 同时,社会的进步必然推动职业的专业化,教师职业也不例外。[⑤] 此外,专业发展是教师"作为具体而丰富的人(而非工具)的整体发展"[⑥]。在研究辅导员发展问题时我们可以直接借用这些教师专业发展理论方面的观点。

以休伯曼(Huberman)的生涯理论为基础对辅导员作为教师角色的讨论,可以看出辅导员的专业发展与教师专业发展一样,都是一个多层次、多维度的概念。它可以指知识技能的增长,也可以指专业意识的养成,还包括专业身份的建立。"其目的在于实现教师个体生命的价值,促进学生的

---

① 叶澜、白益民等:《教师角色与教师发展新探》,北京:教育科学出版社2001年版,第11—12页。

② 金美福:《教师自主发展论》,北京:教育科学出版社2005年版,第16—25页。

③ 熊川武:《反思性教学主体性是教师专业发展的动因》,上海:华东师范大学出版社1999年版,第42页。

④ 张志勇:《创新教育——中国教育范式的转型》,济南:山东教育出版社2007年版,第18—19页。

⑤ 马健生主编:《现代教育制度与思想》,北京:高等教育出版社2004年版,第335页。

⑥ 叶澜:《"回望"——〈生命·实践〉教育学论丛》,南宁:广西师范大学出版社2007年版,第149页。

成长，满足学生发展和国家教育改革的需要。"① 辅导员具有教师的身份，他们就必然具有教师的共同属性和发展特征，辅导员的专业发展与教师专业发展有明显的契合点和关系。比如说，两者都需要外部和内部的制度为保障，"辅导员队伍的建设也应遵循和符合教师队伍建设的一般规律"② 等。

没有教师的成长，就没有高品质的教育。对辅导员专业发展的研究是基于提高大学生的教育质量为目标的，辅导员专业化的主题与教师专业发展研究的三大主题"教师教育改革研究、教师专业标准、校本教师发展"也都是高度一致的。从教师专业化的视角研究和探讨辅导员专业化方面的问题，既有利于丰富辅导员专业化的理论，也有利于加快辅导员专业发展的进程。

(三) 人力资源管理理论

辅导员是高校管理队伍的重要组成部分，承担着教育管理的职责。为达到管理的科学化，辅导员发展必然要涉及工作内容、职责权限、业绩标准等因素。以"工作分析"为核心基础职能的人力资源管理理论可视为辅导员发展研究的又一个理论基础。工作分析又称职业分析或者职务分析，不同学者因为对其内涵和外延的理解不同，给出的定义也是不同的。国外的学者以加里·德斯勒为代表，认为工作分析是组织确定某一项工作的任务、性质，以及什么样的人员可以胜任这一工作，并提供与工作本身要求有关的信息的一道程序。③国内学者以彭剑锋为代表，认为工作分析是人力资源的一项核心基础职能，它是一种应用系统方法，收集、分析、确定组织中职位的定位、目标、工作内容、职责权限、工作关系、业绩标准、人员要求等基本因素的过程。④ 工作分析的起源是泰罗的时间动作研究，1911年，泰罗在其代表作《科学管理原理》中提出"时间动作研究"，就是通过分析，将工作分解成若干组成部分，并对每一部分进行计时，目的是达到

---

① 卢乃桂、操太圣主编:《中国教师的专业发展与变迁》，北京：教育科学出版社 2009 年版，第 14 页。

② 杨晓慧:《培训培养与高校辅导员队伍专业化研究》，载《思想理论教育》2008 年第 13 期。

③ 〔美〕加里·德斯勒:《人力资源管理》，刘昕译，北京：中国人民大学出版社 1999 年版，第 30 页。

④ 彭剑锋:《人力资源管理概论》，上海：复旦大学出版社 2006 年版，第 2 页。

管理的科学化。

工作分析是一道程序，就是组织上对一项具体工作需要特定人来承担的分析程序，通过这道程序，让我们确定某一项工作的任务和性质是什么，以及哪些类型的人（从技能和经验的角度来说）适合被雇用来从事这一工作。[①] 具体在这个过程中，工作人员需要通过工作分析搜集以下几类信息：(1) 工作活动。承担工作的人必须进行的工作活动有哪些，为什么要执行和如何来执行这些活动。(2) 工作中人的行为，工作对承担工作的人有什么样的要求。(3) 工作中使用的机器、工具、设备及其他辅助工作用具。需要运用何种知识，以及需要提供何种服务。(4) 工作的绩效标准。(5) 工作背景。包括工作的物理环境、工作时间表、工作的组织形式和社会环境等。(6) 工作对人的要求。即工作本身对所要承担工作的人的基本要求。如知识和技能（教育经历和水平、培训经历、工作实践经验等）和个性特征（人品、兴趣等）。

从人力资本的角度，要"认识到辅导员是重要的人才资源……"[②] 对其管理也是大学人力资源管理的一个重要组成部分，其招募与甄选、考核与评价、管理与培训等都可以借鉴人力资源的工作分析的方法，将这个分析的程序对辅导员职务进行相关配套的应用，这个理论对我们研究辅导员的发展问题会增加了一个新的视角和重要的理论支撑。

（四）马克思主义关于人的全面发展理论

和谐是人追求的生活理想状态，马克思主义的最高价值观是人的自由全面发展。马克思说："人的全面发展，既是意味着劳动者智力和体力两方面，以及智力的各方面和体力的各方面都得到发展，达到体力劳动和脑力劳动相结合，这是人的全面发展的基础，但从更深层次来看，它也是只一个人在志趣、道德、个性等方面的发展，而且是每个社会成员得到的自由的、充分的发展。马克思、恩格斯曾强调指出，只有自由、充分的发展，才有全面发展；只有每个人的自由、充分的发展，才有一切人的自由、充分发展。"[③]

人的全面发展学说是马克思主义理论的重要组成部分，是中国教育方

[①] 〔美〕加里·德斯勒：《人力资源管理》，刘昕译，北京：中国人民大学出版社1999年版，第14页。

[②] 吴琼：《高校辅导员培训制度的探索》，载《继续教育研究》2013年第1期。

[③] 《马克思恩格斯选集》第1卷，北京：人民出版社1960年版，第293—294页。

针的指导思想。马克思对人的全面性是这样界定的:"个人的全面性不是想象的或设想的全面性,而是他的现实关系和观念关系的全面性。"① 也就是说,所谓"全面发展"是指人要有"多种多样"的志趣,"多种多样"的才能。"全面发展实质是个性发展",即发展的基本内容是个性发展,经由个性的充分发展实现全面发展,离开了个性发展,全面发展是不可能的。② 马克思主义关于人的全面发展理论具有丰富而深刻的内涵,涵盖着人的需要的充分满足,人的能力的全面发展,人的社会关系的全面丰富,人的个性的自由发展,人的主体性的全面发展。③

马克思主义关于人的全面发展学说为确立教育目的的价值取向提供了最基本的理论依据,是思想政治教育研究的理论基石,是实现人的全面发展教育的目的和归宿,也是学生事务管理工作者的最高理想和目标。如同《学会生存——教育世界的今天和明天》中说的:"一个人有实现他自己的潜力和享有创造他自己未来的权利……人类发展的目的在于使人日臻完善。"④

对辅导员专业发展的研究,一个基本的观点就是辅导员要促进学生的全面发展,这必然要求辅导员要具备自由全面发展的观念,同时又必须具备能让学生全面发展的知识和能力。就是要辅导员在发展学生之前自己首先要得到自由、充分的发展!如果我们问大学生发展成就的高低与辅导员的专业发展是正相关吗?那可能又会进入一个复杂的哲学命题里面,辅导员发展的概念本身就是要求辅导员全面的发展,心理、人格、个性都要健康发展,还要与学生共同发展。

(五) 人本主义理论

古希腊智者派创始人普罗泰戈拉(Protagoras)指出:"人是万物的尺度,是存在者存在的尺度,也是不存在者存在的尺度。"⑤ 人本主义理论是

---

① 《马克思恩格斯选集》第 46 卷(下),北京:人民出版社 1960 年版,第 26 页。
② 《马克思选集第 3 卷》,北京,人民出版社 1979 年版第 302 页。
③ 吕一军:《马克思主义关于人的全面发展理论与高校思想政治教育》,载《中国高教研究》2005 年第 7 期。
④ 联合国教科文组织、国际教育发展委员会:《学会生存——教育世界的今天和明天》,华东师范大学比较教育研究所译,北京:教育科学出版社 1996 年版,第 6 页。
⑤ 赵同森:《解读人本主义教育思想》,广州:广东教育出版社 2006 年版,第 1 页。

指以人为本，以人的主体存在、需要满足和发展为中心，以人本身为目的的思想或观念。①

以学生为中心的理念追溯到人本主义（Humanism）对人的价值追求，高举人的旗帜、歌颂人的力量、向往世俗的幸福。代表人物阿尔杜塞认为，个人非孤立抽象的存在物，总是存在于一定时期的社会关系和结构当中；费尔巴哈的人本主义思想把人分为自然性和社会性（时间顺序上，自然界第一性的，人是第二性的；但在地位上，人是第一性的），就是要尊重人的地位并关注社会属性。"只有社会的人才是人"，说明人的本质包含在团体之中，包含在人与人的统一之中。美国的国际培训、绩效、教学标准委员会——IBSTPI的教师能力标准就是以学生为中心的教师能力观：教师要具备了解和分析学生的能力（多元文化背景的学习者分析），教师要具备与学生沟通的能力（对阐释和反馈的把握），教师要具备评估学生的能力（强调与学生一起商量并建立评估标准）。

人本主义心理学的代表人物还有马斯洛和罗杰斯，马斯洛认为人类行为的心理驱力不是性本能，而是人的需要。他将其分为两大类、七个层次，好比一座金字塔，自下而上依次是生理需要、安全需要、归属于爱的需要、尊重的需要、认识需要、审美需要、自我实现需要。人在满足高一层次需要之前，至少必须先部分满足低一层次的需要。他的心理学就是促进人的自我实现，也叫实现论。马斯洛定义的实现是："自我实现的创造性首先强调的是人格，而不是其成就。"②

罗杰斯的以人为中心的治疗目标是将原本不属于自己的经内化而成的自我部分去除掉，找回属于他自己的思想情感和行为模式，用罗杰斯的话说就是"变回自己"。他的心理学是自我论。罗杰斯这样说："在我看来，最好的教育所培养的人和经过好的心理治疗的人非常相似。在心理治疗中，有些心理学家会帮助来访者创造一把打开心灵之门的钥匙；另一些心理学家则向来访者说教称，打开这扇门是如何重要。和教育一样，促进者的职责就如同一把钥匙，一把创造出机能充分发挥作用的人（或称为'功能完

---

① 陈瑄：《人本主义理论在大学生思想教育中的应用》，载《中国成人教育》2009年第5期。
② 〔美〕马斯洛：《存在心理学探索》，李文湉译，长沙：湖南人民出版社1987年版，第139页。

善的人')的钥匙。"①

人本主义的理想是希望人的本性尊严潜能通过教育得到最大的实现和发展。在教育上，人本主义理论的内涵包括：（1）教育目标指向个人的创造性。人本主义的教育目标是培养积极愉快、适应时代变化的心理健康的人，关心在教育对培养独立人格方面所起的作用。强调以人的自我为核心和自我实现。（2）教育观念强调人本化。认为受教育者是教育的中心和目的；学生是教育的出发点和归宿。（3）教育过程重视主体化。在这里受教育者被看作是能动的人而不是被动的，要发挥受教育者的能动性，调动和启发他们的参与性和积极性，引导学生从正确的自我认识开始，学会正确地进行自我教育、自我管理和自我评价。（4）教育管理提倡人性化。人性化管理是培养学生适应管理、学习规则的能力，提高对规范和纪律的持续学习和适应能力，以便将来能适应不同环境、不同职业领域和不同规范的要求，既达到对既定纪律、规范和标准的实践与遵守，还具备自身的调试和适应新规范、制度的能力。人本主义教育理想的核心是以人的和谐发展为目标。尼采就认为：教育应当考虑到学生的本能，张扬人的个性，造就人格，使学生成为独一无二的人，成为完全的自己。教师不应成为"高级保姆"，教师应当是一个解放者，"教人为未来而创造"。

胡森（Husen）说："或许过去十年来人本主义所反对的极端理智主义的钟摆，现在正回到更适当的位置上，人们正在认识到情感与认知之间的一种更重要的平衡。"②这就是说现在是真正实现人本主义的时候了，就是要强调人的尊严、价值、创造力和自我实现，重视受教育者内心世界的发展，同时也重视创造能力、认知、动机、情感等心理因素对行为的制约作用，就是要顺应受教育者的兴趣、需要、经验和个别差异等，达到开发潜能的效果，从而激起认知与情感的相互作用。

理论是灰色的，生命的金色之树常青。③教育的对象是人，意味着教

---

① 〔美〕卡尔·罗杰斯：《自由学习》，伍新春、管琳译，北京：北京师范大学出版社2006年版，第157页。

② 胡森：《世界教育百科全书》第4卷，重庆：西南师范大学出版社1985年版，第2349页。

③ 〔美〕布鲁纳：《教学论》，姚梅林、郭安译，北京：中国轻工业出版社2008年版，第90页。

育必须面向生命,满足生命发展的需要,提升生命的质量。[①] 人本主义理论发展到教育思想和实践层面,提倡重视"全人"教育,尊重学生,倡导人的主体地位,重视和谐的师生关系,师生应以爱为基础,内容是民主、平等、欣赏。教学过程中重视学生的主体地位,推崇苏格拉底式的教育,重视人文科学,相对轻视自然科学,主张张扬人性的人文科学教育。在高校辅导员专业发展研究中把人本主义理论作为基本的理论工具是具有深刻的含义的,这里包含两方面的意义:一是从专业的角度提高人们对辅导员工作的认识,体现出辅导员工作的价值尊严,这是以本人为本的;二是辅导员的工作对象是人,要求他们整个职业生涯的每一个教育活动经历都是以人为本开展工作的,这是以他人为本的。选择人本主义理论作为本课题的理论工具,符合辅导员专业发展的要求。因为以人为本既是新形势下时代对高等教育管理的要求,也是高校学生管理工作走向科学化、现代化的必然趋势,人本主义主张心理学从人的本性出发研究研究人的心理,这与辅导员专业发展研究回到辅导员本身的方向性是吻合的。

三、高校辅导员专业发展的意义诠释

选择以上这些理论作为本书的基本理论工具,与辅导员专业发展的特殊性要求是密切关联的。在理论上,辅导员的专业发展可以归属于教师教育范畴,可是又不能等同于一般的教师教育,其专业发展的意义有不同的诠释。我们可以把这些解释理解成在辅导员发展领域里的现代性缺陷使然,在诠释辅导员专业发展的意义之前,我们先从哲学角度进行辅导员生存现状的外部环境分析。

马克思论述的市场经济中的人的存在方式,是以物的依赖性为基础的人的独立性面临的两大生存困境:一是以技术革命为基础的对自然的攫取所造成的全球问题;二是对物质的依赖造成人的物化问题,也就是泛滥全球的物质主义问题。这是既有哲学理论与人类存在之间的矛盾,又有人与自然疏离的问题。体现在全球化的过程中在体制上的意义就是市场化的过程,而在文化上的意义则是人类的价值观念剧烈震荡的过程。统治人类几千年的、使人的生命不堪忍受之重的本质主义的肆虐转换成使人的生命不能承受之轻的存在主义的焦虑。

---

① 冯建军:《生命化教育》,北京:教育科学出版社2007年版,第1页。

狄更斯在《双城记》说的无所不有又一无所有的时代，极端相反的东西在这个时代并存。经济的发展没有导致民主同步发展，市场的专横难以控制，人被自己创造的系统支配。虚无主义成了现代文化的标志性象征。祁克果（Kierkegaard）说过，日益理性化的社会人的地位越来越不受注意和尊重，人们习惯于把自己消融在群体之中，物欲成为个体性表现在无处寻找个性。传媒复制一切人的口味，坚持自己的个性不是被认为不合时宜就是疯子，辅导员就是要在直面生命的问题做出选择。

海德格尔与胡塞尔、狄尔泰一样，认为现代性的危机归根结底是西方文明的危机，是这个文明的核心形而上学的危机。形而上学开始就走错了路，遗忘了存在，而不适当地突出了人，认为人可以随意支配存在。现代世界文明的种种问题根源在此，所以要将人纳入存在的真理，成为存在的看护者，而不是支配者。希望以此来颠覆西方根深蒂固的人本主义（遗忘存在真理）传统，让新的可能性和真理得以向我们显现。福柯与海德格尔一样对现代性的批判就是对人类中心主义的批判，微观权力渗透到社会生活的各方面，从空间的分配到活动的控制，从训练的安排到人员的组织——工厂、学校、军队、医院，它们都类似于监狱。尼采对现代性的批判是开创性的，提出解开自然之谜的俄狄浦斯必然遭到弑父娶母瓦解自然神圣的命运。也就是说，今天的生态危机是必然的。我们需要重估一切价值，就是对西方文明的基础进行根本性批判。他的永恒轮回的思想昭示我们要抓住一切美丽瞬间，因为瞬间的辉煌战胜普遍的平庸，也就是说生命的意义在于质而不是量。尼采在猛烈的批判中肯定现代文明中常常被遗忘的生命价值，尽管他批判流行价值观在很多人看来似洪水猛兽，但所批判的一切仍然是这个社会的主流价值观，也许这才是这个自称炸药的思想家的梦魇！我们对辅导员的发展批判又何尝不是呢？福柯问，如果哲学不是思想自我批判的工作，那么当今的哲学……又是什么呢？我们对辅导员专业发展的研究，如果失去批判，如果不能引起人们对此问题的关注和思考，那就势必要回到曾经的"老路"上，那么这个发展的意义又是什么呢？我们认为，辅导员专业发展的意义如下。

（一）辅导员专业发展是实现高校育人目标的重要途径

古德森（Googson）说教育首先是一种道德和伦理的专业。把学生培养成为社会主义事业的合格建设者和可靠接班人是中国高等学校人才培养的根本目标、任务和最高伦理。大学生是祖国的未来，其思想道德水平、身心素质直接关系到国家的前途和发展。大学生的思想政治教育工作是辅导员工作的主要组成部分，对学生人生理想、世界观、价值观的形成具有重要的引导作用，为大学生的成长发展提供保障。

高校辅导员对学生思想教育与规范约束只有科学地有效地结合，才能实现思想教育、"外化"到"内化"两个过程的目的。辅导员作为大学生成长的人生导师，其素质和能力与学生的健康成长息息相关。高素质的辅导员队伍才能培养出高素质的学生，只有实现辅导员的全面发展才能不断增强大学生思想政治教育工作的实效性，真正实现国家赋予高校的育人目标。

高校思想政治教育其本质上是一项育人的工作，是塑造学生人生观、世界观的重要工作，具有其自身发展的内在规律和特点，具有很强的专业性。辅导员作为思想政治教育工作最直接最重要的承担者和实施者，必须全面地进行发展，只有这样，才能从根本上保证高校育人工作和管理工作的顺利展开，才能确保工作的实效性。

毛泽东说过："我们的教育方针，应该使受教育者在德育、智育、体育几方面都得到发展……"邓小平对此做了重申，就是我们熟知的"四有"新人教育目标。江泽民提出要在"发展社会主义物质文明和精神文明的基础上，不断推进人的全面发展"。胡锦涛提出"坚持以人为本，全面协调可持续的科学发展观"，强调坚持以人为本就是要以实现人的全面发展为目标。习近平总书记强调让每个人活出尊严，都有自己要实现的梦想……在现代大学的发展分工不断精细的过程中，大学要实现全面发展的育人要求，自然对育人的各项目标也在不断地选择着。"传道、授业、解惑"是教师的基本职责，但在今天的教育特别是高等教育中，学分制分科教学的普遍使用，让授课教师在课堂上主要以传授知识为教育目的，在课堂教学无法完成"传道"——思想道德教育的任务情况下，高校辅导员工作队伍的作用才得以凸显出来。品格教育必须是综合的，因为"学校生活中的一切都会影响品格，无论好的还是坏的"[1]。辅导员的角色正好能有意识地整合利用学校的一切条件，作为培养学生良好的品格的资源。

（二）辅导员专业发展是实现学生全面发展的客观需要

信息化、全球一体化的环境下，学生面临激烈的竞争，面临各方面越

---

[1] 钟启泉、张华主编：《世界课程改革趋势研究》，北京：北京师范大学出版社2001年版，第1023页。

来越大的压力,派生的问题也越来越多。为了更好地为学生的发展服务,建设一支高水平的辅导员队伍,提升管理和服务的水平,已经成了中国大学生全面发展的一个内在的诉求。中国的以高考为主体的人才选拔制度造就了一代又一代"专业"学习考试的精英,提高素质、全面发展,这些本该中小学完成的任务却都错位地留给了大学,没有实现小学、中学、大学这种科学的、系统的阶梯式人才培养方式。小学升学入中学、中学再进入大学都是通过考试的形式,用分数作为人才标记符号。而大学作为人才培养教育系统的最后一站,要把学生的学习与社会的期望接轨,这就为高等教育制造了难题。社会需要的是在专业特长基础上全面发展的人,只有学习单方面特长的人才培养问题无疑加大了高等教育的育人难度。大学只得面对现实,从实际出发全面进行教学、管理的改革,踏踏实实地工作。(针对学生的客观需要,找出问题所在,思考并改进着。)于是我们就会看到这样一种奇怪的现象,各大学的礼仪课一般都从基本的坐、立、行、走、进退、洒、扫等基本内容做起,为本该幼儿园教学的内容进行彻底地补课。而且,随着经济全球化、信息网络化的进一步发展,当代大学生的思想观念与思维方式发生了很大的改变,大学生只有实现全面发展、不断提高自身综合素质,才能更好地适应激烈的社会竞争。当今大学生的全面发展已经不再是原有意义上的德、智、体、美的发展,而是包括学习、心理、生活、就业等各方面的综合素质的全面发展。学问还在其次,人格最要紧。[①]这是100年前晏阳初先生对人的发展的观点,今天看来,一点也没感觉到过时。个人的全面发展仍然是人文主义关怀的中心,也是现代教育追求的最高理想。作为大学生发展的领路人,辅导员要提供的是更加专业化的指导和服务,解决大学生发展过程中诸如思想迷茫、心理问题、学习障碍、职业选择等诸多问题。大学生全面发展的指导等众多领域知识和很强的专业实践水平,在客观上要求高校辅导员必须走职业化、专业化的发展道路。

(三)辅导员专业发展是辅导员队伍可持续发展的需要

在发展观的视域里,辅导员具有教育者和学习者的双重身份,在学习与教育的自由中不断地成长,但任何教育活动都不是一劳永逸的,要充分强调自我价值而不是过分追求。教师是通过整个一生才成为教师的,是一

---

① 晏阳初:《"误教"与"无教"》,载《民间》第3卷1936年第12期。

个生涯历程。① 离学生最近同时也是最易于为学生所信任的辅导员,对学生成长、发展的作用是直接的、具体的。而实际工作中,除了专业本身要求的以外,辅导员还存在其他很多个体差异,工作方法、习惯、水平等的差异也很大,造成工作效果迥异。尤其是面临学生"多样化机遇中的多样化选择"时,其工作差异性造成的影响就会更加显著。教师在教育中发挥什么样的作用及如何发挥作用,一方面取决于教师的学生观,另一方面取决于其自我意识,就是教师如何看待自我。② 辅导员的工作也一样,需要树立正确的学生观、可持续的发展观。

辅导员如此丰富的工作内涵是其他任何教师所不具备的,充分体验其中的自由、快乐、创造才是具备了教育的真正灵魂。提升大学生的精神生命价值的意义是巨大的,个人生命意义的创造也是伟大的,这是辅导员发展的根本——从职业中获得新的生命。"知识就是力量",在知识以前所未有的速度生产、不断更新和转换的今天,教师传递知识的职责依然未变,但知识本身的力量已经有所下降,在课堂上教师传授完知识以后,如何激励学生思考,提高学生的创新能力和促进学生创造性地发展,已经成为辅导员"辅导"学生的主要工作。在当代高校学生事务管理过程中,辅导员的职能发生了深刻的变化,这种变化使得辅导员的工作复杂程度、工作性质也随之发生改变。辅导员的传统的知识与能力结构已经不能满足于当下全面发展的育人实践需要。要满足实践的需要,只有通过知识与能力提升的才能解决,而知识与能力的提升关键在于有别于传统培养方式、实施专业的分工及建立配套的研究方法。

辅导员的发展客观上要求辅导员向"专家型"发展,是要集思想、管理、心理、发展等各方面的"专家"素质于一身。保证辅导员队伍的稳定也是辅导员发展的一个重要意义所在,全面的发展使辅导员岗位成为从业者追求并可以长期从事的职业。当前,我国高校辅导员基本都是靠经验惯性地听从学生工作管理部门的指挥调遣,日常工作中也处于出现什么问题再解决什么问题的如"保姆""灭火队员"一般的角色,极少有针对性地进行学习、研究。"术业不专",工作的实效性、科学性不足也就是理所当然的事情了。

---

① 〔日〕佐藤学:《课程与教师》,钟启泉译,北京:教育科学出版社2003年版,第230页。
② 石中英:《教育哲学》,北京:北京师范大学出版社2007年版,第74页。

辅导员队伍只有真正实现专业化，才能解决当前高校辅导员工作队伍中存在的职责不清、素质不高、结构不合理、队伍不稳定等种种问题，才能稳定队伍，把更多的优秀人才吸引到学生事务工作队伍中。队伍的专业化建设，能引导辅导员对岗位有全新的认识，充分发挥工作自觉性，不断加快专业知识储备和提高专业能力。实现由单纯的思想政治指导教师向学生事务指导专家发展，从管理经验型向学习研究型发展，使其不断提高专业成熟度，成为既是学生工作理论方面的研究者，也是学生管理工作方面的实践者。发展的本质是科学化、人本化，我们只有将育人工作归属于科学，尊重人性，并以是否满足科学性和人本性作为育人行为的评价标准，辅导员发展的合理性才毋庸置疑。只有建立一支高素质、职业化、专业化的辅导员队伍，才能改进辅导员的社会和专业地位，增强和提高职业的稳定性和社会认知水平，从根本上改变原有的辅导员职业形象，使辅导员工作成为受人尊敬和羡慕的职业，实现队伍的可持续发展。

高校辅导员的专业发展一般是从接受职前教育，成为初任的辅导员，然后发展成为有经验的辅导员，最终到学生管理实践专家的持续发展过程。在这个历程中，辅导员和学生的主体性参与及社会发展不断地对高校育人提出的新要求交织在一起，由此对教育者提出的复合性要求，成为辅导员发展的动力。

1. 辅导员和学生在教育实践中的主体性参与

从教师专业发展及其研究的现状来看，教师自身在其专业发展中的作用和地位日益显增，说明教师这一"人的因素"成为其专业发展的强有力的内在动因。① 辅导员和学生在教育实践中的主体性参与是其专业可持续发展的根本动力。在当今错综复杂的学生事务管理中，辅导员的工作性质和职能发生了深刻的变化。教师有责任为学生指出方向或建构经验，以帮助学生学习，而非希望学习会自然发生。② 任何实践活动，都有主体对客体的认识与改造，也都有作为实践主体的人与人之间的相互关系。即实践中存在的"主—客"和"主—主"关系。在真实的教育活动中，教师和学生是不能在某种分解的时间片段中时而作为主体去认识对方，时而又作为客体被对方所认识的。这些理解和认识是发生在同一过程、同一活动中，是同

---

① 叶澜、白益民：《教师角色与教师发展新探》，北京：教育科学出版社2001年版，第5页。
② 卢敏玲、庞永欣：《课堂学习研究——如何照顾学生个别差异》，北京：教育科学出版社2006年版，第5页。

时地、交互地、共同地进行的。① 教育实践作为生产实践的一部分，解决的是在明确的办学方向下"怎么培养人"的问题，把"主旋律"与"多样化"统一。

在教育实践中，辅导员与学生要相互确认两者主体性的关系。教育者的主体性对教育活动的目标、内容、方式方法、手段途径等有重要的主导作用，但要达到教育活动的目的性和实效性则需要尊重教育对象的主体性，使之主体作用得到充分发挥。笔者这里为什么要强调两个主体要共同参与？从教师主体的角度上说，辅导员作为主体的发展是一个长期被忽略的问题，在不断提及、强调学生的主体地位的时候，辅导员的主体地位却常常不被重视，辅导员的主体精神也没有在观念中得以发展和提升。主体性参与是辅导员专业发展的核心，具体表现为自我发展的需求和意识及专业发展的自主权。教育理念的变化和学分制的开展给学生的自由空间越来越大，选课、休学、转专业及婚姻的自由等在增加学生权利的同时，使辅导员传统的管理权力也在弱化，也让辅导员的主体地位变相降低。以组织召开班会为例，因为学生发展取向等方面自由度的增加，辅导员很难找到让全体学生都有共同兴趣及受益的主题，一段时间内，一些辅导员对现有职业是"无可奈何的选择"（这与很多人报名竞争一个岗位的招聘现象似乎是个矛盾，但这也是现实），辅导员的生存质量没有达到应有的高度。促进辅导员的专业发展是所有问题的核心，以发展引领辅导员把职业当作终身事业，把本专业的发展作为个人内在的诉求。发展的外在因素表现在提高待遇、实施从业资格制度、职称提升和职务晋升等。外在因素还在其次，内在的辅导员发展的职业自主意识和自主发展能力的形成才是最根本和最重要的。要发展，就必须确立辅导员的主体地位和主体作用，减少教育过程中辅导员的压力，给辅导员最大空间的自主权力，辅导员的自主意识和自主发展能力才能形成，发展的意义才可能被确认。总而言之，主体性参与意识的确立是辅导员发展的原动力。

如果在学生的角度理解学生管理实践，发展对于学生和辅导员来说是相辅相成、互为条件、互相促进的，在某种意义上是学生在塑造或构建着教师。② 促进了学生的发展才是辅导员发展的价值所在。前面论证了高校辅

---

① 王长纯：《教师专业化发展：对教师的重新发展》，载《教育研究》2011年第11期。
② 桑新民：《呼唤新世纪的教育哲学——人类自身生产探秘》，北京：教育科学出版社1993年版，第189页。

导员具有主体参与性，而大学生也是教育过程的主体。没有学生这一角色，教师角色也就毫无意义。① 大学生的主体性表现为：一是自主性，指大学生具有独立自主的意识，认识自我反省自我的能力，自我发展的意愿，内在的价值判断尺度及个人的情感体验等，主导着教育对象参与教育活动的态度。二是能动性，指大学生以主动、积极的态度从思想上反映教育的要求与自身的差距时，对教育内容和信息进行有选择的接受，以及认识和审视教育者，要求教育者理解自己，具有影响教育者的反作用。三是创造性，这是自主性和能动性二者综合发展的最高体现，包括自身思想的突破，对自己能力的超越等。

在中国传统的教学实践中，学生主体地位往往弥散于家庭和教师的掌控之中，主体身份缺失的现象极为突出。而在西方教育价值观念中，坚持学生本位、承认并尊重学生的主体地位是其特点之一。② 对学生生命意义的尊重就是关注学生的生命发展，强调学生的主体性，让教育实现学生由"抽象的人"向"具体的人"的转换，尊重个体的发展。辅导员的工作是基础教育阶段班主任工作的再延续，这是系统论的观点。大学辅导员与基础教育阶段班主任的不同在于要成为学生的精神向导，使学生自主发展就是"接近了幸福的程度"③。在专任教师课堂教学的任务不可或缺地要求按规定完成以后，学生在课堂以外的全面、个性发展就需要辅导员队伍切实下一番功夫了。首要原则是要遵循学生的身心发展阶段规律，更要尊重生命的独特性，好比世上没有两片相同的树叶，也没有两个相同的人，对每个人的教育首先目中先有这个"人"。具体地说，就是将我们传统的"上所施、下所效"的外塑教育回归西方对教育本来的含义。教育的英文 education 的本义是"引出、引发"的意思，正如夸美纽斯所说："我们不必从外面去拿什么东西给一个人，我们只需要他的原有的、藏在身内的东西显露出来，并去注意每个个别的因素就够了。"④ 在自然性原则的基础上延伸出来，把生命的主动权还给学生，处理好自主与引导的关系，好比放风筝，风筝放飞需要引导，一旦飞起来后，引导的作用就是"保驾护航"。如果干涉过

---

① 吴康宁：《教育社会学》，北京：人民教育出版社1998年版，第222页。
② 李长吉：《教学论思辨》，北京：教育科学出版社2009年版，第22—23页。
③ 肖川：《造就自主发展的人》，成都：四川教育出版社2006年版，第34页。
④ 〔捷克〕夸美纽斯：《大教学论》，傅任敢译，北京：人民教育出版社1984年版，第30页。

多,就会扰乱自主与引导的关系。"不要对你们的学生讲一些聪明的语言,他必须通过经验而变得聪明起来。"① 从发展上说,特别是对学生而言没有唯一的解决问题的方法。② 这些理论原则引导着辅导员在工作中不断发展,让学生直接体验其中,学生的优势潜能得到最大化、最优化的发展,使生命获得真正的意义。

对一个高校辅导员的工作而言,他的生命意义是在通过他的教育管理活动的过程得以实现的。有时候,这种价值的实现是有矛盾的,需要付出的,就像父爱如山的力量。如同鲁迅说的,"自己背着因袭的重担,肩住了黑暗的闸门,放他们到宽阔光明的地方去,此后幸福的度日,合理的做人"③。今天我们在谈辅导员发展包括奉献的概念,也要在促进学生发展的同时,使辅导员作为主体得到共同的发展。

2. 社会发展对高校育人的客观要求

发展在哲学意义上是一个矢量,具有明显的方向性。辅导员专业发展的方向性具体体现在社会发展不断对辅导员提出新的育人要求上,要求辅导员不仅要具有良好的学科知识体系、职业道德,还要成为国家教育方针政策的把握者、实现者。我们看"三全育人",从概念上三"全"里面的每个角度都是包括辅导员的:"全员育人"是指学校的所有教职员工都要承担对大学生进行思想政治教育的职责;"全方位育人"是指要充分利用和努力拓展学校人才培养工作的各种途径、各种渠道来开展大学生思想政治教育;"全过程育人"是指要把大学生思想政治工作贯穿于人才培养过程的始终,结合人才培养的进程来推动学生的思想成长和全面发展。"三全育人"强调的是教育者主体的全惯性,教育实践在空间上的全面性,事件上的全程性,是大学生思想工作系统有效运行的总原则。④

辅导员在整个育人的链条中处于各方面联系的中轴节点,课堂的教育离开第二课堂和课外的活动会成为空中阁楼。社会的信息流量大,网络丰

---

① 〔德〕F.W.克·罗思:《教学论基础》,李其龙等译,北京:教育科学出版社 2005 年版,第 16 页。
② 〔加〕迈克尔·富兰:《教育变革新意义》,赵中健译,北京,教育科学出版社 2005 年版,第 38 页。
③ 鲁迅:《我们现在怎样做父亲》,《新青年》6 卷 6 号 1919 年版,第 1 页。
④ 张再兴:《高校辅导员队伍建设理论与实践》,北京:人民出版社 2010 年版,第 36 页。

富多彩,要让学生在这样开放多元的环境中学会掌握辨析的能力离不开辅导员的工作指导。育人性是辅导员工作的基本属性,对大学生人生观、世界观、价值观的各种形式的教育活动,其目的都是育人。辅导员的作用就是将两个课堂的环境因素进行优化组合,形成学校、社会、家庭全方位育人系统的合力。在这个合力育人方面,辅导员是桥梁、是纽带,综合反映着时代、社会的共同要求。辅导员的专业发展是自身素质提高的内在诉求,也是分工越来越细的高校实现全面发展的育人目标的客观要求,还是整个社会对高等教育发展的必然要求。

辅导员工作的最基本内容还是思想政治教育工作,为什么这么说呢?我们的中小学为了应考导致学生的思想品德课没有取得社会预期的效果,进入大学后,以德育为基础的思想政治工作又一次历史性地摆在辅导员面前。大道理讲得太多,说教已经起不到任何作用。辅导员要做好这项工作,要具备分析环境的能力。当前大学生德育工作存在的问题表现为:首先,以追求善伪的德育工作与大学生追求功利为目的学习形成了巨大的反差。学生学习专业知识、提高技能是为了成为该领域的专家学者,从而在经济社会中获利。对加入学生组织目的的调查表明,近三分之一的学生入党的目的是为了提高就业方面的竞争筹码,没有体现出应有的价值追求。此外,学生随便考个证都会对将来有所帮助,而辅导员的德育工作是不能直接供给学生获利的知识和本领的。其次,是大学前德育工作的"圣人化",学生总有一种被用圣人的标准要求的感觉。辅导员应在工作中将德育工作立足于为培养现实生活中幸福的人的角度来进行。中国道德教育自古便与社会政治有着紧密的联系,要更多关注学生学习生活中的实际问题,注重个人道德品质和个性的完善,使其真正成为有益于社会的人,而不是政治口号下的牺牲品。①爱因斯坦曾说:"我们切莫忘记,仅凭知识和技巧不能给人类的生活带来幸福和尊严。人类完全有理由把高尚的道德标准和价值观的宣道士置于客观真理的发现者之上。"在这位伟大的科学家的眼中,道德对人类的重要性甚至已经超过了科学。②学校德育课上知性化的传授早已使大学生从内心生厌,因为那些以知识面孔出现的德育基本解决不了学生们曾经遇到的现实问题。要在日常生活中将知行合一的道德教育直接面对大学

---

① 冯建军:《生命化教育》,北京:教育科学出版社2007年版,第5页。
② 〔德〕杜卡斯·霍夫曼:《爱因斯坦谈人生》,高志敏译,北京:世界知识出版社1984年版,第61页。

生身边的问题，使道德认识和实践在学生的思想与行动那里获得统一。此外，各种规训组成的条条框框无疑成为辅导员开展工作的又一挑战。没有规章制度不行，有了它又会使教育在一定条框中有所束缚，过去那些扭曲心灵的病理性语言，对学生的各种惩罚的不当都客观上影响教育的效果。辅导员在日常教育中应多体现出理解、对话和关爱的品质。

与时俱进是社会对育人要求的又一个体现，在"学会关心"的时代，尊重学生就是要倾听学生的声音，融入与学生共处的情景当中。师生间的对话和交往是以理解为导向的，师生间的关系比单纯的人际交往更为复杂。弗莱雷指出："只有建立在平等、爱、谦恭、信任他人的基础上，对话才是一种双方平等的关系，缺少这些，就不会产生信任，没有信任，就失去了对话的条件。信任会使对话双方更加感到在讨论世界的问题中他们是同伴。"[①] 正如马克斯·范梅南所言，教育学需要形成开放性的理解，通过理解、对话和聆听，我们了解学生生活背景、个性、品格和爱好，从而才能了解学生的内心世界。[②]

四、辅导员专业发展的内容构成要素

前面已经做了概念界定，明确了专业是一个社会学的概念，也提出了辅导员专业发展的基本理论工具。从教师专业发展理论上讲，辅导员专业发展要求把辅导员培养成为师者和专家，提高从业能力，争取专业地位，最终使辅导员职业成为一种专门职业。但对辅导员专业发展的意义特别进行诠释以后，我们发现，现实中的辅导员是不能等同于专业教师的，而是具有教学与管理双重职责。要满足这些要求，需要再明确认识和理解建立在教师专业发展理论基础上的辅导员专业发展的构成要素。

（一）教育理念的专业化

专业理念是主体对自己从事的工作在真正认识和理解的基础上形成的关于专业性质和专业发展的观念和理念。"一旦选择了辅导员这份职业，就

---

① 黄志成、王俊弗、莱雷：《对话式教学述评》，载《全球教育展望》2001年第6期。
② 〔加〕马克思·范梅南：《生活体验研究——人文科学视野中的教育学》，宋文等译，北京：教育科学出版社2003年版。

应该树立辅导员专业意识,这是辅导员自我专业发展的内在动力。"[①] 辅导员的专业理念是指其对于学生事务这一职业领域的强烈的认同感,将学生事务管理工作作为其终身的事业追求,在教师观上体现为强烈社会责任感,在学生观上体现为对学生尊重、理解、民主的管理态度。

专业理念统摄着辅导员管理的目标、过程和方式,在辅导员专业发展中具有重要的作用。"教师虽然是一种社会角色,但总是由具体的个人去担任的,其自身的个性也会发挥特殊作用而参与到他的角色活动中去。"[②] 教育理念对形成教育行为的思想观念和精神追求是有指导作用的,教育理念一旦形成,就会成为相对稳定的精神力量,它会影响辅导员如何看待教育的意义,如何解决日常生活中的各种矛盾,如何看待与学生的关系等。具备先进的教育理念与否,是一个优秀辅导员与一个平庸辅导员的根本区别。

(二) 知识体系的专业化

知识体系的专业化是指辅导员开展工作所需的理论知识和实践知识所形成的知识体系,既包括教育专业知识技能,也包括管理等相关的专业知识技能,还包括实践应用能力。专业化客观上要求辅导员向"专家型"发展,集思想政治、教育管理、心理教育与咨询、职业规划与指导工作等各方面的"专家"素质于一身,体现出应有的专业素养。

辅导员专业发展的基础是知识体系的专业化,要使辅导员有能力成为指导者,必须具备专业化的知识体系,这样才能适应大学生全面发展的需要。现代教育的发展使辅导员在高等教育中扮演的角色愈来愈多,多重角色要求他们不仅要参与教育与领导工作,更多的还要参与管理与服务工作,辅导员需要适应多重身份的不断变化,在适应这些变化的过程中提高对自身的要求就显得特别重要。通过不断加快专业学习,使自身的知识结构得到调整,进而提高学生工作的针对性和实效性。

专业化的知识体系分为知识体系和技能体系两个组成部分,二者相辅相成。辅导员的工作性质和工作特点要求其具备多学科的理论背景知识,如教育学、心理学、管理学等学科全面、宽厚的理论知识结构,辅导员还

[①] 袁杨华:《高校辅导员职业应趋向专业化——从教师专业化角度分析》,载《合肥工业大学学报(社会科学版)》2009 年第 10 期。

[②] 瞿葆奎主编:《教育学文集——学校管理》,北京:人民教育出版社 1988 年版,第 358 页。

必须具备较强的工作技能，熟悉思想工作规律，具有职业情感。辅导员工作具有极强的实践性，在从事大学生管理工作的过程中，党团建设、心理辅导、职业规划、安全指导等都要求辅导员具有丰富的经验技能，能够在复杂的情境中解决具体的实践性问题。辅导员专业化知识体系是一个开放的体系，它需要不断地进行新陈代谢，要用创新的思维方式学习新知识，建立新的知识体系，而且这种新的知识体系也将被更新的知识体系所代替。① 与专业知识相比，实践技能需要在工作中不断地学习、总结和积累。

（三）组织制度的专业化

高校辅导员的专业化有两层涵义：一是指高校辅导员职业群体的发展状态和水平主要从工作性质的角度来判断；二是指高校辅导员群体成为专门职业并获得相应的专业地位的过程，就是要符合专业的标准。具体包括高校辅导员群体的专业化和个体的专业化两方面。高校辅导员作为一个群体，其专业化及配套建立起相应的组织制度，会使整个职业的专业地位和社会地位得到提升。

辅导员队伍建设不仅需要政策环境和舆论环境，更需要以规范的管理制度和资质性资源的支撑来确保其职业化、专业化建设在科学、正确的轨道上进行。辅导员发展的保障是组织制度的专业化，中国现行双重领导的辅导员管理制度，应该说是符合辅导员发展的现状要求的，在辅导员向专业化迈进的过程中，制度方面应该从完全的行政管理向管理与专业指导结合的方向转变。西方很多国家里比较发达的专业协会是我们可以借鉴的，以美国高校的辅导员协会为例，作为一个协调辅导员行业的中介组织，也作为一个研究和咨询机构，它是美国辅导员制度高度专业化的一个重要标志，业务方面它不进行直接的管理，而是通过提供一个全美辅导员的从业标准，对辅导员进行业务上的指导。在解决辅导员工作中的实际问题方面，是通过不断有针对性地开发辅导项目来完成的。我们借鉴美国的辅导员协会，就是要在制度上努力促进中国辅导员专业协会成长壮大，以便更好地为辅导员的发展服务。

（四）教育培训的专业化

辅导员队伍专业化是终身化而且是持续不断的教育过程，贯穿辅导员

---

① 丁文勤：《论高校辅导员专业化知识体系》，载《黑龙江高教研究》2009年第2期。

职前、职后培训的始终。美国学者米勒（Miller）和卡彭特（Carpenter）把大学学生事务管理者的职业发展划分为四个连续的阶段，分别是：形成期、应用期、累积期和生成期。迪尔凯姆（Éile Durkheim）也指出，"我们的责任不在于扩大活动范围，是不断地集中，朝着专业化的方向发展。选择一项确定的工作，全心全力地投入进去。"[①] 我们可以看出，辅导员的专业发展不是一成不变的，而是一个不断科学地走向专门化、专家化的持续的发展过程。这个过程既涵盖了知识的积累、专业技能的娴熟，也包含了职业态度的转变、职业能力的提高。根据辅导员工作的职能与职责要求，结合当前辅导员工作实际，建立起职前、在职、职后的终身教育和培训体制，真正提高辅导员队伍整体的素质和专业化水平。

现阶段的通行做法是在入职前对辅导员进行专业教育和培训相结合的方式，能否通过培训以是否获得"高等教育辅导员教师"的资格证书为标志。进入岗位工作以后，因学生专业指导内容的不同、校园文化的差异、社会发展变化的形势等，应当着重在工作中开展相关业务内容的培训，立足工作任务，设计指导性、实用性、针对性强的培训内容。时代的快速发展赋予了辅导员比以往更重、更高、更丰富的工作要求和工作内涵，辅导员不再是传统意义的思想政治教师，而是"应当成为学生的人生导师和健康成长的知心朋友"[②]。时代的新课题要有政治素质、人格素质、知识素质和业务素质的支撑。这些素质的获得需要辅导员在工作实践中持续不断地加强学习和培训才能获得，因此，辅导员只有树立起终身学习的理念，才能及时进行知识结构的更新，不断实现辅导员专业化知识体系的完善。终身学习、不断实践、逐渐成熟的过程，是其教育实践能力、教育经验不断提升的过程。在这个持续不断发展变化的过程中，应始终以专业化的标准为目标，遵循辅导员整个队伍成长和发展的规律，将入职前的培养与入职后的培训结合，共同融入终身教育体系中，形成一个互相联系、全面沟通的完整的终身发展系统。

（五）资格制度的专业化

教师资格制度最早于 1825 年诞生在美国，我国起步于 1996 年（1995

[①]〔法〕迪尔凯姆：《社会分工论》，梁东译，上海：三联书店 2001 年版，第 359 页。
[②] 中华人民共和国教育部令第 24 号《普通高等学校辅导员队伍建设规定》，2006 年版，第 7 页。

年公布《教师资格条例》）。教师任用制度以教师资格制度为基础，做教师必须具备教师资格证，但是有教师资格证的不一定都去做教师。

  对工作要有明确的进入标准和岗位职责要求，配套专门的制度要涵盖辅导员的管理、选拔、评聘、考核等工作的每一个环节。辅导员专业化的另一个重要表征是资格制度的专业化，辅导员资格认证也应纳入社会职业认证体系之中，规定明确的从业者应具备的专业素质要求，并逐步完善，使资格认证日益科学化、规范化。专业化的发展让辅导员的职业资格认证的制度面临着进一步拓展和规范管理的局面，这与提高辅导员队伍专业化水平的要求是一致的。资格认证是把教育培训、专业技能鉴定和岗位聘任联系起来的纽带。基本的职业资格准入制度要求与选聘制度、考核制度等都是一脉相承的。

  现实中，中国高校辅导员的专业化建设始终是由政府来推动的，这样的一种先天优势为辅导员的专业化打下了良好的基础，但这只是一种"行政承认"。行政承认虽然可以为辅导员的专业化建设提供良好的基础，但更多的只是一种形式上的专业化，辅导员要实现真正的专业化，离不开社会对其的专业信任。[①] 资格制度的专业化可以成为专业信任的一个标志性的符号。

[①] 黄军伟：《从行政承认到专业信任：辅导员专业化的应然转向》，载《扬州大学学报（高教研究版）》2013年第2期。

第四章 实证研究的现状与问题

发展既要前瞻，也要回顾。中国辅导员制度已有近100年的发展历史，而中国大学管理的历史更是源远流长。在中国古代，大学的管理集中体现在对学生的入学年限、入学资格等方面的规定上。《礼记·学记》记载，国学大学学制九年，入学资格依据年龄及出身贵贱而定：王子15岁入学，公卿大夫之嫡子20岁入学。在封建教育最发达的唐代，除继续对学生入学资格保留鲜明的等级性外，还初步建立了学制规定，如升级和退学规定、考试作息规定等。宋朝以后（书院），学生管理的学规学则、奖惩制度不断严格，增设了专门管理学生品行的人员与机构。如元朝专设"学正""学道"管理学生，规定其职责为"申明规矩，督习课业"。到明朝学生管理又前进一步，"黜罚科条"增多，诸如对外出衣冠、行动饮食等方面的规范，夜间学生住宿的要求等都有规定。中国古代对学生管理的这些要求，体现了学生管理思想的严谨，深深打上了奴隶制和封建制烙印的学生管理，为我们留下了宝贵的历史经验，在揭示近代和现代高校辅导员萌芽之前历史的同时，也为近现代辅导员的角色定位提供了管理实践方面的依据。

一、中国高校辅导员制度发展历史的概况

（一）中国高校辅导员制度发展的历史演进

关于辅导员制度的历史沿革，不同的学者因为研究取向、视角等不同给出的划分也不一样，但是划分的根据大都是按照辅导员工作的性质和任务的不同这个思路。本书从研究辅导员专业发展的角度，做了这样的划分：

1. 以完全政治化为特征的萌芽初创期

辅导员的前身，或者说最早的称谓是"政治辅导员"，它的来源一直有很多不同的说法。追根溯源，对黄埔军校的现代化办学特征进行分析以后，

笔者认为那个时期的政治教育与军事教育相辅相行的制度可以视为中国高校辅导员工作的源起。① 1924年6月，黄埔军校成立，孙中山认为创办军校的目的就是要以学校里的学生为根本，成立革命军。为使革命军成为党军，他吸取了苏联红军的政治工作经验，实行政治工作制度。

南昌起义后，中国共产党领导的军队不断壮大，在这个时期，政治指导制度开始以条例的形式存在于中国工农红军的工作中。从1933年党在瑞金创办中国工农红军大学，到1937年迁至延安并改名"抗日军政大学"，始终走着既培养军事干部又培养政治干部的办学路线。起初是教务处负责的"训育"工作（实际上就是思想政治工作），后来是政治部负责的思想政治工作，其中政治部给中队配备了政治辅导员。也有学者认为这是中国高校辅导员的源起——政治辅导员。② 协助学校领导对学员进行管理和教育，全面负责基层中队学员的思想、学习、健康和生活等工作，是辅导员当时的职责。

1950年，教育部发出《关于加强对学生政治思想教育的领导的指示》，要求各类学校加强思想政治工作。③ 这一时期结合党的中心任务开展高校思想政治工作是突出的特点。比如组织师生参加土改，反封建教育，结合"三反""五反"进行教育等。我们从中看到，这首先是军事斗争的需要，所以把军队的政治指导员制度应用于大学是必然的。毛泽东曾说过："边界的斗争完全是军事的斗争，党和群众不得不一齐军事化。"④ 因此，党创办的大学都仿照部队编制。其次，当时严峻的斗争形势需要坚定的共产主义信念，必须加强思想政治工作。笔者也认同将这个时期辅导员制度作为中国高校辅导员制度的萌芽初创时期的观点，原因是该时期的辅导员只围绕党的中心任务展开工作，并不能说已经建立了真正意义上的高校辅导员工作，而是辅导员制度的萌芽阶段。对辅导员制度源起的具体时间一直有争论，但辅导员制度在这个时期作为一种萌芽出现的观点是被广泛认同和接受的。本书建议对辅导员专业发展的研究，应该选择的主要关注点和任务

---

① 史仁民：《黄埔军校现代化办学特征分析》，载《教育史研究》2013年第4期。
② 吉兴华、姜瑛、叶丽萍：《高校辅导员制度的形成与发展》，载《北京工业职业技术学院学报》2008年第10期。
③ 童静菊：《高校辅导员队伍建设的回顾与展望》，载《学校党建与思想教育》2006年第8期。
④ 《毛泽东选集》，北京：人民出版社1991年版，第63页。

不是要确定辅导员发展历史的具体起源时间等问题，所关注的重点应该更多是这个时期辅导员作为一种制度存在于高校之中，而设立辅导员制度及辅导员在工作中表现出来的完全的政治化倾向。

2. 政治、业务"双肩挑"的曲折发展期

1952年，政务院批准全国工学院院长会议决议，提出设立政治辅导员制度。第二年，清华大学校长蒋南翔同志在本校率先提出并建立了学生政治辅导员制度。这就是我们通常说的"双肩挑"（蒋校长称之为"两个肩膀挑担子"）的辅导员工作制度——两肩分别挑业务学习和思想政治工作。这个制度的设立让辅导员工作避免了"空谈政治"的现象，把"使用与培养相结合"。[1] 具体做法是在高年级选拔政治素质高和业务素质好的学生做低年级学生的思想政治工作，工作形式是"半脱产"。它标志着中国高校辅导员制度新的发展——从完全政治化走向政治、业务双肩挑，既奠定了中国兼职辅导员工作的基础，也对中国高校思想政治工作有深远影响。

从1957年开始，中国政治运动接二连三，刚取得一点成绩的辅导员制度受"左"的思想的影响而偏离了正确轨道。直到社会主义改造完成，加之教育理论界对教育的本质认识不断深化，中央文件第一次正式提出在高校设立政治辅导员的意见——1961年"高校六十条"指出："为了加强思想政治工作，在一、二年级设政治辅导员……逐步培养和配备一批专职的政治辅导员。"尽管在这个政治色彩鲜明的时代，辅导员制度也有了不断的发展进步。1965年，教育部制定《关于政治辅导员工作条例》，以法规形式对辅导员的地位、作用……等进行了明确的界定。这个条例是中国高校政治辅导员制度形成的标志。[2]

分析总结中国高校辅导员制度的确立阶段有以下特点：第一，辅导员的角色是学生的"政治领路人"，跳不出"教育要为政治服务"这个圈子；第二，就发展而言，辅导员制度最重要也最有里程碑意义的标志是辅导员的工作模式从兼职向专职的过渡。

高校辅导员制度确立以后，在"文化大革命"期间受到了严重的破坏和冲击，辅导员的形象也受到毁灭性的损害。拨乱反正后，中国进入新的

---

[1] 童静菊：《高校辅导员队伍建设的回顾与展望》，载《学校党建与思想教育》2006年第8期。

[2] 张立兴：《高校辅导员制度的沿革进程考察》，载《思想理论教育导刊》2009年第4期。

历史时期。1978年《全国普通高等学校工作条例》中明确规定："为了加强学生思想政治工作，必须建立一支学生思想政治工作队伍，在一、二年级设立政治辅导员。"这个条例对恢复高校辅导员制度起了重要作用。① 党的十一届三中全会以后，各高校配备了专职书记主管学校思想政治工作，这是辅导员在组织上获得话语权的一个有利条件。1980年，教育部与团中央共同提出《关于加强高等学校学生思想政治工作的意见》，恢复了"双肩挑"的做法，同时对辅导员评定教师职称和福利待遇问题也做了相应的规定，这是中国高校辅导员制度有史以来第一次对辅导员的发展问题有了文字上的规定。1981年，教育部在《高等学校学生思想政治工作暂行规定》中对辅导员工作又做了一些具体规定，如规定按每120名左右学生配备1名辅导员的比例；兼职教师做辅导员要保证做学生的思想政治工作的时间是一年半左右，每月给予一定的岗位津贴，兼职工作期满给予同等时间的脱产进修待遇等。这些规定为高校辅导员制度的发展起了保障作用。② 1986年，国家教委《关于加强高等学校思想政治工作的决定》明确规定了辅导员的培养、选拔、使用和发展方向。同年，为了拓展政治辅导员队伍的来源，又颁布了《关于选配品学兼优的应届毕业生充实高等学校思想政治教育工作队伍的通知》《在高校学生思想政治教育专职人员中聘任教师职务的实施意见》等文件，这些文件对辅导员制度的发展都有明显的现实推动作用。

辅导员发展过程中一些管理方面的问题也在现实中显露出来，比如关于辅导员的身份问题。1987年，中共中央发出了《关于改进和加强高等学校思想政治工作的决定》，该文件为政治辅导员发展提供了政策保障，规定政治辅导员是高校教师队伍的组成部分，应列入教师编制。教育部依此制定了《关于加强党务和思想政治工作队伍建设的若干意见》，具体规定了高校辅导员队伍建设的目标、原则、素质要求、岗位培训、职称评定等方面的问题。③ 这一系列文件的出台对辅导员队伍建设具有长远的指导意义。也是在这一时期，

---

① 林良盛：《高校辅导员制度发展沿革与功能演化》，载《广东石油化工学院学报》2008年第4期。
② 张志、张书丰：《高校辅导员队伍建设发展的五个历史时期及其特点》，载《科技信息》2007年第2期。
③ 张志、张书丰：《高校辅导员队伍建设发展的五个历史时期及其特点》，载《科技信息》2007年第2期。

有些高校对思想政治工作进行了大力度的改革创新，力图寻找一种全新的更有效的工作模式。1989年春夏之交的政治风波使人们意识到思想政治工作的重要性，特别是作为其中关键一环的辅导员工作的不可替代性。

为了加强对大学生思想政治教育的领导，也为了纠正忽视大学生思想政治教育的倾向，党中央在1990年发布《关于加强高校党的建设的若干意见》和《关于新形势下加强和改进高等学校党的建设和思想政治工作的若干意见》，在1993年下发了《中国教育改革和发展纲要》等文件，明确要进一步加强党的领导和思想政治工作。其中，《中国教育改革和发展纲要》指出要重视"学校德育即思想政治和品德教育工作"，从这个时候开始，对辅导员身份明显淡化了"政工干部"、强化了"德育队伍"的概念。高等学校要建设一支以精干的专职人员为骨干、专兼职结合的思想政治工作队伍。1994年，中央召开第二次全国教育工作会议并印发《中共中央关于进一步加强和改进学校德育工作的若干意见》，明确德育工作队伍的职务系列、待遇问题、进修提高问题，同时提出积极支持和发展双肩挑制度。特别指出："经济越发展，越要加强学校的思想政治工作。"1995年，国家教委颁布并试行《中国普通高等学校德育大纲》，在加强高校辅导员队伍建设方面培养和造就一批思想政治教育的专家和教授，将辅导员工作学生数量规定为1：120~1：150。1999年，全国教育工作会议上全面部署了深化教育改革、全面推进素质教育的工作，提出"要关心和培养思想政治工作者，帮助他们提高政治素质和业务能力"。此期间一些高校采取多种形式加强辅导员队伍的建设，成效比较显著。

在这一阶段，一系列文件和政策保障了高校辅导员制度的发展，高校自身也积极探索了学生思想政治工作的路径。① 如1986年清华大学等30多所高校设立了思想政治教育专业，相当一部分辅导员和团干部在修读该专业后成为学生思想政治工作的生力军。思想政治教育专业的设立，推动了学科和专业的发展，在培养思想政治工作人才的举措上是正规化的，从学科专业建设方面对辅导员队伍的持续发展和壮大也是起到了保障和促进作用的。这一阶段辅导员制度的快速发展还表现在以上这些政策在队伍管理、职务编制聘任、在岗培训、职称评聘等方面的规定，较大地提高和改善了辅导员的地位和待遇，促进了辅导员队伍在职业化方向的发展。"素质教

---

① 童静菊：《高校辅导员队伍建设的回顾与展望》，载《学校党建与思想教育》2006年第8期。

育"理念提出后,对辅导员队伍建设的重视程度再次提高。这些政策规定,体制机制等保障使辅导员制度得以快速发展。

3. 以走向专业化为特征的发展成熟期

进入新世纪,在高校扩招、高校收费和教学管理改革、网络的发展以及就业形式出现新变化后,辅导员的工作职能和范围拓宽,职责和角色也远远超出思想政治工作范围,辅导员队伍面临前所未有的压力和挑战。在这样的背景下,2000年6月,中央召开思想政治工作会议。会议强调加强思想政治工作建设。7月,教育部党组颁发了《关于进一步加强高等学校学生思想政治工作队伍建设的若干意见》,文件重申了学生思想政治工作队伍建设的重要性。高校扩招从入学到毕业运行一个周期以后,结合新时期高校学生思想政治教育工作的新情况新问题,中央更加重视高校学生发展和辅导员发展的连带关系。在2004年,教育部下发了"16号文件",第一次在国家层面把加强和改进大学生思想政治教育提到战略的高度,明确大学生思想政治教育工作的主体是辅导员和班主任队伍,提出政策和待遇上要向辅导员队伍倾斜,并把过去称呼的"政治辅导员"改为"辅导员",明确辅导员工作的任务是促进学生的全面发展。"16号文件"是辅导员发展建设的纲领性文件,是辅导员发展历史上一个里程碑似的标志。从此,辅导员的角色定位、职责和功能都有了变化和新的发展,成为"大学生健康成长的指导者和引路人"。从辅导员称谓的变化所折射出来的是国家对高校育人关注点的变化,政治辅导(指导)员,着重强调的是党的政治工作;政治辅导员、思想政治工作队伍,着重强调的是大学生的思想政治教育工作;辅导员着重强调的是大学生的全面发展,当然它的基础是思想政治教育工作。高校辅导员作为教师的正式提出就是在"16号文件"公布以后,中国对真正意义的辅导员专业发展研究之路也是从这时才正式起步的。

一年后,教育部出台"16号文件"的配套文件,即《关于加强高等学校辅导员班主任队伍建设的意见》,再次明确辅导员的高校教师身份,提出选聘的原则是要从党员教师和党员干部中进行,结合实际规定了专职辅导员的配备比例为1∶200,保证各院系都有一定数量的专职辅导员。《意见》在辅导员专业发展方面有了具体的规定。其中包括辅导员的培训、培养体系的规划和建立、职称评定问题和教师职务评聘问题、完善评优奖励制度、统筹规划专职辅导员发展。接着,教育部办公厅五年(2006—2010)辅导员培训计划出台,分批选拔辅导员攻读硕士、博士,支持辅导员业务进修,鼓励长期从事辅导员工作,引导辅导员队伍向专业化、职业化方向发展,揭开了辅导员专业发展的新篇章。2006年4月，全国第一次高校辅导员队伍建设会议由教育部组织在上海召开，本次会议明确了辅导员发展的几个重大问题，具体包括角色上的"双重身份"，业务上的"双重管理"，发展上的"双线晋升"。2006年9月，教育部实施第24号令即《普通高等学校辅导员队伍建设规定》，对辅导员队伍建设的培养与发展、配备与选聘、职责和要求、管理与考核等做出了明确的要求和规定，又是一个新时期高校辅导员队伍建设的纲领性文件。各省对此文件迅速予以落实——建立专项基金、实施培训计划、建设培训和研修基地实……实行持证上岗制度等。①从中央到地方政府的一致重视，各高校也在认真落实有关文件和规定，这些都为高校辅导员制度的不断完善提供了更多的保障和思路。中国高等教育学会辅导工作研究分会2008年7月在山东大学召开。会议通过了《中国高等教育学会辅导员工作研究分会章程》，选举了98所高校为理事单位，43所常务理事单位，成立了研究分会的组织机构，这个分会的成立为中国高校辅导员提供了一个工作研究和学术交流的平台，必将推动中国高校辅导员制度不断向前发展。

高校辅导员制度的诞生，不是建立在人的全面发展的需求之上，而是政治化的目的和要求，在从政治化向专业化迈进的道路上，制度存在诸多需要解决的问题。到了这个时期，辅导员的工作是以满足全面发展的育人需求为基础，不再是单纯的思想政治工作，也只有到了这个阶段，才有了辅导员发展的专业化，这是我们要解决的一个认识问题。解决了这个认识问题，也就找到了对辅导员专业发展研究的立足点。

4. 现存辅导员制度转型消退期

前面已明确，从管理的角度，伴随着大学的产生而出现了学生的管理工作。从辅导员制度演进的历史上看，建立在管理职能基础上的辅导员制度对中国高等教育的稳定、健康发展起到了不可替代的作用。在辅导员发展和建设的历史上，一个个标志性的文件和命令都在不同侧面反映着不同时期国家对辅导员这个队伍的重视。辅导员队伍的发展建设跟国家和社会的发展是密不可分的，阶级斗争为纲的"文化大革命"时期，呈现着"泛政治化"的现象；以经济建设为中心的20世纪80年代，又出现了弱化政治的倾向、可能行政干预、经济作用都可以影响到辅导员的发展，有时候还

---

① 张志：《我国高校辅导员队伍专业化发展初探》，山东师范大学硕士学位论文，2007年。

会有巨大的作用。过去，无论队伍自身还是社会形象，辅导员工作都被视为"政工"干部的化身，而"辅导员作为教师的重要组成部分，自然也将被纳入专业化发展道路，他们也必将改变以往'纯行政干部'形象"[①]。但是，辅导员的发展问题不是国家几个重视的文件和命令就能得到落实和解决的，我们需要认真地研究和分析辅导员的发展中的问题，从管理为主到发展与服务为主的职能变化，要求从人本的角度、发展的角度和哲学的高度来认真研究辅导员专业发展的有关问题。专业发展，从根本上说，就是要还原辅导员的教育性。辅导员专业发展的历程说明，教育性始终是辅导员工作的基本性质，是教育工作而不是政治工作。辅导员与教学一样，是实现教育的现实载体，如果说教育性是对辅导员工作理想的应然描述，那么具体到某个工作上可能不具备完全的教育性，但明确了辅导员工作的基本性质，会为辅导员的基本角色定位提供依据。"高校辅导员基本角色被认定为教育者，还原了他的存在原因和理由，赋予了他的人生意义。"[②] 这是我们研究和实践辅导员专业发展的根基。还原了辅导员的教育性，就抓住了辅导员专业发展问题的实质。

所以，我们可以预测，根据学生的发展需要，未来的辅导员制度的发展会随着辅导员专业化的深入而不断进行更为细致的专业分工，现有的以行政管理为基础的辅导员制度最终会走下历史的舞台，被专业化的学生事务管理队伍所取代。一个转型为专业化的队伍，自身分工明细，每个人都有着不同的研究方向，在不同的专业领域里的不同层面做着与学生发展需求有关的工作，成为完全意义上的为了学生发展的"辅导员"。学生事务管理也发展成为了未来大学的又一个专业的领域，从专业的角度对学生的发展发挥着大学对学生各个方面教育的应有的功用。

（二）中国高校辅导员制度历史发展的主要特征分析

从高校辅导员制度近一个世纪的发展历程不难看出，高校辅导员制度是适应中国国情的。在高校为中国社会主义事业建设和发展培养出来的人才的身上几乎都能找到辅导员的工作印记，辅导员队伍自身也锻炼了很多

---

① 陈立永：《高校辅导员队伍专业化途径初探》，载《扬州大学学报（高教研究版）》2008年第4期。

② 王文燕、张海川：《论高校辅导员工作的教育性》，载《教育理论与实践》2012年第12期。

单位的骨干,党和国家领导人中也有这支队伍走出来的精英。同时我们也能看到因制度本身的发展惯性,从诞生那天起就只是自上而下的政治方向要求。认真分析中国高校辅导员制度发展的历史,我们会发现这样一个脉络,中国高校辅导员制度经历了从完全政治化到政治与业务结合再到全面为学生的发展服务的专业发展时期的发展路径。政治化色彩的存在一直是辅导员制度的一个重要标志性特征,即使在辅导员制度全面进入专业化发展的今天,思想政治教育工作仍然是辅导员开展为学生的发展服务工作的基础和核心。我们可以把政治性为主要色彩的辅导员制度的发展理解成是教育的社会性目的在高等教育领域里面的集中体现。

教育的社会性目的在中国是有特殊历史背景的。孔子无疑是中国历史上最伟大的教育家,其办学思想即以培养君子贤人,以达到治国安邦为目的。《大学》开篇便直接提出:"大学之道,在明明德、在亲民、在止于至善。""至善"是什么?是格、致、诚、正、修、齐、治、平。朱熹在《大学》的序言中说:"大学之书,古之大学所以教人之法也。盖自天降生民,则既莫不与之以仁义礼智之性矣。然其气质之禀,或不能齐,是以不能皆有以知齐性之所有而全知也。"学校出现后,首先教小孩洒扫进退之节,再以礼、乐、射、御、书、数之文;对于成人,则教之以穷理正心修己治人之道。

有学者称,在中国,"社会、伦理、教育是高度同构的"[①]。儒家文化是一个社会本位、伦理本位和教育本位三位一体的文化,社会本位讲的是人的本性在于人的群体性,儒家文化的核心是"仁",这是《论语》中出现频率最高的一个词。《中庸》中说,"仁者,人也。"《说文解字》里说,"从二,从人",就是说,只有两人以上才有仁,是说在群体里才有仁的意思。伦理本位讲的是,人在群体中的伦理要求实现,社会与个人,政治权威与个体服从都是通过伦理道德联接起来的,无论对上"德政",还是对下讲的"忠顺",都是将国家的伦理、家庭的伦理政治化,每个人在这个伦理网络中确定了自己的位置和言行,社会才会和谐安宁。教育本位讲的是,教育既是达成这一目标的手段,也是这一过程本身,教育的首要目的和中心任务就是实现这一目标。儒家的观念不主张通过法制也不喜欢外力,而是主张通过内化和体悟来认同这一目标,教育自然是最好的途径了。回溯中国教育的历史,《四书》《五经》成了千年不变的教育内容,它们不仅是学习

---

① 袁振国:《教育新理念》,北京:教育科学出版社2002年版,第132页。

的对象，也是考试的标准，而且是人生的指南。对这些内容首先要学习做到"知"，然后接受其思想，形成相应的道德规范和行为方式——"行"。知行结合，强调力行是中国教育方法的最大特点。孔子最早提出"行有余力，则以学文"，"知仁勇"更强调只要努力去做则仁就已经存在其中。在这里，我们不是要探讨"知行"关系的问题，那是一个很重要的哲学领域。而是要明确，无论是孔子的"行有余力后再学文"，还是朱熹的"博学、审问、慎思、明察、笃行"五步学习法强调知先行后，再到明代王阳明的"知行合一"，最后到陶行知的"求真"和"真人"等，都揭示了道德至上的教育真谛。

历史上，中国的教育体系开始时是最为开放和自由的，教育受国家委托担任培训官员的任务，这对一个人养成思想与行为和谐一致是有成效的。可是后来由于过分强调形式主义和严格的考试评分制度，这种教育体系逐渐变得死板和僵化了。

在当代，我们强调"学校的一切工作是为了转变学生的思想"，这就是社会理想主义教育观的历史传承。在对学生"教学+育人"的过程中，如果说各科教师在分解教育目标的过程中解决的只是传授也就是"知"的问题，那么辅导员对无所分解的教育目标就是能力提高也就是"行"的问题。教育目的的社会性在辅导员诞生那天开始就有明确的方向性，从其称呼"政治辅导员"，我们便能看出设置这支队伍的目的。结合中国两千多年教育发展的历史，我们对辅导员政治化倾向问题的理解更加清晰明了。我们可以科学地把它理解成社会理想主义，从中直接透析其政治性目的。这是中国传统文化对教育影响的必然结果，傅维利研究认为："我国教育的各种问题都深深植根于千百年形成的文化传统的土壤中。"因此，辅导员的专业发展问题也必然受到传统文化的影响。

如果说以中国为代表的东方有社会理想主义的倾向，那在教育科学高度发达的西方是不是也有明显的这方面的倾向呢？西方教育史上首先指出教育政治意义的是柏拉图，他把苏格拉底的"知识即美德"的思想推向极致，认为善的理念是道德的唯一根源。在《理想国》里，最早阐明了他的政治理想，认为公民分为普通人（情欲驱使）、士兵（意志驱使）、卫国者（理性驱使），理性是最高的。卫国者是哲学王，他们应该成为国家的统治者。意志和情欲在理性的支配下进行活动是他的先验理念观，在此基础上产生了他们相应的教育内容和教育方法。社会需要最聪明的人来治理，人成为聪明的人依靠教育。这就是《理想国》给我们的治国思路。两千年后，

17世纪的法国社会学家和教育家迪尔凯姆（E.Durkheim）大大发挥了教育继承社会传统和通过道德教育改良社会的思想，强调教育的社会功能。教育的目的首先是使青年一代系统地社会化，同时强调德育的重要性，认为公民道德问题解决好，社会危机就能解除，社会才能稳定。

由此可见，教育的目标在东西方共同存在对人进行思想教育进而达到社会稳定和谐发展的目的。今天的教育改革具有古代教育所不具备的现代化特征：改革的动因是促进科技和社会生产力的发展，改革目标指向人的发展与自由，价值取向是社会公平和教育机会均等，目标包括实现教育的公平效益，实践的基础是理性。① 尽管如此，今天的教育改革仍然没有离开教育的社会性目的的范畴。当课堂上教师的工作无法满足教育的育人功能时，一个专门的育人工作的教师队伍——辅导员出现了。它一出现便现实地成为了高校育人过程中必要的和不可缺的一个组成部分，历史性地扛起了在育人中促进学生发展的重任，以思想改造为前提同时进行以发展为核心的全面育人的教育工作。

二、中国高校辅导员制度的发展现状与问题分析

科学研究注定是要应用假设的，原假设是对科学的一般指导性假定；元假设是某门特定科学的支持性假设；假设是对研究对象的假定。对辅导员专业发展的实证研究，也是基于现状的问题表征进行假设有相关的问题存在的。在近百年的发展历史中，高校辅导员制度无时不在表现出自己鲜明的时代特征。以完成时代使命为己任，走出了一条曲折前行的路，取得了今天在高校的一席之地。同时，我们也应看到，相对于高等教育大众化的推进，辅导员制度发展相对滞后，现实中辅导员在发展方面存在诸多问题。

（一）高校辅导员制度的现状调查

1. 现状调查的概况

为了解决辅导员专业在发展中存在的问题，按照探究性分析为研究的进路，结合中国高校辅导员专业发展的理论研究和管理实践的现状，本研

---

① 郑新蓉：《现代教育改革理性批判》，北京：人民教育出版社2003年版，第16页。

究选取了辽宁省除渤海大学文理学院以外的大部分本科院校,吉林省、浙江省、山西省、云南省的部分本科院校共计 53 所进行了实证调研,问卷总量选择包括 400 位高校辅导员,200 位行政领导、专业课教师,以及 600 名学生为调查对象,针对高校辅导员职业现状,专业受认可程度和队伍群体发展(包括职业、专业资格与能力,培养、培训问题,职务职称发展问题,机制保障问题,辅导员工作的状态与效果问题)等进行问卷调查。

2. 关于问卷调查的组织

(1)关于问卷的设计、编制与发放。问卷是自编的,编制问卷前广泛征求了渤海大学文理学院辅导员及相关管理部门同人的意见和建议,先在本单位进行了三次试调查后形成现在正式的问卷,见附件(1/2/3)。问卷的设计选择高校管理者与专业教师、辅导员队伍、在校学生等三个与辅导员工作直接相关的群体作为三个维度(见表 4.1)。

附件 1 针对高校管理者、专业教师和社会人士的问卷。目的是了解辅导员队伍在同行心目中的职业形象,辅导员队伍选聘的问题,高校教学与学生事务在育人过程中配合的情况,目标人群对辅导员的专业认识定位,以及辅导员专业发展的必要性和可行性等问题。

附件 2 针对辅导员队伍自身的问卷。分别从个人背景资料、辅导员对职业的一般认识、辅导员岗位工作的内容和发展中存在的问题等几个维度进行设计。辅导员的个人背景资料问卷部分目的是掌握辅导员的基本信息,包括专业结构、学历结构、年龄结构、工作年限、职务职称结构等,从中分析掌握目前高校辅导员队伍的整体面貌。辅导员对本职业的认识,辅导员岗位工作的内容和发展中存在的问题等分别从任职资格、入职动机、职业能力、入职目的、岗位工作内容、岗位对知识和能力的需要、职业的生存状态,发展状态等方面进行调查。问题围绕入职是否具备应有的资格和发展的潜力、履职是否具备应有的职业能力、入职后是否解决了职业的后顾之忧,目的是想了解辅导员岗位更替频繁的原因,辅导员需要哪些工作知识,应该具备哪些工作能力。培养培训的问题应该怎么解决更贴合实际,辅导员的生存状态包括对工作职责、工作效能高低的感觉和对薪酬福利待遇的满意程度,职务职称的发展诉求和意见。了解影响工作效果的问题,影响工作积极性的因素,对工作中支持条件的需要,找出发展中亟待解决的问题等。对做好工作,辅导员应具备的知识和能力项目的重要性进行多项选项,所有的问题都归结到如果把这个职业作为终身选择,科学和现实发展的愿景及专业发展方向都是什么?

附件3　针对在校学生的调查问卷。包括辅导员对学生发展的作用，辅导员在学生工作内容方面的写真，辅导员思想教育、日常管理、心理咨询与辅导、职业发展规划等工作效果的评价，对辅导员工作的期望等。学生样本选择的专业覆盖面广，文理科分布也比较均匀。目的是通过学生了解辅导员在高校育人中的作用，当前工作的效果与存在的问题及发展的取向等。

附件4　对高校辅导员队伍管理者和辅导员的访谈。目的是对问卷中因为设计考虑不足或者信息不对称等原因出现的问题进行补充，也有的是对一些问卷中出现的一些统计数据异常进行确证。通过访谈了解了高校在辅导员培养、管理和培训等方面的具体措施，解决辅导员发展问题的普遍和个性化经验，存在的问题及未来队伍建设的方向，对科学培养、规范管理、健康发展的辅导员队伍专业发展的建议。

问卷统计结果统一使用三线表格的形式，调查结果运用百分比进行统计。考虑到抽样的总量，也为了让统计结果更加清晰，在不影响实证分析结果的前提下，统计结果保留到小数点后一位。

（2）关于问卷的信度自测。研究的效度是指结论的准确的解释性（内在效度）和结论的普遍性（外在效度）。研究的信度指研究的方法、条件和结果是否可重复，是否具有前后一贯性。[①] 信度（reliability）是指可靠性或一致性。效度（validity）意味着真实性。信度意味着指标所提供的信息不会因为指标、工具和测量设计本身的特性而发生变化。[②]

表4.1　问卷发放及回收情况统计表

问卷类别	发出问卷数量（份）	回收问卷数量（份）	回收率	有效问卷数量（份）	比例
问卷1	200	152	76.0%	138	90.8%
问卷2	400	357	89.3%	305	85.4%
问卷3	600	428	71.3%	397	92.7%

---

① 〔美〕威廉·维尔斯曼：《教育研究方法导论》，袁振国译，北京：教育科学出版社1997年版，第9—10页。

② 〔美〕劳伦斯·纽曼：《社会研究方法》，郝大海译，北京：人民大学出版社2007年版，第179页。

对问卷整理的基础上利用SPSS18.0软件进行统计处理，问卷1共发放200份，回收问卷152份，有效问卷138份，回收率为76%，有效率为90.8%。

问卷2共发放400份，回收问卷357份，有效问卷305份，回收率为89.3%，有效率为85.4%。其中辅导员所在省份、辅导员类别、年龄、学历、工作时间等情况的统计结果如表4.2所示：

表4.2 调查问卷2辅导员基本情况统计表

所在省份	辽宁	吉林	浙江	山西	云南
	195	24	41	25	20
辅导员类别	专职	兼职	其他类别		
	237	61	7		
年龄	20岁及以下	21岁至30岁	31岁至40岁	41岁以上	
	2	188	87	28	
学历	专科	本科	硕士	博士	
	7	136	158	4	
从事辅导员工作时间	5年及以下	6—10年	11—20年	21年以上	
	154	113	34	4	

问卷3共发放600份，回收问卷428份，有效问卷397份，回收率为71.3%，有效率为92.7%。其中性别、是否担任学生干部、是否为独生子女等情况如表4.3所示：

表4.3 调查问卷3学生基本情况统计表

性别	男	女
	170	227
班干部或学生会干部	是	否
	242	155
独生子女	是	否
	363	34

本研究的目标在效度上自然是希望研究的结论能被推广到中国高校的所有辅导员的实践中（让结果有一个合理的解释）。而这项研究的最大特点是不能做到像实验室那样充分控制，甚至连在中小学教师专业发展中普遍使用的实验等方法都不适用。在进行问卷调查时，遇到了许多不可控因素的问题，如社会赞许性心理（社会赞许性心理是指人的行为与行为价值希望获得社会的普遍认可、尊重和称赞的一种心理需要）的问题，对样本的需要量大的问题等，这些都会成为降低内在效度的因素，因而在保证研究结论的信度方面的难度很大。鉴于此，本研究的主要措施有：关于稳定性信度（跨越时间的信度）的保障方面，前后进行三次试调查。试调查后，删掉了部分分析性题目，对保留的描述性自填题目也根据试调查发现的问题进行了修改。努力做到清楚每一个概念化构想，尽量去掉模糊不清楚的理论定义。正式调查也尽可能将调查时间分散，前后两次调查间隔了一个学期的时间，避免了因时间集中固定而造成结果不稳定。代表性信度的保障主要就是对不同团体测量时尽可能集中统一有关题目。试调查阶段，三个问卷分别选择了三类不同的人群进行测量，从中选择出大家共同认定的有代表性的题目组成正式问卷，争取让调查问卷的题目普遍适用于各个群体，其间各种不同条件下的重要性调查如性别差异对效果的影响也充分地考虑在前面。对等值信度的保证主要办法是对每个题目或者构想分别设计四到六个问题，正反两方面都有设计，努力使有关题目普遍适用于各个指标。以上三方面的信度保证自测见表4.4。

此外，为了把主观因素带来的不一致性降到最低，避免因笔者在实践中形成的一些模式化的观点造成的对材料的取舍偏向及搜集材料的局限，安排多个工作人员去收集资料，对工作人员提出相同的要求，给予相似的环境，最后把达到一致的整合出来，这样就保证了内在信度。通过元分析的方法（meta-analysis，是用统计分析程序对某一问题的大量单独的研究结果进行综合分析评价的方法）[1]，基本掌握了研究结果的全貌，在调查前对辅导员现状问题与困境大量的单独的研究成果进行完整的综合分析评价。同时，建立量的观念，尽管样本的选择量大，但也努力使一切都做到心中有数。另外，问卷的发放和组织过程严密，回收率和有效率都比预期的高。

---

[1] 裴娣娜：《教育研究方法导论》，合肥：安徽教育出版社1995年版，第350页。

表 4.4 调查问卷信度自测表

问卷项目	稳定性信度				代表性信度					等值信度		
	题目数	前测题目数	删改数量	比率	团体A	团体B	团体C	一致性		抽样题目数	一致数	比率
								数量	比率			
问卷1	30	36	6	16.7%	200	200	200	156	78.0%	80	62	77.5%
问卷2	57	66	9	13.6%	300	300	300	193	64.3%	160	107	66.9%
问卷3	25	30	5	16.7%	500	500	500	346	69.2%	80	69	86.2%

(二) 高校辅导员制度存在的问题分析

1. 宏观角度的问题归因分析

分析调查结果后,我们发现,研究辅导员专业发展的问题首先对问题的归因要清楚。过去的研究进路大多从职业到专业的发展路径切入,从中寻找实现专业发展的新路径,这是解决专业发展问题的基本套路。这个研究套路符合一个基本的常理:辅导员是教师身份,教师教育的取向是专业发展,所以辅导员也要专业发展。而当我们从专业化的角度梳理辅导员发展的历史,再客观面对现实中辅导员发展的现状以后,我们不禁会产生疑问,辅导员发展的问题已经被重视有些年了,其间不乏职业化专业化的实践实验,为何没有收到预期的效果呢?这里是不是还有其他原因?这个调查结果告诉我们一个基本的判断,要解决辅导员的专业发展问题,外界对辅导员专业性的认识是不容忽视的。绪论中已经提及的问卷1列出对专业认定的国际通用三条定律:调查人们对辅导员"专业"的认识,调查对象是高校管理者、专业教师和社会人士。调查结果是:认同辅导员是专业的只有27.5%,认为是半专业和非专业的分别是23.9%和48.6%。这个调查结果告诉我们,要解决辅导员的专业发展问题,公众的这个认识问题是要认真研究的。后面题目的结果与这个问题相互印证,对辅导员在现实中的表现认同是知识分子的比例只有16.7%,有65.2%的管理者和专业教师认为辅导员应该具备干部和教师的双重身份。在实际操作中各高校选聘辅导员时完全以专业为主要选聘要求的只有23.9%,而根据学校工作即时需要不严格限定专业聘用辅导员的占63.0%(以上数据见表4.5),同样的题目对辅导员的调查问卷显示，辅导员进入岗位按专业选聘进入的占 59.7%（见表 4.12），通过竞聘教师和行政人员间接进入的占了一定的比例，另有一部分通过校内行政人员或者教师转岗进入。进入岗位的辅导员在工作调动发生时，超过半数的调动原因是根据工作的需要而非按照专业进行调整，随意性也很大。这些调查结果总体说明一个问题：基于对辅导员专业身份的认同，让现实中对辅导员的专业发展诸如选聘、日常工作调动等问题都表现出一种相对主观的随意性，它们之间的连带关系是明显的。

表 4.5　依据专业的基本特征，对辅导员的专业性调查问卷 1 结果统计表

调查内容	选项	人数	占总数的比率%
5. 根据专业的基本特征，对辅导员职业的专业性认识	A. 专业	38	27.5
	B. 半专业	33	23.9
	C. 非专业	67	48.6
8. 对现实中辅导员是知识分子的身份认同	A. 认同	23	16.7
	B. 不认同	98	71.0
	C. 不清楚	17	12.3
9. 辅导员是否应该具备干部和教师的双重身份	A. 应该	90	65.2
	B. 没必要	32	23.2
	C. 不清楚	16	11.6
10. 本单位辅导员选聘的情况	A. 根据专业择优聘用	33	23.9
	B. 根据学校工作的即时需要聘用，不严格限定专业	87	63.0
	C. 不清楚	18	13.1
11. 本单位辅导员工作的调动情况	A. 根据工作需要调动	71	51.4
	B. 严格的指标考核后按规定调动	61	44.2
	C. 一般不调动	6	4.4

综合问卷调查结果，可以看出对专业性的认识对辅导员的专业发展影响深刻。辅导员专业发展的问题总体上见诸各个环节。培养阶段还没有形成稳定的人才培养渠道，入职和在职阶段从入口开始到在职培训及机制保障等方面存在的问题是比较普遍的。辅导员的入职来源仍然是留校、毕业生选拔、转岗等综合元素组成，有很高的入职热情，但也有入职动机如曲线入高校等也是影响辅导员队伍职业稳定的因素。入口专业吻合度低，整体不擅长心理与职业规划的本领。培训方面认可团队训练、社会实践、参观考察、实战模拟、座谈交流和资深辅导员传帮带等形式，不认可领导报告、理论学习、专家讲座等。在职务、职称发展方面双线晋升路径的表现是不通畅的局面，这是影响辅导员发展的主要因素，薪酬待遇等问题是次要的。另外，高校在这方面也没有成熟经验，对辅导员的职务、职称发展问题都是根据自己对文件的解读进行管理，各自为政的味道很浓烈。学生方面的反馈大都反映辅导员工作辛苦，但是平均到每个学生个体身上的工作时间不足，责任心强的辅导员一般用现代化信息手段弥补，但是不能充分代替面对面的思想工作。下面综合三个问卷的调查结果，在十方面总结辅导员专业发展的问题并进行微观分析。

2. 微观角度的具体问题分析

（1）队伍整体性的角色冲突问题。

表 4.6　辅导员角色冲突问题调查问卷 2 结果统计表（多选题目）

调查内容	选　项	次数	排序
17. 学生管理难度增大的原因	E. 学生就业压力大	293	1
	A. 传统班级概念削弱	188	2
	F. 学生心理问题多	179	3
18. 工作方面的主要困境问题	E. 个人发展空间小	272	1
	F. 工作压力大	267	2
	C. 经济收入低	187	3

续表

调查内容	选项	次数	排序
19. 主观能动性得不到发挥原因	C. 晋升与发展渠道模糊，最终还靠个人关系实现个人的发展	281	1
	E. 薪酬低	234	2
	A. 与部分行政岗位工作相比，加班量大且回报低	276	3
20. 对解决职业倦怠问题的建议	D. 完善激励机制	276	1
	F. 明确工作分工	201	2
	B. 提高待晋升渠道等	182	3

主要表现在职业的工作负荷过大、前途迷茫等因素造成的角色冲突带来的一系列问题。表 4.6 的多选题目中，认为辅导员专业发展中问题最集中的几方面是：工作压力大是最突出的困境，也是造成职业流动性大的主要原因。认为学生就业的压力和学生心理问题的增多给工作增加了难度，以及客观上还有传统班级概念削弱不利于管理的因素。与其他行政岗位相比加班量大且回报率低是主观能动性得不到发挥的主要因素，发展空间方面的主要问题集中在晋升渠道模糊，认为辅导员的发展最终取决于更多的因素是现实中的个人关系。

调查角色冲突问题的直接原因以图示的形式做了说明，如图 4.1 所示，有 7.8%的人觉得对目前工作出现倦怠的直接原因是因为自身的专业知识能力不足导致的；有 38.2%的人是因为辅导员工作种类过多，过于烦琐；有 31.7%的人觉得是工作时间太长，从早上忙到学生们休息；还有 13.1%的人觉得当辅导员的待遇较低，在学校的地位也不高；5.0%的人觉得现在的学生整体性呈现管理难度加大的趋势等。

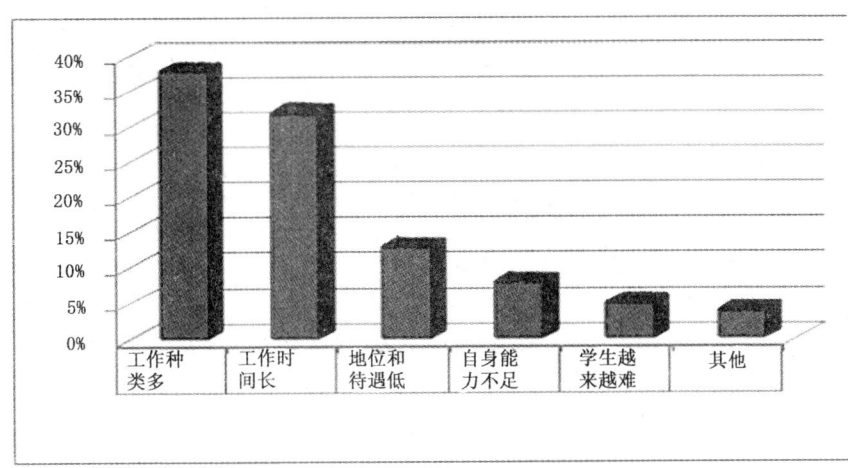

图 4.1 角色冲突的直接成因类别

以上是调查中发现辅导员队伍存在职业倦怠的主要存在形式，这些多种角色要求或期待在个体内心得不到满足时，就会造成辅导员情感与工作出现对立的矛盾，导致辅导员无法胜任工作而产生角色冲突——职业倦怠。Maslach 对职业倦怠的界定得到了学术界广泛认可，由于她及同事所编制的"职业倦怠量表"（Maslach Burnout Inventory）——MBI 的普遍使用，这一定义已成为目前最常用的职业倦怠标准化操作性定义。Cherniss 则侧重从职业倦怠的发展过程角度界定职业倦怠，给出了职业倦怠的一个动态定义。他认为，职业倦怠是个体面对工作疲劳在态度和行为上消极变化的过程，可分为三个阶段。职业倦怠的静态定义和动态定义并不是相互排斥的，因为在一定意义上，两类定义是互补关系，静态定义所描述的是动态定义的最后阶段。职业倦怠是一个逐渐发展的过程，并指出应对策略在职业倦怠形成过程中具有重要的作用。

对教师倦怠的干预：以学校为中心的干预——改善学校管理和建立良好氛围、减少工作量和改善工作环境、提高教师的工作能力、提高教师的应对能力；以个体为中心的干预——改变和工作形式、发展预防性的应对技能（有效的时间管理）、自我分析（增加自我意识）、利用社会资源、形成放松式的生活方式、增强身体健康。

辅导员角色冲突产生的原因很复杂：首先，表现在人们的认识方面。人们普遍认为辅导员对高等教育的作用是不可或缺的，调查结果中持这种观点的人占 55.9%，但同样是这些人的问卷，认为一般行政人员都能代替辅导员工作的又占了37.5%（见表4.13）。其次，前面绪论中提到的人们普遍认为辅导员在理论上应该是一个专业，但辅导员的工作在现实中给人们的表现有72.5%的人认为是半专业和非专业的。第三，不认同辅导员在人们心目中是知识分子的比例是71.0%（见表4.5）。这些期望和应然理解与辅导员在现实中的表现是辅导员角色冲突产生的主要原因，具体到工作中，因为辅导员在高校的管理系统中处于最基层的焦点位置上，学校领导、各职能部门、学生的不同期望与需求都指向他们，从这个根源上说，"双重身份"本身就是尴尬的，因此出现的多重领导，直接造成职责泛化。学校的每一项工作目标的分解，学校每一项需求的满足最终都会聚集在辅导员这一点上。高校领导强调稳定压倒一切，教学管理部门强调以教学为中心，组织部门期望辅导员做好党建工作，后勤部门愿意辅导员工作重心多指向后勤管理，保卫部门强调辅导员第一要务是校园安全工作，学生部门对辅导员进行综合考评……即使是学校的普通员工，也都在本岗位范围内以学生的文明素质来看待和评价辅导员工作的优劣。学生的需求更是多元的，除了成长的不同需求对辅导员有不同的期望外，多元的价值观更是辅导员进行工作的冲突焦点，一方面在价值观上进行正面引导教育甚至灌输，另一方面在与学生价值观的冲突方面，辅导员还必须先理解和宽容学生的观念，与不同的焦点角色冲突让辅导员工作的困扰颇深。

辅导员的角色冲突还表现在这个职业的发散性方面，专任教师可以通过上几节课完成当天的工作量，医生可以通过治愈一个患者而完成一次工作量，律师可以通过打完一场官司而结案。从教师发展的理论上说，"教师的角色扮演中许多成果的无形性之间的矛盾，是教师角色弥散性所固有的"[1]。每天"两眼一睁，忙到熄灯"，在特有的教育情境里或缘情而入，或困境而出，辅导员忙碌在校园生活的"万花筒"中。与专业教师相比，辅导员所面临专业场景的发生及变化的动态复杂性和不确定性更多。而教育工作的劳动特点，"具有缓显性"[2]，明显的迟效性在辅导员工作中体现更为突出。工作在时空上都是发散的，有绝对的延

---

[1] 杨秀玉、孙启林：《教师的角色冲突与职业倦怠研究》，载《外国教育研究》2004年第9期。

[2] 傅维利：《确定教师工资待遇的几个原则》，载《教育科学研究》1986年第4期。

伸性，弥散性也更甚！哪里需要就会出现在哪里，什么时候需要就什么时候出现。成果很难量化，常常面临很多无形且没有具体时间受到具体成果的困扰。

另外，在工作中表现出的一人同时扮演多个角色也是让辅导员感到困扰的，教育者、管理者、服务者、朋友等多个角色集于一身，让辅导员经常在工作中有找不到自己是谁的感觉；同时扮演好这些角色真的不是很容易的事，这种多元角色势必会造成工作方式互相排斥的情况，假如你是一个雷厉风行的管理者形象，你又必须进行润物细无声的心理健康辅导，学生愿意跟你倾诉秘密吗？如果你所应对的各部门的工作都是重点，哪个又会成为不重要的工作呢？在这样的多方应付中，辅导员没有了工作的快乐，这张多重角色的大网会让辅导员失去自己的角色和位置，从而反映在工作上也就是"老牛赶山走一步看一步"的现实状态。这些都是辅导员职业吸引力不强、稳定性不高的原因。

教育是在不断地改革中前进的，每一次改革都会涉及辅导员的工作方面，"教育改革会成为教师压力的重要来源"[1]。麻木的机械的辅导员工作和外在不断的压力易于让辅导员感到工作失去应有的光泽，产生职业倦怠。当社会对辅导员的角色期望超越辅导员的合理承载，这些冲突的产生是必然的，因为"无论什么时候文化的某个方面出了差错，人们都很容易将其归罪于教育"（艾凡·伊里奇语）。这些也许是我们思考教育本质、教育价值的一面镜子。[2] 角色冲突的产生主要取决于外界对他的期待和个体的角色扮演能力。外界的期待来自于学校、学生、家长和社会各方面，这些期望因为各期望者的不同又有不同需求。这些压力都集结到辅导员身上的时候，角色冲突产生了，冲突的发展，就成了职业倦怠。解决辅导员角色冲突的意见和建议很多，专业发展方面，孙帅梅提出的策略包括加快岗位功能的分化，明确专业岗位；创建专业准入标准，引进专业人才；规范专业培训内容，提供专业指导，加强专业建设等。[3]

---

[1] 傅维利、刘磊：《论教育改革中的教师压力》，载《中国教育学刊》2004年第3期。

[2] 〔美〕丹尼尔·科顿姆：《教育为何是无用的》，仇蓓玲、卫鑫译，南京：江苏人民出版社2005年版，第2—19页。

[3] 孙帅梅：《高校辅导员的角色冲突与专业化建设》，载《思想理论教育》2009年第17期。

(2) 工作对象、工作内容的复杂性问题。

表 4.7 辅导员的专业能力状况调查问卷 2 结果统计表

调查内容	选 项	人数	占总数的比率%
21. 专业指导能力	A. 能	117	38.4
	B. 不能	188	61.6

表 4.8 学生对辅导员的工作内容需求调查问卷 3 结果统计表（多选题目）

调查内容	选 项	次数	排序
14. 辅导员的工作内容重要性	D. 生活及感情方面	290	1
	B. 心理方面	188	2
	A. 就业方面	91	3
15. 现有工作容易出现的问题	A. 缺乏公平性对待学生的态度	267	1
	C. 品格不够高尚	258	2
	D. 知识面窄，理论水平不高	244	3

　　班级中构成成分呈复杂趋势。少数民族生、文体特长生、定向生、留学生等不同类别的学生，使分类指导工作的难度增大，以人为本教育理念的深入和学分制的发展给学生的自由空间越来越大。选课、休学、转专业及婚姻的自由等在增加学生权利的同时，使辅导员传统的管理权力在弱化。特别是学生作为一个利益主体，他们往往因需求和发展的不同，造成诸多复杂的思想问题随之产生，班级管理上很难做到整齐划一。这些情况给辅导开展工作提出了严峻的挑战。

表 4.9 学生对辅导员工作的认识调查问卷 3 结果统计表

调查内容	选　项	人数	占总数的比率%
5. 辅导员与学生的关系认识	A. 上下级	47	11.8
	B. 师生	306	77.1
	C. 朋友	41	10.3
	D. 家人	3	0.8
6. 辅导员如何对待犯错误的学生	A. 原谅包容	151	38.0
	B. 惩罚	92	23.2
	C. 视情况批评教育	114	28.7
	D. 不闻不问	40	10.1
7. 影响学生与辅导员关系的因素	A. 学习成绩	59	14.9
	B. 性别	82	20.6
	C. 性格	219	55.2
	D. 年龄	37	9.3
8. 对辅导员听课的认识	A. 非常好	43	10.8
	B. 无所谓	78	19.6
	C. 有些畏惧不自在	52	13.1
	D. 很讨厌	224	56.5
9. 辅导员该如何组织活动	A. 强制	30	7.5
	B. 以加分进行诱惑	134	33.7
	C. 讲解活动意义，鼓励并帮助同学参与	204	51.5
	D. 学生的活动不用管	29	7.3

续表

调查内容	选项	人数	占总数的比率%
10. 提高学生素质的途径	A. 直接传授各类科学知识	53	13.3
	B. 传授学习的方法、技能	146	36.8
	C. 引发兴趣，引导学生自主学习	166	41.8
	D. 培养学生树立科学精神	32	8.1
11. 辅导员遇到工作困难的态度	A. 抱怨	22	5.5
	B. 逃避	34	8.6
	C. 积极应对	315	79.3
	D. 不知道	26	6.6
12. 辅导员最重要的工作	A. 开展并鼓励学生进行科研活动	40	10.1
	B. 发展学生文艺才能，丰富同学课余生活	108	27.2
	C. 使学生掌握扎实的专业知识	42	10.6
	D. 培养学生社会适应能力与人际沟通能力	207	52.1

关于辅导员工作的问卷调查显示，辅导员工作中很多问题的出现是基于与学生的沟通问题，学生中对辅导员角色的认识"把辅导员当朋友的"也只占10.3%。关于这个问题的访谈很多年龄比较大的辅导员都认为这是辅导员工作的一种现实倒退。比如，更多的学生（55.2%）认为影响学生和辅导员关系的因素是性格，对辅导员优秀品质的选项里面关于"有深入学生的亲和力和阅历丰富有导师风范"两个选项高于"学术水平和思想觉悟"等选项（见表4.10）。这说明工作对象复杂了，师生关系的距离也远

了。当然，这个因素也不是绝对的，互联网的发展，独生子女的增加，学生个性的增强也会改变一些问题处理的惯例，如有 38.0% 的学生认为辅导员对学生的错误应该原谅包容不予处理。工作对象的复杂性表现是全方位的，学生既要求辅导员有亲和力，还要求管理方式科学，又要具备专业的辅导能力，有宽容学生的胸怀，还需有迎难而上的勇气。学生多元的要求，客观上造成了工作内容的复杂性不断加深（见表 4.9）。

从工作内容复杂性来看，高校持续的改革让辅导员工作内容有不断拓宽的趋势，如后勤的社会化改革增加了辅导员疏导学生与后勤集团沟通的工作；学生心理健康、就业指导、素质拓展、升学等工作不断出现新的内容，使辅导员工作感到吃力；表 4.7 中反映出 61.6% 的辅导员认为自己没有完全具备给学生这些发展问题予以专业指导的能力。学生对辅导员工作方面最重要的需求指向是提高学生的竞争能力，期望辅导员能在心理、生活、就业方面都能具备专业的指导能力，尤其以就业指导和心理辅导的专业性能力要求为最（见表 4.8）。对辅导员和学生关于这个问题的调查能清晰地反映出辅导员的专业能力问题在他们与学生之间的供需矛盾是非常尖锐的。甚至在问卷中还体现出学生有困难和问题也不愿意去找辅导员，因为学生们认为找了也解决不了问题（见表 4.14）。这与现实中辅导员工作内容的复杂性不断提高是有直接联系的。此外，学生对社会前途命运的关注，对腐败问题的关心往往让辅导员很难正面回答学生的问题。学生的学习进步与专业能力提升，职业规划与就业观念形成等因素都处于不断变化之中。而当面对信息爆炸般的多渠道信息来源时，辅导员对信息的识别、过滤速度更多的时候要滞后于学生，这种信息不对称造成的工作问题实质上还是对辅导员专业素质的要求越来越高。也就是说，辅导员职业化的工作模式还没有形成，所以不能迅速适应和准确把握大学生从入学到毕业离校所经历的各个时期的心理特征和心态的变化。

表 4.10　学生对辅导员的品质认识排序调查问卷 3 结果统计表（多选题目）

调查内容	选　项	次数	排序
13. 辅导员优秀的品质有哪些？	A. 有深入学生的亲和力	263	1
	B. 学术水平高	258	2
	D. 阅历丰富，能够做学生的人生导师	255	3

(3) 辅导员队伍的低稳定性问题。

以往的调查研究表明，辅导员的任职时间大部分低于 5 年。以 L 省为例，2012 年该省的辅导员的年龄结构为 21—40 岁之间的占 82%，任职时间在 1—5 年的占 58%（注：数据来源：L 省普通高校辅导员队伍状况统计表 2012）。本次调查 5 个省份高校的辅导员年龄在 21—30 岁的占 61.6%，31—40 岁的占 28.5%，连续任辅导员 5 年以下的占 50.5%，6—10 年的占 37.1%（见表 4.11）。无论是官方的数据，还是实地调查，结果基本一致。在数字上看，从一个职业的角度来说，这个年龄的分布是比较有职业发展潜力的，但辅导员的任职时间总体偏短的就说明辅导员岗位具有流动性很大的特点。

表 4.11 辅导员的个人背景资料调查问卷 2 结果统计表

调查内容	选项	人数	占总数的比率%
4. 年龄结构	A. 20 岁及以下	2	0.6
	B. 21 岁—30 岁	188	61.6
	C. 31 岁—40 岁	87	28.5
	D. 40 岁以上	28	9.3
5. 学历结构	A. 专科	7	2.3
	B. 本科	136	44.6
	C. 硕士	158	51.8
	D. 博士	4	1.3
6. 职务结构	A. 科级及以下	223	73.1
	B. 副处	65	21.3
	C. 正处	17	5.6
7. 职称结构	A. 初级及以下	165	54.1
	B. 中级	111	36.4
	C. 副高	24	7.9
	D. 高级	5	1.6

续表

调查内容	选 项	人数	占总数的比率%
8. 从事辅导员工作时间（年）	A. 5 年及以下	154	50.5
	B. 6—10 年	113	37.1
	C. 11—20 年	34	11.1
	D. 21 年以上	4	1.3

岗位流动性大，对个体工作的连续性和队伍整体经验的积累都是不利的，直接影响辅导员队伍专业的健康发展。从辅导员队伍的职称和职务结构来看，初级和中级的比例加起来占90%左右，这说明这支队伍的群体发展的稳定性是相对较低的。导致辅导员队伍不稳定的因素主要有：辅导员日常事务性工作繁多的压力，物质待遇相对较低和发展空间有限的职业现状，缺乏自我认可度和工作成就感等。辅导员队伍呈现出的高流动性、低稳定性的境况，对辅导员的发展是十分不利的。从调查问卷的结果来看，尽管辅导员队伍的流动性很大，但是，辅导员队伍对岗位的热爱程度还是很高的。为此笔者设计了两个选题，一个是如果给一次职业的重新选择机会，愿意继续做辅导员的人占49.5%；另一个问题是如果给一次进修学习的机会，愿意继续学习与辅导员相关专业的占57.4%（见表4.12）。

表4.12 辅导员岗位忠诚度调查问卷2结果统计表

调查内容	选 项	人数	占总数的比率%
29. 个人进入岗位的途径	A. 专业学习毕业后进入	182	59.7
	B. 竞聘教师调整	42	13.8
	C. 竞聘行政人员分配	33	10.8
	D. 其他	48	15.7

续表

调查内容	选项	人数	占总数的比率%
30. 个人对重新选择工作假设的认识	A. 专任教师	65	21.3
	B. 继续做辅导员	151	49.5
	C. 行政人员	76	24.9
	D. 后勤部门	13	4.3
31. 如果去进修会选择学习专业	A. 学习辅导员相关专业	175	57.4
	B. 学习其他专业	130	42.6

这样的调查结果却让我们看到一个现实中的矛盾现象，那就是对工作热爱有加的辅导员们，在岗位上工作到了一定年龄以后纷纷选择了离开这个心爱的岗位。调查数据显示，55.9%的人认为辅导员对高等教育的意义重大，但同时也有37.5%的人认为一般行政人员可以直接代替辅导员的工作。做一个简单比较，对于一个辅导员和一个专业教师对学生成长哪个作用更大的问题，63.2%的管理者和学生选择了辅导员（见表4.13）。这是一个怎样的悖论？管理者们一方面认为辅导员与教师的工作是相辅相成的，同时又认为辅导员对高等教育发展是不可或缺的，实际工作中又认为辅导员和一般行政工作可以互相代替。现实不能不引发我们的深思，解决辅导员队伍的稳定性问题不是一朝一夕的，也不是简单的几个文件命令的操作问题，"需要通过完善辅导员队伍培养、选聘管理机制，构建辅导员队伍和谐发展的长效机制等途径来解决"[①]。

（4）辅导员的职业素养有待提高的问题。

"象牙塔"本是纯洁高尚的代名词，但不良风气在学校里的客观存在使辅导员队伍面临诸多的诱惑和挑战。必须承认我们的大环境是学校教育的人文氛围不断被污染，功利主义在校园活动中屡次出现。请客送礼客观地存在于各高校的辅导员日常工作中，学生当干部、奖贷、评优、入党、就

---

① 张学安、甘家武：《高校辅导员队伍稳定性探析》，载《云南财经大学学报（社会科学版）》2011年第4期。

业等都存在这些不良现象,学生对辅导员反映最强烈的问题就是公正问题。对学生们所关注的形形色色的社会问题,学生在乎的是辅导员如何做出反应。学生对辅导员的公平性和工作能力都是有怀疑的,比如学生认为辅导员所选拔的学生干部和发展的党员令人信服的比率都不高,分别是40.4%和43.7%,对辅导员工作的不满主要体现在对公平性的要求上,多数学生(56.3%)都认为辅导员要提高影响力,首先要做到"一视同仁"(见表4.13和表4.14),这方面对辅导员来说,非知之艰,而行之唯艰。

表4.13 辅导员在高校育人中的重要性调查问卷1结果统计表

调查内容	选项	人数	占总数的比率%
1. 辅导员对高等教育的意义	A. 对高等教育的发展不可或缺	77	55.9
	B. 没有什么实质意义	3	2.0
	C. 应该取消这个岗位	6	4.6
	D. 一般行政人员均可代替	52	37.5
2. 一个辅导员与一名专业教师对学生发展的作用比较	A. 专业教师的作用大	51	36.8
	B. 辅导员的作用大	87	63.2
3. 与行政工作的关系	A. 即一般行政人员的工作	44	32.2
	B. 是一项专业性很强的专门工作	34	24.3
	C. 辅导员与行政工作可相互代替	55	40.1
	D. 其他	5	3.3
4. 与教师工作的关系	A. 相辅相成	77	55.9
	B. 比教学工作更基础更重要	30	22.1
	C. 关系不大	17	12.3
	D. 说不清楚	13	9.7

作为学生的人生导师,辅导员的言行举止(如与学生谈恋爱)也是对学生产生不良影响的重要因素。这些问题虽然是社会性的,如卢梭说的,出自造物主之手的东西,都是好的,而一到了人的手里,就变坏了。但现实又提醒我们的辅导员既然选择了这个职业,就该负责到底,自然包括个人的奉献精神。为学生的发展服务方面的调查结果也不容乐观,表现比较好的辅导员在学生有困难或者有问题了只有找到自己时才给予帮助和解决,主动性不强。辅导员的应然状态应该是能积极主动地了解学生的认知水平和不断发展变化的需求,为学生的发展创造条件,目前能达到这种状态的辅导员只占少数。先哲告诉我们,"既然跌到水里,那就不管是在小池里还是大海里,我们义无反顾只好游泳了"[①]。组织上还需通过教育、法规等形式,使辅导员自身的职业素质得到提高。

表4.14 学生对辅导员工作效果的反馈意见问卷3调查结果统计表

调查内容	选项	人数	占总数的比率%
15. 对辅导员不满的体现	A. 缺乏公平性对待学生的态度	223	56.2
	B. 个人能力不强,与缺乏交流	29	7.3
	C. 品格不够高尚	112	28.1
	D. 知识面窄,理论水平不高	33	8.4
18. 为什么有困难时不找辅导员	A. 没有安全感怕隐私泄露	116	29.1
	B. 没有平等交流的感觉	66	16.7
	C. 说了也解决不了什么问题	215	54.2

---

① 〔古希腊〕柏拉图:《理想国》,郭斌、张竹明译,北京:商务印书馆2009年版,第185页。

续表

调查内容	选　项	人数	占总数的比率%
19. 对辅导员任用干部和信服度	A. 信服	160	40.4
	B. 不信服	237	59.6
20. 对辅导员发展党员的信服度	A. 信服	173	43.7
	B. 不信服	224	56.3
21. 乐于接受的思想教育方法	A. 灌输	13	3.2
	B. 说教	10	2.6
	C. 讨论	247	62.1
	D. 主题教育	127	32.1
22. 你申请加入党组织的主要目的	A. 理想和信仰	170	42.7
	B. 增加就业竞争筹码	132	33.2
	C. 家长的意见，自己无所谓	96	24.1

在职业态度方面，辅导员队伍自身对环境因素的态度是什么呢？调查中，两种情况居多，一是多数人每天忙于事务，无暇学习和钻研与本职工作相关的东西；二是每天努力工作是为了早日跳槽离开这个岗位。从教育理论的结构看，教育理论总是倾向于不断地还原，还原为其他学科的一些问题。① 在这方面，我们研究辅导员，需要挖掘教育理论里面根本性的东西，不能单纯地责备辅导员的认识或者素质的任何一方面，因为"德行是一种较高层次的欲望调节的情感，这些情感亦即相互联系着的一组组气质

---

① 瞿葆奎主编：《教育学文集——教育与教育学》，北京：人民教育出版社1993年版，第117页。

和性格"。① 辅导员队伍在职业上表现出特殊的矛盾气质和性格正是我们需要在本源上面对和研究辅导员的专业发展问题。

解决辅导员职业态度问题的策略可以依据教师感情理论，教师的感情研究始于教师压力和倦怠，将感情研究引入主流教育研究中。任何感情研究都是基于其理论假设的，理论假设就是回答感情本质上是什么。理论假设决定研究的视角与方法，也决定内容与形式，是理论研究的基础。理解为个体内部现象就用心理动力学研究方法；理解为一种社会文化就对应至于环境里用社会建构论方法；理解为互动与表演载体则兼有个体与社会属性，就采用互动论研究方法。感情可以作为教师个人的内心体验，主要存在于心理学领域，如古典心理学代表詹姆士和兰格、阿诺德等。采用心理分析，注重量化分析编制标准化量表来研究；感情可以作为社会文化的产物，教师感情的社会文化属性研究始于20世纪八九十年代，特别是在人类学、社会学领域开始强调感情的情境性，提出感情是传达社会信息的文化产物，如艾夫里尔（Averill）等。感情是社会建构不是基因决定，意味着即席创作，基于具体环境有独特解释。这种理论假设注重社会文化、学校管理和专业规范等因素。互动论感情假设围绕着这样的理念："社会化了的人的身体——这种身体通常作为团体与互动形式而存在，而不是作为孤独的个体——存在于常态性的情境，这些情境唤起意义或感觉方面的反应，就如我们所认同的感情。"感情表演与互动相辅相成，注重人际交往互动，如感情规则。特纳说互动主义的妙处就在于抓住了情感对互动过程的影响。以上三种假设作为教师感情研究的理论基础，它决定教师感情研究的观点、主题、方法和方法论。

教师感情对专业发展与职业生涯的意义重大，感情不但影响工作效能，也影响幸福感。奥斯本（Osborn）认为有效的教学和学习必然是有感情的，师生之间的人际关系质量对学习过程有极其重要的影响，感情是专业发展不可缺少的知识与能力，在择业、守业、弃业过程中都有重要作用，感情的价值在教学效能，也在作为职业人的专业发展，还在人的发展需要和教师作为完整的人的立场上。

---

① 〔美〕J.罗尔斯：《正义论》，何怀宏译，北京：中国社会科学出版社1998年版，第184页。

表 4.15　学生对辅导员工作能力的认识调查问卷 3 结果统计表（多选题目）

调查内容	选项	次数	排序
16. 辅导员要提高的影响力表现	A. 一视同仁、公平工作对待每一位同学	397	1
	C. 在管理同学上科学化、人性化	294	2
	E. 积极解决同学们关心的问题	267	3
17. 辅导员的能力不足表现	C. 就业指导、职业规划能力	258	1
	B. 心理疏导能力	187	2
	D. 突发事件处理能力	112	3

（5）选聘制度缺失的问题。

高校辅导员制度建立以后，向专业化的方向发展是总体趋势。选聘制度是专业发展的"前大门"，而目前，辅导员制度在选聘方面存在的问题依然不容乐观。国家对辅导员的学历、专业背景要求均不明确，用"本科、相关的学科背景"做限制在现实中几乎成为一个形式。由于选聘没有专业限制，加之领导主观上的不可抗力，过去往往很少有专业的辅导员岗位招聘，很多辅导员是在应聘专业教师岗位的过程中没有成功，个人给领导印象还不错，在征求意见后，直接被分配担任辅导员工作。造成选聘制度缺失的原因有很多方面，主要原因有两个：一是传统的"近亲繁殖"。多数高校的辅导员是本校优秀学生干部留校任用的，现在高校大都不这么做了，就业形势的变化让高校在遇到这样的问题时不可避免地面临一些外部压力，很难留下自己想要的人，往往使优秀人才流失，其间也可能滋生着潜规则。现在形势不同了，20 年前留下一个学生做辅导员与现在同样的事情在人们的心理预期的变化可谓天翻地覆！试想一下，大学辅导员岗位的招聘在学历上的规定还能见到本科生的影子吗？这对辅导员的选聘未来走向规范和科学是一个好现象。二是辅导员制度缺少行业标准。不是领导一定主观随意地去选拔，而是没有行业规定的选拔参照标准。辅导员进入岗位前几乎没有经过系统的专业学习和培养，这就形成了岗位供求之间的矛盾。辅导员是一个专业性很强的工作岗位，而真正承担这项岗位的却是未经专业培训过的那些以"党员""优秀学生"为标志的各个专业的"大杂烩"。"知识与技能基础的缺失是辅导员职业多种'非职业性'特征产生的源泉。"① 2006年有关研究对辅导员专业性的调查中，辅导员专业是教育学、心理学、哲学社会科学（含思想政治教育学科）等学科的只占13.4%。② 我们2013年有关上述专业性调查的统计结果是这些"贴近专业"的学科占46.0%（见图4.2）。

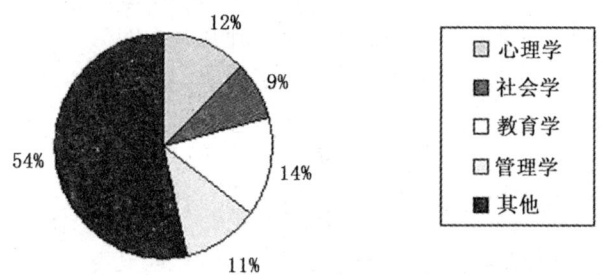

图4.2 高校辅导员学科背景组成示意图

从数字比较来看，过去10年辅导员学历入口的学历层次和专业性有所提高，但从绝对数来看，还不是很大，这仍然表明，辅导员队伍整体专业化程度起点仍然比较低，也就是说辅导员的受教育背景与现代大学学生事务工作的要求仍然没有达到匹配的程度。这样选拔出来的辅导员对于学生的日常管理工作尚可应对，但对于深入研究和解决学生的思想问题就显得力不从心，对学生学习生活中的难点、热点问题无法站在理论的高度和专业的视野下予以释疑解难，所以反映在工作效果方面也就不够理想。

选聘是辅导员进入岗位的主要形式，因扩招、专业招生人数的变化等

---

① 罗海燕、冯建：《从职业自主性反思我国高校辅导员职业的发展》，载《理工高教研究》2009第6期。
② 赵庆典、李海鹏：《努力建立大学生思想政治教育的组织保证和长效机制——高校辅导员班主任队伍建设》，载《国政学报》2006年第2期。

因素，二级学院里面的学生人数变化很快，学生数量的变化直接关系到对应辅导员的不同需求，所以就会关联到学院间辅导员的调整，这样的时候，有关人事部门和管理部门很少有一个关于辅导员专业性的通盘考虑，满足现实的工作岗位需要是首要的考虑因素。除了这样的队伍内部人员调整以外，转岗是一个辅导员的选聘渠道。对辅导员进入岗位渠道的调查中，直接在专业学习后通过选聘辅导员进入岗位的占59.7%，竞聘教师未成功、转做辅导员的占13.8%，与行政人员一起竞聘被安排做辅导员的占10.8%，校内改革行政和专业教师转岗的占15.7%（见表4.12）。对于行政和专业教师转岗进入辅导员的比例之高超出了我们的预计，后来在访谈中添加了此问题，原因也很清楚，当扩招使学生的绝对数量增加以后，高校内部改革对机关的减员增效和教学改革使一部分行政人员和院系专业调整后没了课程的专业教师通过转岗的形式进入了辅导员的岗位。有关辅导员进入岗位这些现实的客观问题引发了我们对一个专业岗位人员进入的专业性和随意性的思考。当然，这也是高校管理者们的现实困难问题，让他们把那些教学和管理改革中的一些人形成待岗状态，然后招募专业的辅导员去工作也确实是不现实的。

（6）尚未建立规范、科学的人才培养机制问题。

调查中发现，人们对解决辅导员专业发展的问题在专业培养的方面是有普遍诉求的，认为辅导员应该按照专业教师的形式进行专业化培养，然后再进入实践岗位的管理者、专业教师和社会人士问卷的比例占63.5%，辅导员队伍问卷的比例占71.6%，比例更高一些，说明对专业化的信心也更高。超过半数的人都认为辅导员这个职业应该而且也能在未来成为一个专业（见表4.16）。这里大家不免会产生疑问，为什么大家普遍接受辅导员专业培养路径，直接做个培养方案去做不就可以了吗？这就是本研究要解决的问题中最核心的一个问题。过去，中国对辅导员进行专业培养方面只有极少数高校设有相关学科和专业，其中山东大学设有"学生事务管理与学生发展指导"专业，沈阳师范大学设有思想政治教育本科专业（辅导员工作方向）。山东大学归属于马克思主义理论一级学科，入学考试主要倾向于马列主义、毛泽东思想、邓小平理论等专业科目。目前培养的层次主要在硕士阶段。全国唯一一个招收博士研究生的辅导员研修基地在辽宁大学。沈阳师范大学主要采取工作学校推荐、免试录取的方式，选拔品学兼优的应届毕业生攻读思想政治教育本科专业（辅导员工作方向），经过两年专业的系统学习，回到原推荐学校从事专职的辅导员工作。从招生人员及归属学科来看，中国目前还没有形成为大学学生事务管理输送人才的成熟渠道。① 面对辅导员的培养现状及学生事务管理工作发展的特点，我们要造就一支职业化、专业化的育人队伍，必须要实施全面的专业培养。

在绪论中已经提及辅导员发展的全部问题最终都归结到专业发展的问题上，而专业发展的首要问题是专业培养。对造成辅导员专业培养现状的原因我们也有分析，人们一方面认为辅导员工作是专业的、重要的（现在看来这些认识可能还是理论上的和应然的认识），但是现实中的辅导员又是一般行政人员可以代替的工作。造成这样局面的原因是有多种因素的，辅导员发展历史的和现实的原因都有。另一个原因就是，人们尽管都知道辅导员应该进行专业培养，但是又不清楚怎么进行专业培养，因为设计一个专业的辅导员培养方案是一个很复杂的课题。目前，中国尚未建立专业的辅导员培养体系。在培养机制方面缺少科学、系统、规范的方法。培养目标不明确，辅导员岗位往往成为人们职业发展的跳板；非专业的岗前培训本身就为辅导员很多未来的发展问题埋下了伏笔。我们都知道，高校的教师队伍是需要严格的岗前培训的，至少一个教师资格证的要求总是有的，而辅导员队伍没有这些硬性培养指标要求。因此，即使把辅导员列入教师队伍，如果不先期建立科学、系统、规范的培养机制，这也无异于海底捞月。

当前影响高校辅导员培养的因素很多，一方面来自环境的变化。正如前面所分析的，辅导员开展工作的复杂性越来越高，难度越来越大，导致辅导员自身出现诸多的不适应。另一方面，辅导员岗位本身的吸引力下降，致使无法吸引高素质的专业人才来从事辅导员工作。市场经济条件下，人们的利益关系更加明显，利益往往成为人们职业选择的决定性因素。如此专业性极强的辅导员岗位要求与该岗位在现实中的发展前景缺少契合关系也就导致辅导员岗位从入口便很难吸引优秀的专业人才。工作的复杂性又造成人才大量流失，这些因素的存在使辅导员队伍的整体素质提升缓慢，滞后于学生工作不断发展的需求。

---

① 魏小鹏：《着力专业化职业化建设，提高辅导员工作科学化水平》，载《中国高等教育》2010 年第 7 期。

表 4.16 对辅导员的发展路径调查结果问卷 1-2 结果统计表

调查内容	选项	人数	占总数的比率%
6. 对辅导员培养道路取向	A. 进行专业化培养, 结合实践进行培训, 再进入工作系统	281	63.5
	B. 辅导员工作技术含量不高, 不需要专业化培养, 可直接在工作中边学边做	76	17.2
	C. 在入职后培训代替专业化的培养更有效果	52	11.7
	D. 不清楚	34	7.6
7. 辅导员是否应该并能成为一个独立专业	A. 应该并能	228	51.5
	B. 不应该也不能	23	5.2
	C. 应该, 但目前还不能	178	40.2
	D. 不清楚	14	3.1
26. 辅导员发展的最佳形式	A. 专业培养教育	317	71.6
	B. 入职后岗位培训	32	7.2
	C. 实践中锻炼	71	16.1
	D. 不清楚	23	5.1

(7) 岗位培训重视程度不够的问题。

辅导员终身的发展过程，需要严格的选聘与培养机制，更需要规范、稳定、持续不断的岗位培训制度作保障。调查显示，认为对辅导员进行持续不断的培训"非常有必要"的占 68.2%，当前，辅导员制度不仅在选聘方面存在严重缺陷，在培养机制方面缺少科学、系统、规范的方法，而且岗位培训也常常被忽视。现在，中国的高校辅导员培训的最正规渠道是各省一级的。对辅导员参与省级系统专业培训状况的调查结果是，平均两年一个周期参加一次培训的辅导员占 11.2%，四年一个周期参加培训的占 34.6%，四年以上的占 54.2%（见表 4.17）。省一级的培训都是相对系统、专业且规范的，但是不是每个个体都有连续进行培训的机会，辅导员在工作中的表现和培训当时辅导员的时间情况等都是影响学校管理部门派人去参加培训的因素。对一个辅导员个体来说，更多的是参加校内培训，效果很难得到保证。过去，辅导员岗位成为一些人发展的跳板，与一般的学校由学生处、人事处进行简单的岗前培训就上岗的原因也是分不开的。缺乏在继续教育制度上的保障，辅导员们只能靠迁移的案例和自己的经验对具体事务进行解决，而没有一个相应的理论来支撑自己的工作，问题自然越聚越多。综合分析目前辅导员培训存在的问题，一是省级培训的全面性和人员持续性问题，二是学校一级的培训方式一般是集中培训、统一授课、专题讲座等。培训有一定的效果，但缺少针对性加上邀请的专家多从事理论研究，缺乏实践经验，讲授内容往往很难进行实际操作，解决问题的力度不足。说明现有培训从培训内容的实用性，培训形式的多样性和培训周期的合理性等几方面，都需要解决一个科学性的问题。辅导员的继续教育是其实现持续化、终身化发展的途径，需要得到相应的重视，如何在新的形势下对高校辅导员进行更有效的在职教育与培养以实现辅导员队伍的专业发展，是当前辅导员教育理论迫切需要解决的问题。

表 4.17　辅导员培训现状调查结果问卷 2 结果统计表

调查内容	选项	人数	占总数的比率%
36. 省级培训的间隔	A. 2 年	34	11.2
	B. 2—4 年	106	34.6
	C. 4 年以上	166	54.2
37. 现有培训的不足	A. 内容不实用	84	27.7
	B. 形式单一	68	22.4
	C. 时间短	61	20.1
	D. 间隔周期长	91	29.8

（8）缺乏公平的评价晋升机制问题。

辅导员队伍工作隐性强、责任大、地位低的特点在激励机制方面表现尤为突出。目前,在辅导员激励机制方面,缺少公平的评价晋升机制。通过对辅导员有关激励方面的调查,我们发现待遇并不是辅导员关心的最主要因素,辅导员对晋升制度的诉求排在对待遇的关心前面,按照传统的教育体系逻辑,一定的教育水平应有其对应的和有保证的专业水平和酬劳。教育之所以使人感兴趣不是因为它本身能得到什么结果而是他毕业后一定可以得到相应的收入。[1] 可是,这个逻辑在辅导员的工作方面没有得到相应的体现。调查显示,同样是一篇学术论文,对专业教师的奖励力度要比对辅导员的奖励高很多。薪酬方面辅导员低于教师,行政级别的发展速度也远低于专业教师职称的发展。虽然辅导员可以从行政和专业两条渠道晋升职称,但繁重的行政事务让辅导员在科研的时间投入方面与专业教师相比显然处于下风。辅导员具有教师与行政人员两种身份,这体现了国家对这个队伍的重视。而在实际运行和管理的过程中,为什么在客观上造成了辅导员成为边缘人这样尴尬的局面呢?我们在访谈中专门提出了这个问题,得到几乎一致的答案是,高校在辅导员的发展方面,关于双重身份的日常管理和长远出路之间存在着矛盾。客观地说,高校在这方面已经很有作为,但是在操作层面,有关辅导员的职务、职称发展是一项非常复杂的工作,它涉及高校管理的各方面。

现实中辅导员承担繁重的事务性工作,让大家很难看到辅导员身上存在真正意义上的教师痕迹,也就是说辅导员作为高校教师的职业尚未完全被认同,有时候可能被看作是临时性、兼职性的"过渡角色"。这是造成辅导员发展方面评价晋升机制存在问题的主要原因。处于多重角色工作焦点位置的辅导员每天不停地忙碌着,这种高投入并没有在现实中获得对应的高回报。另外,如果在职称发展方面学校实行统一的晋升政策,专业技术职称有十分严格的授课时数、发表论文数等指标,这些标志对辅导员来说都难以达到。从行政发展方面看,特别优秀的辅导员要升职为类似副处的职位要等上"几年乃至上十年才会有一个空缺"[2]。社会认可方面,因为工作的无形性让很多人对辅导员的工作评价往往是看着挺忙,没看出有什么有标志性的成绩。一般

---

[1] 联合国教科文组织、国际教育发展委员会编著:《学会生存——教育世界的今天和明天》,华东师范大学比较教育研究所译,北京:教育科学出版社1996年版,第6页。

[2] 张文娟:《专业化背景下辅导员工作主要问题与对策研究》,中山大学硕士论文,2009年。

高校的领导都不想把最有激励意义的职务晋升和职称聘任给到很难量化考核的辅导员队伍的头上。这与教育的目的出现了矛盾：我们讲德育为先，而德育工作的主体——辅导员在育人链条里地位、待遇最低。可见，法律制度、经济政策、认证制度等为辅导员职业化、专业化提供政策保证，公平合理的评价晋升机制的有效运行工作是刻不容缓的。

（9）辅导员工作分工的明确性问题。

辅导员工作的首要任务是学生的思想政治教育。此外，还要承担公寓管理、心理健康教育、就业指导等多项任务，凡是与学生有关的千头万绪的工作最后都落在辅导员的头上，这种全能性的职责分配，使其整天陷入大量事务性的工作中。① 处在学校管理基层的辅导员面临学校多个部门指派的工作任务，繁重的工作使辅导员疲于奔命，工作仅仅停留在初级的应付层面，不能从发展的角度解决工作中的实际问题，这势必会影响思想政治教育的有效开展。教育功能论告诉我们，教育功能也不是万能的。问卷调查和访谈中反映出来的问题一致，现在辅导员压力的源头是任务的繁重与自身精力不足的挑战。过去人们的惯性思维还表现在，当有与学生有关的问题出现，各方面的第一反应是关联到辅导员工作不到位造成的，在社会、学校、学生期望的多样性超越了辅导员的合理承载以后，也带来了辅导员对工作的满意度低的问题。以上这些问题的出现都可以归结为工作分工不明确的缘故（见图4.3）。

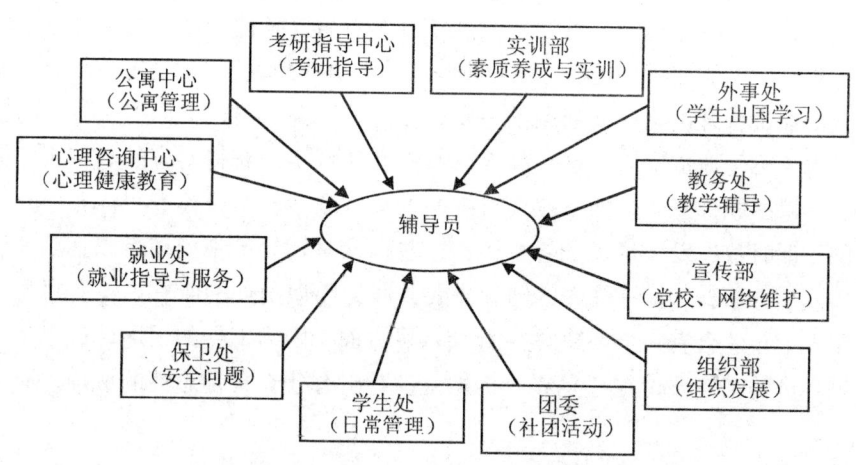

图4.3　高校辅导员的接受任务情况示意图

---

① 李永山：《高校辅导员专业化发展问题及其思考》，载《思想教育研究》2008年第1期。

为了解决这个问题，经过广泛调研、认真分析并结合访谈的了解，现有的辅导员综合管理模式需要在专业培养和培训的基础上逐渐向按专项进行分工的模式过渡。根据现有辅导员的工作职能、内容及发展要求，笔者将辅导员的管理按主要工作专业类别分成 10 个专项，表 4.18 是在辅导员的问卷中超过 60.0%的"非常重要"选项，对其进行整理后分别提取选项排前三位的工作项目作为对辅导员工作专项进行分工的依据。

表 4.18　辅导员分专项工作项目重要性调查问卷 1-2 结果统计表（多选题目）

调查内容	选　　项	次数	排序
47. 党团辅导员	C. 相关思想教育	337	1
	B. 共青团工作	280	2
	A. 入党积极分子培训、考察	244	3
48. 心理辅导员	A. 心理健康知识普及	338	1
	B. 心理咨询	250	2
	C. 心理危机干预	146	3
49. 就业辅导员	A. 就业辅导与服务	353	1
	E. 办理就业手续	294	2
	D. 组织模拟招聘	260	3
50. 社团辅导员	C. 社团规划和发展	248	1
	A. 社团活动组织与管理	239	2
	B. 重点社团指导	196	3
51. 网络辅导员	B. 对学生进行网络思想政治教育	318	1
	A. 学校门户网站的维护与监控	251	2
	C. 管理学生信息员	242	3

续表

调查内容	选项	次数	排序
52. 考研辅导员	B. 相关教学班级的管理	328	1
	A. 考研及公务员等相关信息收集与政策学习	236	2
	C. 组织交流活动	235	3
53. 公寓辅导员	C. 学生安全管理	350	1
	A. 公寓思想政治教育以及相关的管理服务	245	2
	D. 沟通公寓管理人员	236	3
54. 信息辅导员	A. 学生学籍注册	356	1
	B. 信息平台维护	338	2
	C. 休、退、转、复学等特殊学籍管理	242	3
55. 管理辅导员	A. 日常事务性的管理工作	349	1
	E. 管理学生会	316	2
	D. 学生奖惩	281	3
56. 实训辅导员	D. 建立实训档案	243	1
	A. 制订素质培训教学计划	240	2
	C. 考评学生实训成果	237	3

（10）辅导员自身工作满意率低的问题。

从图4.4可以看出，只有4%的人对自己的工作状态特别满意，18%的人比较满意，39%的人一般满意，25%的人不满意，有14%的人对自己的工作特别不满意。正因为没有明确的责任分工使辅导员面临着力不从心的问题，让他们对自己的工作充满了反感和厌倦。但现实中辅导员又不得不每天面对自己的工作,因为每个人的工作都有养家糊口的因素。在专门针对辅导员群体的问卷中,认为做辅导员只是生存和工作的基本需要的人较多,以做辅导员为体现人生价值目的的人最少。

表4.19 辅导员工作的基本状态调查问卷2结果统计表

调查内容	选项	人数	占总数的比率%
9. 工作感受	A. 和学生在一起快乐,获得满足感	139	45.6
	B. 是人生价值的体现,可以得到他人尊重	13	4.3
	C. 工作需要,没有更多的感觉	149	48.7
	D. 辅导员工作轻松,没有太大压力	4	1.4
10. 疲劳感和挫败感的间隔度	A. 每天都有	207	67.8
	B. 偶尔	77	25.4
	C. 没有	18	6.0
	D. 不清楚	2	0.8
11. 怀疑工作意义	A. 从未有	92	30.1
	B. 很少有	57	18.7
	C. 一直有	129	42.2
	D. 无所谓	27	9.0
12. 对工作贡献的关注点	A. 帮助学生成长	83	27.2
	B. 为学校管理学生	105	34.3
	C. 养家糊口	90	29.6
	D. 个人的发展	27	8.9

续表

调查内容	选项	人数	占总数的比率%
13. 对薪酬的满意度	A. 满意	102	33.6
	B. 不满意	203	66.4
14. 对工作中学习的状态	A. 积极主动学习研究，有预见性地做好	75	24.6
	B. 事务性工作铺天盖地，没有学习研究时间	114	37.5
	C. 工作有需要时才会抽时间学习	100	32.7
	D. 很少将私人时间用来学习	16	5.2
15. 社会尊重的主观体验	A. 很受尊重	117	38.4
	B. 一般	31	10.2
	C. 不受尊重	129	42.3
	D. 没感觉	28	9.1

前面分析的满意度调查结果与平时辅导员的工作状态和心态都有密切的联系，每天工作都有疲劳感的辅导员占67.8%，对工作意义持怀疑态度的也将近三成（见表4.19）。满意率低的主要因素是辅导员的整个职业生涯的发展问题，对待遇问题也是不满意的居多，但是排在次位。在有关晋升发展的问题中，多数问题指向在制度的完善方面。针对现有考核制度的多选问卷中，测评方式的科学性有问题引发的在考评结果里面的领导主观随意因素及结果的有效影响力等质疑声音最大。综合分析表明，辅导员队伍的整体存在着满意率低的状态。辅导员的工作直接影响着学生的发展，辅导员工作的性质决定了他们是离学生最近，最易于被学生信任的群体，他们对学生的成长和发展起着更加直接的作用。辅导员对工作满意度低无疑会影响其在工作中的热情，必然对学生发展造成不利影响。

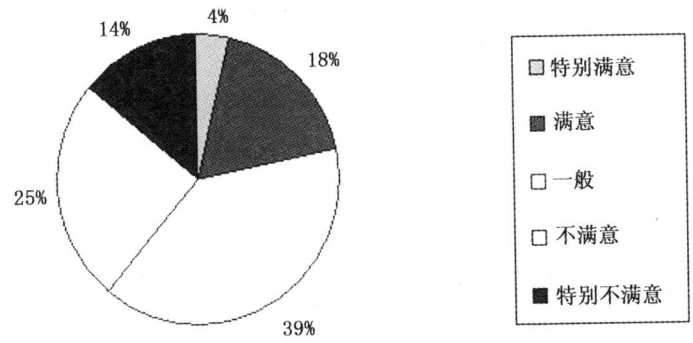

图4.4 高校辅导员的工作满意度

从以上10方面调查分析辅导员制度现状中存在的问题可以看出，辅导员的专业发展是一项长期的、复杂的工作，需要国家、高校、辅导员自身的协调配合。对辅导员专业发展的支持因素调查中，领导重视程度、建立保障体系和学生的积极参与等三个因素的支持率排在前三位。在解决职业的稳定性方面，归根结底还是用人机制的问题，实行专项分工是解决问题的基础，专项分工后的终身职务、职称晋升机制是辅导员发展问题解决的最终路径。概括地说，就是要通过建立起规范、科学、系统的人才培养制度、选聘制度、持续长效的培训制度及评价考核制度，解决现阶段辅导员制度存在的问题，真正提高辅导员队伍的整体素质和社会认可度，从而使辅导员队伍能在态度方面更积极，在能力方面更专业地为高校育人系统服务。

三、国（境）外高校学生事务管理的案例分析

从世界范围看，辅导员制度不是中国高校育人的独创。毕竟高等教育功能的发挥是客观的，促进人的发展是高校的基本职能。中国通过设立辅导员制度实现了高等教育育人的一个方面。世界上很多国家的高校里面都有类似的育人制度存在，只不过称谓不同、具体工作的组织形式不同而已。国（境）外通常把这个促进学生发展、满足学生需求、对学生进行管理的制度称为学生事务管理，在许多先进国家高校里的学生事务管理的发展已经非常专业、非常成熟，在现代高校育人的工作中承担着越来越重要的角色。

（一）国（境）外高校学生事务管理简介

根据不同国家和地区的学生事务管理现状，选择美国、英国、德国、法国、日本、泰国、香港地区、台湾地区等国家和地区的案例，分别介绍它们学生事务管理专业发展的概况，以求为中国高校辅导员的专业发展提供借鉴。

1. 美国高校的学生事务管理

世界上学生事务管理发展最成熟的当属美国，美国高校的学生事务管理制度至今已有100多年的历史，总体上经过长期的实践探索，已经具备了明显的专业化特征，形成了完备的专业训练、专业内容、专业组织，在学生事务管理工作中发挥着重要的作用。

（1）美国高校学生事务管理发展的历程。学生辅导工作在美国高校里面属于"学生事务"（Student Affairs）管理的范畴，与"学生事务"对应，学生事务管理内容广泛。广义上说，可视为学校需要解决的、与学生相关的所有工作事务的总称。从学业管理、纪律管理到学业辅导、职业辅导等无一不包括在内。

美国高校学生事务最早出现在哈佛大学，其标志性事件是1870年哈佛大学任命格尼（Ephrain Gurney）为首任大学学监（学监在词典中的含义为"旧时学校中管理、监督学生的专职人员"），开始负责协助校长开展学生纪律管理的工作，同时又出现了美国高校第一名专职负责学生工作的"处长"（College Dean）。[①] 此后工作内容不断增加，"学生咨询""健康医疗服务""精神指导""学习指导""宿舍管理""就业咨询"等对学生咨询、管理、服务的工作相继开展起来。这些专业的专职学生事务管理人员的出现，是美国高校独立意义的学生事务管理工作诞生的标志。

1908年，帕森斯（Parsons，心理学家，美国"辅导之父"）在波士顿成立了美国第一家辅导中心，通过辅导青年对自己的兴趣、志向、能力等进行认识，找到与自己适合的职业。这个辅导中心的成立使学生辅导工作正式走到前台，更有针对性地专业地"注重对学生学业、思想、职业等方

---

① 张再兴：《高校辅导员队伍建设理论与实践》，北京：人民教育出版社2010年版，第264页。

面的辅导，引导学生更好地学习和发展"。① 学校教育这项综合化育人工作在教学、管理等环节逐渐发展到相对完善以后，对外围的那些辅导工作有了需求，这是一个必然的结果。

随着学生事务管理制度的发展，学生事务管理和辅导员制度的目标宗旨得以确定，相应的工作目标规范性文件出台。1937年，美国国家教育委员会就在《对学生特征的看法》的报告中将培养"完人"确立为学生事务管理和辅导制度的目标。② 强调对学生作为一个人去发展而不是仅对其进行智力训练。此后美国人事协会（ACPA）将学生事务管理与辅导宗旨重申定义——支持学校的教学任务，学生事务进入教学辅助阶段。随着大学教育专业化程度的加深，兼任教师已难以满足日益增大的辅导工作的要求，辅导员的专业化成为历史的必然。但美国高校辅导工作因缺乏基层单位的辅助，学生辅导工作在很大程度上得不到强化，出现了人员紧缺、工作量大的情况。围绕"学习"和"发展"两个主题，学者派司利（Pasley）和麦克马洪（Mcmahon）认为辅导员有9方面的责任，这些职责既针对学习，也包括道德建设、专业学习、实践能力、家庭伦理、身心健康等项目。辅导既涵盖课堂内外，也包括校内校外，还涉及沟通学校和家长。有对常规项目的要求，也有对突发事件的辅导，核心目的是为了促进学生各方面的发展。

"学习"与"发展"两者是相互促进且密切结合的。围绕学生事务与学术事务的研究，1994年美国学者提出了"Student Leaning Imperative: Implication for Student Affairs 理论"，简称"SLI 理论"，意思是"学生学习是当务之急——学生事务的含义"。成立以学生学习为导向的学生事务部门，特别强调了学生事务管理部门和相关人员在学生学习中扮演的重要角色，提出学生事务的任务就是负责创造条件激励，鼓励学生在课堂内外一切以教育为目的的活动中投入更多的时间和精力。SLI 理论提出后得到了美国高等教育界的高度关注，它是美国高校的学生事务管理进入学术事务领域的标志，学术事务与学生事务融合的新趋势出现了。SLI 理论成了研究和实践美国学生事务管理工作的基础。③ 受到这个理论的影响，美国高校学生事务管

---

① 张铤：《论美国高校辅导员制度》，载《黑龙江高教研究》2010年第1期。
② 赵飞：《中美学校德育实施途径的比较研究》，载《思想政治教育》2001年第2期。
③ 邢国忠：《美国高校学生事务管理专业概况及其启示》，载《教育发展研究》2007年第7期。

理确立了基本使命，即帮助学生学习和发展，其著名宣言是："我们——学生事务工作者，必须把培养学生学习作为我们的任务和根本目标。"此后，原有的工作方式相应地转变为以学生辅导和心理辅导为主，在辅导过程中，也有一些隐性的意识形态的教育，美国的高校对学生思想教育和道德教育几乎不靠道德说教的形式，而是通过丰富多彩的形式和途径来实现，注重实际效果。

2004年，美国人事协会和美国国家学生人事管理者协会（NASPA）联合发表报告《重新思考的学习：全校园关注学生的体验》（*Learning Reconsidered：A Campus-wide Focus on the Student Experience*，简称 *LR*）。在报告里面明确提出了要综合运用所有的高等教育资源，对全体学生的教育与职业培训给予关注，强调学生发展与学术学习同步发展。课内外的学习因为知识的多元化发展对学生的发展都具有重要的意义，在学生的这种学习与发展的体验中，学生事务管理人员应当更多地参与进去。

美国高校学生事务管理大致经历的四个阶段分别是替代父母（In Loco Parentis）、学生人事工作（Student Personnel Work）、学生服务（Student Services）、发展学生（Student Development）。学生发展理论是在20世纪60年代末、70年代初确立的，在此基础上发展起来的"SLI理论"，渐渐地成为美国高校学生事务工作的指导思想。

（2）美国高校学生事务管理发展的特点。美国高校学生事务管理工作的发展是与美国高等教育进步紧密相联的，涵盖学生入学、适应学校、咨询服务、课外活动、职业发展等方方面面的学生事务，在其100多年的发展中，呈现出鲜明的发展特点。

①以"发展学生"为理念。美国学生事务管理的基本理念是"发展学生"，这是一个全面培养人的理念，发展的宗旨是发展学生的理性和心智，主张教育的目的是实现所有学生都要关注人的价值与意义。促成学生尊重生命，弘扬个性，提升生存意义，完善人格。在教育过程中，应该面向全体学生，针对每个学生发展的每一个阶段，按照需要不同来设计教育方案，开展教育活动，达到学业、个性的全面发展。"发展学生"是美国所有教育人员共同的认识，他们认为，学生学习能力提高、个性充分发展的形式多种多样。课内外、校内外的活动和经历都有助于学习和个性发展。高校的全体教职员工，都应为学生更多地创造一些成长的机会，更多地帮助学生增进对知识的理解，学习人际的相处，鼓励帮助学生主动参与完成学习任务。高校董事会里面一般都会有一名或者几名学生代表参与进来，这样在

管理中就能保证充分听取学生的意见。例如，在加州大学富乐敦分校，均安排专业教师指导学生俱乐部的工作。指导虽然不计报酬，但学校把这些工作作为教师晋升教授所必须承担的一种服务工作作为硬性指标考核。学院的管理人员和教学人员都必须"向本科生公布自己的接待日，鼓励学生直接与相关人员沟通有关问题，接受辅导"①。在"发展学生"理念基础上，美国加大投入，通过严格的从业标准、丰富的服务内容、有效的组织管理保障了"发展学生"目标的实现。

②严格的专业标准。1996年，美国教学与未来全国委员会发表报告《什么最重要：为美国未来而教》。这份报告的一个理论基点就是："教师指导什么事和能够做什么在学生能学到什么方面具有至关重要的影响。"全美教师鉴定委员会新教师任职标准：深入掌握任教学科的学科内容知识；深刻理解教育学知识，有效运用教学方法和技术手段；了解学生的身心发展和学习特点，了解学校、家庭和社区环境背景；对学生的学习进行准确评价分析，善于调整教学并对所有学生的学习发挥积极影响。② 全美教学专业委员会关于优秀教师的鉴定标准：为学生的学习服务，尊重学生个体差异，能将通行的认知和智力理论用于实践；对自己的教育教学实践进行系统思考，学会从经验中学习，是有教养人的榜样，愿意进行终身学习，对时间进行理性对比等；能充分利用学校和社区各种资源来帮助学生学习，能利用各种途径与家长进行合作，鼓励家长参与学校事务。③

在美国高校，对学生事务管理人员的角色可以按照职责和功能划分，具体分为行政辅导员、心理辅导员、职业辅导员、学习辅导员和住宿辅导员。要求从事学生事务管理工作的人员最基本的准入门槛是具备硕士学位，学科领域一般包括教育学、心理学、咨询学、指导学等。辅导工作中最受重视的是咨询工作，主要集中在心理、学习、职业咨询。其中心理辅导员和职业辅导员的工作专业色彩浓重，需要高学历人士担任。学生事务管理人员若想向上发展，比如要取得学校中层的管理职位，则必须拥有相关领域的博士学位。据美国国家学生人事管理者协会（NASPA）在1998年的抽样调查结果显示，不同类型美国高校，选取的1045名学生事务管理人员中，有56%的人已经取得了或者正在攻读博士学位，在这些博士或在读博士当

---

① 王定华：《走进美国教育》，北京：人民教育出版社2004年版，第112页。
② 许明：《美国关于教师素质的界定》，载《教师评论》2002年第1期。
③ 许明：《美国关于教师素质的界定》，载《教师评论》2002年第1期。

中,在中等规模的高校(注册学生数:5000~14999人)就读过的占78.8%。① 美国基本形成了以规范性的制度管理和有限专业人员管理相结合的学生事务工作管理模式,工作人员都是高校学生事务相关专业的毕业生,学生管理经验相当丰富,这些都奠定了美国高校学生事务管理方面高度专业化发展的基础。

在全美教师鉴定标准的基础上,美国学者布莱恩(Bryan)和马伦多尔(Mullendore)提出的专业标准是学生事务方面普遍认同和广泛采纳的,一共有10条:第一,针对学生提出的多种需求制订对应且合适的学习发展计划;第二,培养提高学生事务工作人员自身的专业发展能力;第三,多渠道多种手段获取、分析学生的信息数据;第四,对学习项目的创造性进行发展并强化;第五,积极、及时采纳来自学生、学校教学和管理机构及人员的意见建议;第六,在引导校园社区建设方面要积极,对学生参与各种选举活动给予鼓励;第七,对各种突发事件加强应对,提高政治决策能力;第八,制定合理的经费预算并能打开经费募集渠道;第九,提高学生事务工作人员在不同环境下的学习和适应能力;第十,对学习项目的实施效果及时有效地评估、评价。② 这样明确的专业标准对提高美国高校学生事务人员的整体素养是有利的,也为美国高校学生事务管理的科学化、规范化提供了前提和有利的保障,进而也提高了整个行业的职业声誉。③

③完善的培训体系。以实现学生事务管理队伍的专业化为目的,美国高等教育提供的学生事务管理职前和在职专业培训是比较完备的,在培养方面,针对学生事务的培养方向,开设了博士学位的培养计划。为了给高校学生事务管理培养专门人才,各个州都至少在一所大学里开设高等教育学生行政专业。因为学生事务管理关联很多个学科的领域,美国高校对学生事务人员的专业训练内容安排是丰富到可以说是包罗万象的,涉及了从应用管理理论到一般的社会学常识全部内容。1986年,美国高等教育标准促进委员会(Council for the Advancement of Standards in Higher Education,简

---

① Margaret J.Barr, Mary K.Desler and Associates, *The Handbook of Student Affairs Administration*, Jossey-Bass Publishers, 2000, p.514.

② Margaret J.Barr, Mary K.Desler and Associates: *The Handbook of Student Affairs Administration*, Jossey-Bass Publishers, 2000, pp.624-625.

③ 邢国忠:《美国高校学生事务管理专业概况及其启示》,载《教育发展研究》2007年第7期。

称 CAS)，正式发布了"学生事务专业人员硕士水平培养指导大纲和专业标准"，要申请硕士学位必须完成大约两年的全日制学习，学分要求完成42~48个，专业的硕士课程由专业基础知识、专业知识和督导实习三部分组成。专业基础知识课程学习的主要内容是高等教育和学生事务的历史及哲学原理，具体包括关于形成高等教育学生事务实践基础的历史、文化、伦理、哲学和研究。专业知识课程重点是学习学生事务管理实践的基础知识，本部分的教学计划都要求包含5个相关领域的学习：第一，学生发展理论；第二，学生的特征及大学对学生的影响；第三，个人和团体干预；第四，高校学生事务的组织和管理；第五，学生事务的评价、评估和研究。督导实习课程的安排是专门为那些已经完成了专业实践课程学习的学生所提供的，分实习和实践两个部分，具体内容包括公共关系中的基本知识和技巧、辅导咨询和自我介绍技巧、学生事务专业道德标准和原则。关于实践和实习最低要完成300个学时。[①] 除正规的职前培训外，学生事务管理人员还可以通过其他形式提高自身专业发展的能力。如个人自学、业余的专业团体或项目培训，去学生事务管理部门直接参加业务学习，去专业协会里面学习等；形式上除了传统的正式课程教学以外，一切系统的有组织的非正式教育都予以承认，其他也认可的非正式教育类型还有研讨会、工作坊、午餐会、技能培训等。[②]

美国高等教育还特别重视在职人员的岗位培训和工作研修，学生事务人员在上岗前必须要经过岗前培训，工作后还要接受有组织的定期培训。培训包括日常分散培训和夏季集中培训两种形式。日常培训的对象主要针对新上岗的人员，一般每周一次。集中培训又细分为不同的阶段，不同阶段的人员参加相应阶段的集中培训。培训和进修的内容丰富，形式多样，效果显著。

④丰富的服务内容。为了能让学生获得全方位的服务，美国高校的学生事务管理工作服务的类型众多，内容宽泛，分工明细。辅导员的工作就是帮助学生解决学习领域中遇到的所有问题，涉及入学与注册、入学教育与指导、学术咨询与支持等；职业辅导员的工作就是根据学生的专业学习，

---

① Laura A. CAS: "Professional Standards for Higher for the Advancement of Standards in Higher Education", 2006, pp.34-73.

② Robert A. Schwartz, William A. Bryan: "What Is Professional Development?", *New Direction For Student Services*, 1998, pp.3-13.

结合个性特征、社会交往能力等情况，帮助学生进行个性化的发展辅导，为学生提供诸如职业生涯规划与发展服务、司法与社区服务和领导能力发展服务等；心理辅导员的工作主要是对学生个体或者团体提供心理辅导和咨询服务，帮助学生解决心理方面存在的问题；生活辅导员的工作则是综合应用营养学、医学等方面的专业知识，对学生的日常生活提供咨询与帮助，包括住宿与饮食、体育活动与健康、财政资助服务咨询等。此外，还针对一些特定群体学生，如国际交流学生、残疾学生、少数民族学生、走读学生等提供特别的服务。学生事务管理人员还积极鼓励、支持学生社团，为学生自我教育、自我管理搭建平台，提供辅导。所有的辅导工作都是以学生实际需求为基准，有针对地提供各种实际的服务。

⑤专业的协会组织。专业协会是在美国普遍存在的一种社会团体，在各自的行业发展中都具有非常重要的作用。学生事务专业协会是伴随现代学生事务专业发展而逐渐产生发展的，数量繁多，规范和引导着学生事务管理，促进了美国高校学生事务管理的专业化发展。

20世纪初，随着大学扩招，美国大学学生事务日益繁多，美国学生事务协会随之经历了从无到有，从有到专业化的过程。1910年成立了国际大学社团联合会（ACUI），1910年成立了美国大学招生注册管理人员联合会（ACRAO），1920年成立了美国大学健康联合会（ACHA），1937年成立了美国大学学生指导主任联合会（NODA）。当前，美国高等教育协会（AA-HE）、全美教育咨询会（ACE）、全美咨询服务与发展服务协会（AACD）、国际大学联合协会（ACUI）、全美学校注册与行政官员协会（AACRAO）、全美学校健康工作协会（ACHA）、全美新生指导员协会（NO-DA）、全国人事工作者协会（NAPW）、高等教育标准改善委员会（CAS）等一批专业协会活跃于美国高校学生事务工作领域。其中，美国学生人事工作者协会（NASPA）和美国高校学生人事工作协会（ACPA）作为美国高校学生事务的主要专业协会，最具有代表性。

这些众多的专业协会，都对美国学生事务的专业化起到了推动作用，对学生事务工作标准的规范和发展起到了引导作用。比如美国全国学生人事管理者协会在1990年，制定了并颁布了美国高校学生事务管理专业化的细化标准：（1）专业的服务；（2）学生事务专业化要与学校的发展任务和目标一致；（3）对学校资源有效地进行管理；（4）保持良好的人际关系；（5）协调好各方面的利益冲突；（6）专业发展方面拥有合法合理的自治权；（7）平等对待学校的其他师生员工；（8）积极引导好学生的行为；（9）建立健全信息调查机制；（10）对职业充满自信；（11）提高学生个体情况的调研力度；（12）体现专业水准；（13）有选择地促进专业发展实践；（14）发挥指导、参谋的功效；（15）对工作权限做清晰界定；（16）共同营造良好的大学氛围；（17）促进自身的专业发展；（18）对工作绩效及时进行评估。① 这些行业标准为规范学生事务管理人员的行为提供了标准，也为日常工作实践做出了规范。为了引领学生事务专业化发展方向，学生事务专业协会发表了一系列报告和宣言。如 1937 年美国教育委员会发布了《学生人事工作宣言》；1967 年，来自美国大学职业者协会（AAUP）、美国国家学生协会（USNSA）、美国学生人事工作者协会（NASPA）等作为代表组成审查会起草了《关于学生权利与自由的联合声明》；美国高校学生人事工作协会（ACPA）又在 1972 年推出了专著《未来高等教育中的学生发展：回归学术》；接下来 1987 年，美国学生人事工作者协会（NASPA）出版了《学生事务观察》；1994 年，美国高校学生人事工作协会（ACPA）发表了《学生的学习是当务之急：学生事务的含义》等。这些宣言和报告引导美国高校学生事务管理的发展和实践，共同开启了美国高校学生事务管理"发展学生"的新阶段。

专业协会还为学生事务管理人员提供了良好的发展空间，实现由教师向专业人员的转化，也是学生事务管理人员共同进行学习交流的平台。专业协会一般每年定期举办学术论坛和专题会议，介绍经验，相互学习，以达到共同进步的目的。此外，专业协会还具有监督、听取建议、沟通社会与高等学校之间关系的作用，既是对学生事务发展人员地位的有效巩固，还客观上不断地提高了高等学校的管理服务质量。

经过 100 年来的不懈努力，美国高校学生事务管理已经走向了专业化发展的道路，形成了专业标准、专业服务的内容和专业的理念，并有了自己专业的协会组织，这些都对中国高等教育学生事务发展有很大的借鉴价值。另外，美国高校学生事务管理之所以对许多国家的高等教育发展产生重大影响，既是因为它具有坚实的理论基础，还有非常可靠的实践保障，真正实现了学生事务管理理论与实践的融合。②

---

① 芮鸿岩：《发展学生：美国高校学生事务管理的借鉴》，载《江苏高教》2010 年第 11 期。
② 屈朝霞、齐秀强：《美国高校学生事务管理与我国辅导员制度的改进》，载《教育探索》2008 年第 8 期。

2. 英国高校的学生事务管理

英国高校将学生辅导工作称为"学生事务管理",主题是"以服务促发展",具有明确的高校学生事务两级管理制度。学校设立专门负责学生事务的委员会,主要职责是围绕学生事务的开展和实施向学校校务委员会、学术评议会提出与之有关的建议和决策参考;另一方面,还要负责相关政策与战略的实施。学生事务机构的职能部门设在委员会的下面,为全校学生提供服务。[①]

英国的学生事务工作的主要内容包含辅导(心理咨询、就业指导)、生活服务(宿舍、饮食)、经济补助(补助、奖学金)、校园活动管理(维持纪律、组织学生活动)四方面。实行两级管理的制度,分别是学校校务委员会(Council)和学术评议委员会(Senate),与学生事务有关的委员会对于学校学生事务的发展意见和建议需要向校务委员会和学术评议委员会报告以后,才能代表学校监督政策和战略的实施。

(1) "以学生为本"的管理理念。英国高校始终崇尚人文、科学、学术、自由,强调以学生为中心,所以把"以学生为本""为学生服务"作为学生事务管理制度设计的理念,以"提高学生自我发展和就业能力"为目标,以尊重学生作为开展工作的前提,把了解学生作为出发点。学校及各部门与学生建立一种平等的关系,每个教育者对待学生都像对待独立的成年个体一样。学校的工作就是为学生创造学习的条件,并且提供高质量的服务,同时要求学生都要主动对自己的学习负责。学生事务部门都能深刻认识和理解学生的个性和需求的多样化,也能注重了解学生发展过程中不断变化的多元化要求,再加上深入了解学生的思想和心理特点,这样就能做到"以学生发展的需要来确定工作和服务的形式和内容,进而加强工作的针对性,提高了工作的质量"[②]。

学生事务管理部门能积极主动地倾听学生的声音,广泛搜集学生对工作的意见,并且能从学生的意见中总结、发现学校工作的不足和问题,从而明确急需改进的方面。把学生调查既作为一项制度,也作为制定学校战略和政策的重要依据。[③]学生事务管理的设计以满足学生个体的发展需要为

[①] 侯启海、王建成:《高校辅导员队伍的专业化发展模式比较研究》,载《高校辅导员》2011年第12期。
[②] 吴亚玲:《英国高校学生事务概况及启示》,载《中国高教研究》2005年第5期。
[③] 吴亚玲:《英国高校学生事务概况及启示》,载《中国高教研究》2005年第5期。

基础，强调学生个体的积极性和主动性，注重培养学生的独立性。以个休在校期间的"学业支持"和"就业支持"为工作主线。

牛津大学在1892年就设立就业指导部门。雷丁大学1970年开始心理咨询工作。格林尼治大学的学生事务工作理念是："我们的头等要务必须专注于为学生提供服务。"诺丁汉大学学生支持中心工作理念："以学生为中心"，更好地理解学生，与学生建立合作伙伴关系。"管理"一词很少在英国高校学生事务的部门文件中出现，"服务、支持、指导、帮助"等词汇却是随处可见的，一些学生事务部门甚至就直接以这样的词汇命名。如学习支持中心（Study Support Center），教育发展支持中心（Educational Development and Support Center）等。

（2）实行学院管理模式和导师制。学院管理模式是英国多数大学，特别是著名大学的做法。以剑桥大学、牛津大学、伦敦大学为代表。学院制是英国大学的特点，包括学生事务管理在内的学术事务管理、师资管理、财政与资源管理都在学院。学院管理模式的具体表现就是学生从入学到完成学业主要的管理和指导工作都在学院。学院对学生事务管理主要体现在学生学术事务的管理与指导、食宿管理、奖学金管理等。学生事务的管理者是一批兼职的学院职员——院士、讲师等。他们被以导师、学习指导教师、辅导教师的名义指派给每一名学生。学生事务管理模式和服务范围分为集中管理和分散管理两大类。集中管理模式以莱斯特大学为例，该校设立教育发展支持中心，职责是为学生、教师、未来的学生和毕业生提供发展和支持的服务，中心下设学生学习中心、职业部、残疾学生中心、咨询部、学生医务所、福利部、教学部等7个部门。分散管理模式以诺丁汉大学为例，该校涉及学生事务的部门有学生支持中心、职业发展中心、国际交流处等3个中心，学校学术评议会设有学生事务委员会、职业咨询委员会、平等和多元化委员会。[①]

英国还是世界上最早建立导师制的国家之一，其学生辅导制度由学习指导、心理咨询、就业指导和个人导师制组成，所有的高校几乎都实行导师制。最早出现在剑桥和牛津，该制度形成与学院制的发展和确立有直接关系。20世纪初，英国形成教学由大学负责，学生的个人辅导由学院负责的局面。这样，大学的课堂讲授制、学院的导师制就确立下来。导师的工

---

① 侯启海、庞德英、桑淑钧：《国外及香港地区高校学生事务管理给予我国高校辅导员专业化发展的启示》，载《山东省农业管理干部学院学报》2011年第3期。

作主要有两方面：学生的学业发展和牧师式的关怀。导师基本是兼职的学院教师还有研究生。以剑桥大学为例，每名学生进入就由学院从其院士中指定一名导师和一位学习辅导员。剑桥大学的导师制是一个系统，包含着导师、学习辅导员或监督教师、（课程）辅导教师三个层次的指导系统。剑桥大学的所有本科生都会被安排一位指导他们学习和负责监督的导师。导师主要负责学习上的事务，指导学生制订个人成长计划，有的对学生毕业后的发展道路也给予关怀，提供参考意见。每位导师在一段时间内负责2—3名学生，通过言传身教对学生施行德智并重、循循善诱的指导。这些导师也教授学生课程。本科生会经常与导师见面讨论近期状况，由导师对学生近况做出总体评估，并为参加相关的学位考试做准备。辅导员是导师制的又一组成部分，剑桥的每一位学生都有一位负责他们日常事务以及为他们提供帮助和解答疑难的辅导员。每位辅导员每天都有专门的辅导时间，在这段时间学生提供帮助。学习辅导员还负责为学生指定不同课程的辅导教师，以帮助学生更好地完成课程的学习。辅导教师可以是本院的也可以是其他学院的，甚至是研究生。一名辅导教师一般负责某一特定课程，每周辅导一次，参加人数1—6人，每次时间在1小时左右，具体内容为前一周布置的论文或问题，解决疑问、交换看法，并安排下一次的作业。

　　导师制的核心任务是教会青年独立思考，导师并不是通常意义上的教师，因为传递信息并不是他的工作，导师所做的就是把一小组学生聚拢在一起加以熏染。[①] 在导师制的模式下，英国学生事务"以学生为本"的管理方式，注重了解学生多元化的需求，了解学生的心理特点，以学生的需要来确定服务的内容与形式加强工作的针对性，提高服务质量。

3. 香港高校的学生事务管理

　　香港高校普遍重视学生辅导工作，高校学生事务处都设有专门的专业辅导员队伍，从学生进校开始至毕业，全过程提供心理辅导、职业辅导和发展辅导等各种辅导服务。

　　（1）"全人发展"的学生管理理念。"全人发展"是香港各大学的普遍理念，即把人的全面发展作为教育的终极目标。"全人发展"的教育理念是基于对教育与人的价值关系的一种新的认识而提出的，是在满足社会需要的前提下，充分尊重人的主体价值，把人的全面发展作为教育的终极目标

---

① 〔英〕大卫·帕尔菲曼：《高等教育何以为"高"——牛津导师制教学反思》，北京：北京大学出版社2011年版，第28—39页。

的一种教育思想。包含"德（spiritual）、智（intellectual）、体（physical）、群（social）、美（aesthetic）、事（career）、情（emotional）"七方面的教育内容。德指的是德行的发展，包括价值观、人生观的形成；智指的是智能的发展，包括知识、技能和良好的学习习惯的养成；体即身体的成长，包括良好体能的发展和健康的心理状态的形成；群即社交能力的发展，包括人际交往的能力、沟通的技巧、理解能力等方面素质的养成；美即美艺的发展，提高学生欣赏能力、审美能力和对各种艺术、文化修养活动的积极参与能力；事即事业（或职业）的发展，包括对个人兴趣、能力的判断，对未来职业的规划及获取职业领域信息等；情即情绪的发展，包括如何控制自己情绪、如何感受他人的情绪、自信心的建立及人际关系管理等。七方面得到了发展，人的全面发展就得以实现，人与社会也就实现了共同进步。

"全人发展"与内地常常提的"全面发展"的理念类似，在教育内容和教育方法上围绕"人的全面发展"，通过充分发展个人潜能以培养完整个体。该理念注重自然科学知识与人文精神的协调，注重知识与能力的统一，注重共性与个性的统一，融传授知识、培养能力、提高素质为一体，着眼于受教育者的全面、和谐、可持续发展，注重人才整体素质的全面提高。为了实现"全人发展"的教育目标，香港高校除对学生进行专业培训外，还提供了摄取多方面知识的机会，通过各种途径给学生提供高素质的学生事务工作机会，真正把学生作为教育活动的主体，一切从学生出发，尽最大的可能为学生的自由与全面发展创造有利的条件和环境。① 学生辅导是落实全人发展理念的重要途径，各高校都设有辅导机构由专人负责辅导工作。如香港大学专门设立了大学辅导长这个职位，各校投入的人力物力都比较大，配备现代化的办公场地和办公设备，提供良好的工作环境，辅导人员的学历层次和学术水平都较高，同时要求有较高的道德修养和个人素质。

（2）实施专项服务内容的管理方式。为了实现"全人发展"的教育理念，香港学生事务管理工作内容丰富，学生从入学开始，就通过正规教育与非正规教育强化学生"德、智、体、美、群、事、情"七方面的发展。为了使学生得到全方面的影响与教育，香港学生事务管理人员有明确的责任分工，实施专项的工作服务。以香港大学为例，学生事务管理工作具体

---

① 张红、张行：《"全人发展"育人理念下的香港高校学生工作特点分析及其启示》，载《华北电力大学学报》（社会科学版）2011年第12期。

可分为校园生活服务、职业及就业服务、辅导及心理培训服务、学生发展服务等。从事校园生活服务的学生事务管理人员主要工作是提供学生的食宿，以及对特殊学生如残疾学生、国际生的支持与服务；从事职业及就业服务的学生事务管理人员主要负责刊登招聘信息、举办招聘活动及对毕业生进行职业规划的教育与咨询；从事辅导及心理培训的学生事务管理人员主要负责为学生提供心理健康咨询，激励学生培养积极的人生态度；从事学生发展服务工作的学生事务管理人员的主要职责是校园文化建设，培养学生领导能力、公民意识、创新思维等。可以看出，虽然学生事务管理工作内容繁杂，但其分工明确、各负其责，这有利于全体学生的发展，对学生事务管理工作专业化的发展也是有益的。

在学生事务管理工作的运行中，弱化"管理"概念，凸显"服务"功能，将"为学生提供周详的服务及设施，以帮助学生的成长，发挥其潜能及提高学习能力"作为工作定位。工作内容都是在视学生为教育主体的基础上进行的，通过发挥学生自身主体性，协助其投入正常的生活，并通过不同的活动、援助及辅导，培养学生各方面能力。

4. 其他国家和地区学生事务管理的专业发展简介

（1）日本学生事务的发展。日本高校里面的学生事务管理是由大学自主设置的组织机构承担的，一般叫"学生部"。关于学生部的职能，关西大学学生部部长越智光一认为："学生部就是为了学生的"部"，是专门司职"指导"与"服务"学生的机构。"具体地说，"学生部"是对学生的活动提供咨询服务，帮助和促进学生形成丰富人格，实现学生自主发展的管理组织。在充实学生的学习和生活方面做了很多工作，对学生的援助也在学习、课外活动、健康福利、就业活动等各方面同时进行。日本高校学生事务管理的主要特点是：第一，各高校按照本校的实际情况自行设置学生事务的管理机构，各大学之间的学生事务管理体制和具体的管理事项也基本相似。第二，学生部的工作都必须反映本校教授的意志。日本大学的教授会在学校里面的角色是运营的决策和咨询机构，下设各种委员会，例如学生生活委员会、就业委员会等，这些委员会形成的所有的决议和意见，都对学生部开展学生事务管理的工作思想和原则有主导作用。在具体的工作实践中，学生部扮演着教授们对于学生管理的意志的行政执行者的角色。第三，在职能方面，日本高校的学生事务管理工作也体现出规范与服务并存的局面。学生部一方面在对学生的学习和生活提供服务，同时也强调着教育的作用，比如对学生的校园集会等都通过制定相应的规则与纪律进行限制。与美国英国等高等教育同样发达的国家相比,日本高校的学生事务管理工作是有其特殊性质的。追根溯源,日本高校学生部的组织体制是在20世纪60年代末对抗学生的造反运动中建立起来的,那时候主要的职责是为了规范和管理学生。时代的发展,强化了学生部服务的职能,但仍然存在规范与教育的意图和痕迹,时至今日,日本大学中的学生部与一些学生自治组织之间的冲突还时有发生。

(2)泰国的学生事务管理。[①] 重视以学生为本,把道德教育贯穿于教学过程中,与中国的"教书育人""全员育人"要求类似,是泰国高校学生事务管理的特点。泰国高校一般不设专门的学生事务工作部门,没有专门的思想政治教育体制(即没有专门的工作人员、专门的课程、专门的途径)。因为高校的教师基本都能够主动自觉地在教学过程中承担道德教育的责任,并且能相当重视教学工作,这些都已经成为许多学校的传统,所以渗透在教学中的道德教育作用能够得到良好发挥。思想政治教育工作方面,高校都特别重视公开化与渗透性的统一,即认为学校在向学生宣扬社会的思想政治道德准则时必须做到直接、鲜明,特别重视教师的榜样作用;另一方面他们也非常重视隐蔽教育,认为道德教育的效果只有与学生活动结合起来时才能体现出来,所以在实施教育时强调通过间接、渗透和综合的方式来进行。

这就是在学校教育管理的各方面都融合、贯穿思想政治教育的泰国式高校学生事务管理。学生事务工作的立足点和基础是满足学生成长的需求,在对学校的道德规范"灌输"时奉行尊重学生的道德选择权利的理念,向学生强调作为成人应该具有的自我负责意识。一个基本的观点是"规范学生的行为是学校教育的关键",但这种教育却不企图直接对学生的思想意识进行影响,而是希望通过行为方面的引导来提升学生的思想意识。在这个思路的指引下,学校只负责学生基础的道德文明素质培养,在此基础上培养学生形成健全的品格,让学生学会树立正确的社会政治观念,这样学校就没有了对政治教育的直接责任。也可以理解为学校对学生道德教化的目的在责任形式上的体现只是告知和展示,要提高自身思想道德素质最终途径还是期望在学校引导过后实现学生的自觉,也就是说对最终能否达成思想政治教育的目的这一责任在学生的自身。这样,思想政治教育工作在泰

[①] 张大林、葛文胜:《泰国高校学生事务管理的特点》,载《中国地质教育》2004年第12期。

国高校是以全方位的对学生的指导来实施的,在学生成长的每个阶段和环节都与学生的成长需求相结合,对学生发展中遇到的成长问题,学校方面会提出意见,指导学生内省,使其能健康成长。

泰国高校与中国高校在对学生的育人目的方面的认识和理解基本相同,而学生事务的实现过程和主导思想却大相径庭,这是对教育的根本目的实现途径的不同理解造成的。只考虑尊重学生的个性,完全让学生自己实现自觉,这种方式的效果可想而知,因为它必然会使部分学生游离于学校的教育管理之外。

(3) 德国与法国的学生事务管理。选择介绍德国与法国的学生事务管理是有特殊原因的,这两个国家的高校事务管理体制在高等教育发达的国家里面是很有代表性的一种设置,两国都不在高校内设立专门的学生事务管理机构,而是由校外社会机构承担大学这个方面的职能。与两国的经济社会发展一样,这些机构的社会化程度也是非常高的。这种组织在两个国家的称谓不同,在德国被称为"大学生事务局",法国叫"学生服务中心"。① 高校成立负责联络的办公室,对学生的发展需要和社会机构之间的服务进行沟通和协调。

在德国,大学生事务局分国家和地方两级设置,联邦学生事务局是全国性的主管机构。事务局又分三级管理层次:代表大会、董事会和总经理。② 在法国,全国性的学生服务中心归教育部领导,其主席由教育部长任命,称为"克努斯"(CNOUS)。地方的社会服务中心直接为高校服务,称为"库斯"(CROUS)。职能方面克努斯领导库斯。

德、法两国这种社会化的学生事务管理模式也是优缺点并存,有值得我们借鉴和参考的地方。比如对在校学生来说,用这种社会组织为学生提供发展方面咨询服务,在客观上会加强在校学生与社会的联系,使学生的社会化能力有所增强,会提高学生未来进入社会的适应能力。不足之处是德国、法国的学生事务因为自负盈亏及立身在大学之外,所以反应比较迟钝,很难满足学生的辅导需要。③

---

① 曾准:《发达国家学生工作探析》,载《中国外贸》2008年第5期。
② 侯启海:《国外及香港地区高校学生事务管理给予我国高校辅导员专业化发展的启示》,载《山东省农业管理干部学院学报》2011年第3期。
③ 朱炜:《发达国家高校学生事务管理比较及其启示》,载《黑龙江高教研究》2003年第11期。

（4）台湾地区学生事务管理的发展。我国台湾地区的高校都在校级层面设立学生事务处，作为学生事务管理的执行部门，全面负责学生除学业和课堂以外的全部发展事务。在学生事务处的内部根据工作内容的不同需要，再设立若干子部门，这些子部门作为相对独立的分支机构直接面向学生开展教育管理和咨询服务工作。台湾地区高校的学生事务工作内容综合——囊括一切非学术事务。以台湾新竹的"清华大学"为例，学校的学生事务处共设有8个分支机构，分别是：综合教学组、生活辅导组、卫生保健组、课外活动指导组、体育室、咨商中心、住宿组等，从这些子部门的设置就能看出其细化了高校学生事务管理工作的全部内容。

台湾地区高校学生事务管理的最大特征是保存了"戒严令"期间设立的教官体制，对学生保护并负责军事训练、品行管理和党务工作。20世纪80年代以后，在"通识教育"理念的支配下，学生事务工作大量通过非正式课程和丰富的课外实践活动引导学生理解生活的意义与价值。另外各高校学生事务工作队伍的专业化程度都很高，在人员数量上也要更多。我们还是以"清华大学"为例，组成该校学生事务处的8个子部门共有专、兼职工作人员百余人。其中仅生活辅导组就有15人，具体组成有主任1人，7名军训教官、6位辅导老师和部门助理1人。专业性方面，以咨商中心为例，组成咨询的辅导教师中，7位专任辅导师资，9位兼任辅导师资，再加上兼任的2名精神科医师和2名实习辅导师资，这个部门的20人都是台湾地区或国外著名大学硕士或博士，而且都具有专业的资格证书。这些从业人员不但专业化，而且职业和在专业领域的研究方面也都是稳定的。

（二）国（境）外高校学生事务管理的共性特征及启示

选择以上国家和地区的学生事务作为案例，不是要与中国的辅导员事务进行比较，而是选择它们发展中分别具有的特色，再找出共性特征，作为我们的借鉴。选择美国作为案例是因为世界的学生事务专业化发展以它为最，可供我们研究和借鉴的也最多。选择英国和中国香港是因为那里以"全人教育"为理念强调学生事务服务职能，通过导师的形式，完成高校的学生事务，是中国辅导员向导师化方向发展的学习模本。日本高校学生事务的代表部门——"学生部"是为了对抗学生运动而诞生的，在高度发达的高等教育环境下迅速实现了专业化。台湾地区高校的学生事务管理色彩最浓重，很好地保留了"戒严令"期间的教官制度，与现代高等教育专业化的融合度非常高。台湾高校的学生事务告诉我们，管理也是辅导员专业发展的一个指向。德国和法国的学生事务是在社会化程度非常高的前提下实行的,完全社会化的学生事务管理给了我们很多借鉴。用泰国的学生事务作为案例支持本研究有其特别的意义,泰国高校是最强调学生的思想工作的,但是他们没有在高校里面设置类似我们的辅导员制度,也没有专门的工作人员,而是通过任课教师在学生自觉的前提下来实现其思想工作的任务。其结果是使一部分学生游离于学校的管理制度之外,这是我们要认真思考的。总的来说,学生事务因在各国的教育管理制度、高校办学模式及民族文化性格等方面差异的存在而有所不同,但共性特征也是明显的,深入分析他们的共同之处,学习和借鉴先进经验,对中国高校辅导员制度的发展和完善是非常有利的。通过以上境内外高等学校学生事务管理专业化发展特点的分析,我们可以看出,存在着某些共性特征。

1. 国(境)外学生事务管理的共性特征

(1)"全程、全面、全员"重视高校学生辅导工作。人才培养是世界各个国家兴办大学的根本目的,也是大学存在的本质。围绕这一共同目的,必然要求设计一系列面向学生的教育、管理、引导、服务的组织机构,并配套相应的办学工作机制,共同构成了系统的学生辅导工作体系。现代世界的高等教育的整体环境快速发展,生源不断地大众化、多元化,带来高校学生管理一系列问题的复杂化,学生事务管理模式需要主动去适应这些新形势的变化。重视学生的全面发展、面向未来,已经成为当今高校人才培养的一个使命,在不断变化的高等教育形势下,境内外高校形成了普遍重视高校学生辅导工作的理念。在此理念的支撑下,管理模式也相应地采取了面向全体学生,全面开展辅导工作的措施。理念指导着实践,科学的工作理念必然会引领管理实践走向科学发展的道路。"关注教师专业发展理念,是教师专业发展走在世界前列的美、英、日等国的共同特点。"[①] "发展"是基本任务、工作目标,也是高校学生事务发展的主题。美国高校把"发展学生"作为学生事务工作的任务和目标,这是在引领学生发展的理念的指导下促成的,相似的是,英国将"以服务促发展"作为高校学生事务的主题,香港高校也把"全人发展"作为开展学生辅导工作的理念。

各国(地区)对学生事务管理工作的重视不仅体现在形成科学的工作理念上,还体现在具体的管理过程中。各高等教育部门不仅出台了一系列的管理法案,以提高学生事务管理工作的地位和重要性,还通过多种形式

---

① 单中惠:《教师专业发展的国际比较》,北京:教育科学出版社2010年版,第3页。

巩固学生事务管理人员的社会地位,使学生事务管理岗位成为社会上人人趋之若鹜的热门职业。在美国,高校的学生事务管理队伍逐步壮大,并成为美国令人羡慕的职业之一。[①] 社会地位的提高,使学生事务管理工作吸引了大批高素质、高水平的工作人员,这就为学生事务管理工作在发展上奠定了一个良好的基础。为了保障学生事务管理工作逐步走向规范化、专业化的轨道,境内外高校的学生事务管理部门都纷纷根据本地学生特点,制定切实可行的保障制度,如美国的专业协会组织,英国的导师制,香港的"全人教育"体系都独具特色。此外,各高校还通过培养专业化、选聘规范化、培训多样化等依托,保证了学生事务管理人员的质量和水平。

(2) 建立"专业、专职、专项"的辅导员工作队伍。建立"专业、专职、专项"的辅导员工作队伍是各地高校学生事务专业化发展过程中的另一个特点。专业,首先是指有严格的入职要求,在专业学科包括教育学、心理学、管理学等训练以后,获得心理辅导咨询、职业规划指导、学生事务管理服务实践、学生发展等方面的硕士或者博士学位,最后再通过各学科对应的辅导员职业协会的职业考试。专业的学生事务管理已经成为一种职业取向,在入职前和入职后还要接受专业的培训,学生事务人员的专业性能够得到保证。

所谓专职和专项,就是指这些国家和地区学生事务管理工作在分工方面明确精细,具有专项的工作内容。这些问题在前面都已经详细介绍过了,这里不再赘述。从工作分工来看,基本上涉及生活、就业、心理、学习、发展等几方面。以美国南加州大学为例,其学生事务管理部门共有52个、各部门有专职学生事务工作人员500多个,还有几个、几百人不等的勤工助学学生。这些工作分工细致、专职队伍庞大的事务人员,不但表明高科技背景下美国对高等教育现代化硬件设施的投入,还表明其实施的人性化的管理和服务理念,以及为学生提供充足的活动空间都是以满足学生需求为宗旨的,这些都是精细分工的表征。学生有愉快生活、安心学习、施展才智、实现价值的环境,就能更好地获得学业成功。这是人本理念在实践中得到的具体诠释,也折射出各高校学生事务以学生需求为向度的基本职业态度。

(3) 从"管理、发展、服务"定位学生辅导工作的内涵。高校学生工

---

① 贾卫东、刘颖:《美国高校学生事务管理队伍对我国辅导员专业化建设的启示》,载《河北理工大学学报(社会科学版)》2011年第3期。

作的终极目标是使每个学生都获得全面发展，以达到实现自我与社会的和谐统一。学生事务管理重点应放在哪里？境内外各高校学生事务管理的成功经验表明，学生事务管理工作的重心是"服务"，学生全面的发展是通过高质量的专业的服务获得的。尽管各国高校对学生辅导工作理念的提法不尽相同，但可以看出，"以学生为本，以服务促发展"是高校学生事务工作者的共识。

学生事务辅导工作不仅直接促进学生学习和发展，还直接服务于高等教育。在以学生为本的理念指导下，学生辅导工作内涵相当丰富，思想引导是基础，学习学业指导、心理咨询辅导、职业发展辅导等多方面都涵盖其中。美国学生事务可以粗略地概括为"学生服务"和"学生发展"两个组成部分。"学生服务"主要包括学业服务、学习支持、生活资助等，"学生发展"主要包括社团项目、竞选活动、志愿者活动等。"学生服务"与"学生发展"相结合，体现学生成长的需要。英国学生事务工作主要体现在辅导（心理咨询、就业指导）、生活服务（宿舍、饮食）、经济补助（补助、奖学金）、校园活动管理（维持纪律、组织学生活动）四方面。香港地区学生事务工作则主要体现在"全人教育"理念中，涉及校园生活服务、职业及就业服务、辅导及心理咨询服务等方面。日本、泰国、德国、法国等学生事务也都处处体现着全面发展、服务至上的原则。丰富的工作内涵确保了学生事务工作的全面实施，成为大学组织系统中重要的组成部分。

（4）普遍采取"课程、活动、辅导"相结合的工作模式。思想引导一直是高校辅导员工作的重要内容，20世纪90年代以来，学者们提出了"道德教育回归生活"的道德教育理念，隐性教育成为西方国家实施德育教育的重要方式。大学不设专门的德育课程，而是通过公民教育、文化传统、宗教学习等通识课程以及丰富多彩的社会实践活动来进行。在开展活动的过程中锻炼学生能力，延伸课堂教育，实现课内教育与课外活动共同渗透，形成隐性的教育合力。

提供个性化服务，培养学生健全的人格是各高校学生事务管理中的重要内容。健全的人格是指以个体性发展为前提的个体性与群体性的结合，表现为个体性格中知、情、意、行等诸方面的平衡。在认知方面，能主动观察与思考、敢于探索，具有正确的人生观和世界观；在情感方面，具有较强的理智感、道德感及其他高尚的情操；在意志行为方面，具有高尚的社会规范和自我调控能力及耐挫能力。各高校都为学生提供了全方位的服务和指导，还特别重视心理咨询工作，其共同目的都是为了使学生形成健全的人格。如美国各高校都设有学生健康与心理咨询辅导的专门机构，这些机构持有相关行业协会颁发的资质证书和执照。以美国富乐敦大学为例，该校设立专门心理咨询辅导中心，每年接待学生约 1250 人次。该中心有包括主任在内的 13 位咨询师，此外，还有若干助理和从事相关工作的工读学生。心理咨询中心的全部工作就是为学生提供心理测试，进行心理咨询，开展一对一辅导、团体辅导等服务，同时也开展一些学生活动项目，具体有到课堂或宿舍开展大学生活适应、文化适应、压力释放等方面的教育活动。香港地区高校也重视从心理咨询入手，为学生开展服务。辅导员通过个别辅导、小组工作、咨询指导、外展活动等，兼顾学生个性与共性的统一，实现学生个体的最优发展。

隐性的思想政治道德课程教育、丰富的课外文化活动，专业人员直接面向学生的扁平化服务，再加上这三者不同程度的结合，构成了国（境）外学生辅导工作的完整方式。

2. 国（境）外高校学生辅导制度给我们的启示

高校辅导员的发展从专业的角度来说是一个目标，又是一个过程，是依托专门机构及终身专业训练体系，对辅导员进行科学的管理和培养，使他们掌握高校德育工作的基本知识和技能，全面有效地履行职责的过程。从目标视角而言，高校辅导员队伍专业化是要把辅导员培养成为具有一定专业技能的工作者；从过程的视角而言，是指依托现实中一定专业，培养高校辅导员队伍有能力做到针对性地从事大学学生事务管理工作的过程。分析国（境）外高校成熟的学生事务工作发展道路，比较完整的学生辅导工作方式，能综合高校学生工作发展的规律性，为中国辅导员的发展提供了诸多启示。

（1）学生事务管理工作是大学组织管理系统的重要组成部分。国（境）外高校 100 多年的学生事务工作发展历程诠释了现代学生事务管理工作与高校肩负的学术使命是一样的，都是大学组织管理系统的重要组成部分，共同为学生人格完善和学业进步做出努力。比较中美辅导员的发展我们可以看到，在辅导员制度产生机制方面两者是完全不同的，美国的学生事务在高等教育的发展对学生发展的辅导要求不断提升的情况下诞生的，从机制上说是内生的；中国的辅导员制度是高校为了实现思想政治教育的目标而单独设立的，是外发的。但无论是从人本的角度，还是从全面发展的要求，中美高校所担负的使命都具有相同的趋势。

尽管国情不同，校情多样，但学生事务管理在高校管理中的地位是不可撼动的。至今国内仍然有一种认为学生工作在中国高等教育领域里可有可无的观点，甚至有人还主观臆断说西方大学是没有学生管理人员的。的确，从称谓上，国（境）外高校里面是没有辅导员的。事实上，在学生事务管理一直就是不可或缺的美国高等教育里，高校学生事务也一直在经受着人们对它在高等教育地位的种种争议，从其诞生的那一天起就没间断过，甚至一度有人主张将其废除。在这样的背景下，遵照高等教育发展的规律，美国高校的学生事务管理愈挫愈勇，走上了专业化的发展道路，人们也不再质疑了。现在，中国高等教育大众化后也逐渐显现出来一些学生管理和发展方面的问题，这些问题于国（境）外高等教育发展的过程也是共性的。国（境）外成功的发展经验告诉我们育人为本、德育为先的学生辅导工作在人才培养中的地位非常重要。坚持辅导员的发展为本，建立一支职业化、专业化的辅导员发展队伍才能跟上学生事务管理的步伐，实现辅导员队伍从客观外在的形式到实质内生需要的规范化、科学化、人本化。但需要特别指出的是，我们可以借鉴包括美国在内的这些国（境）外高校学生事务管理经验，而不能过于美化、神化它们，因为这是教育的共同规律。同样以美国高校为例，客观上的暴力、吸毒等问题在高校的存在也从一个侧面反映了美国高校学生事务管理发展中存在的严重问题。我们要遵照教育规律，客观评价中国高校辅导员的发展现状，充分借鉴国（境）外的成熟经验，坚定中国高校辅导员走专业化发展道路的信心。[①]

（2）辅导员发展要经历从无到有、从非专业到专业的过程。纵观国（境）外高校学生事务管理发展历程，学生管理人员的制度发展都经历了非专业到专业、非职业到职业的历程。辅导员发展是一个漫长的过程，与国（境）外高校相比，中国高校学生辅导工作历来具备显著的政治优势和优越的体制保障。对学生工作制度方面，政府向来有统一指令性文件的支持，并对任务、要求有明确的规定。尽管与国（境）外的学生辅导工作人员发展很高的专业性相比，中国高校辅导员的发展尚在起步阶段，专业化程度低，职业稳定性差，还没有形成系统的科学的培养、选拔和培训体系，但国外的成功经验告诉我们，坚持走辅导员职业化、专业化发展的道路，不仅符合学生发展的需要，也符合教育发展基本规律，符合世界潮流。

（3）专业的学科背景和明确的分工是辅导员发展的前提条件。国（境）

[①] 邢国忠：《美国高校学生事务管理专业概况及其启示》，载《教育发展研究》2007年第7期。

外学生事务管理人员不仅学科背景是专业的,接受的训练也是专业的,而且在专业分工上也细致明确,涉及生活、心理、就业、学习等多方面。

近些年,中国也开始了对辅导员培养、培训机制和岗位管理上进行专业分工的探索。一些高校已经尝试建立专业的辅导员培养体系,还有少数高校对辅导员进行了分工,设立了考研辅导员、职业规划辅导员、公寓管理辅导员、创新创业教育辅导员等,在辅导员专业分工上做了初步的尝试。但从总体上来看,目前中国高校辅导员普遍缺乏专业的学科背景,专业分工不够细致且缺少科学依据,这也是当前辅导员职业化、专业化发展的掣肘。因此,在相当长的一段时间里,充实辅导员的专业学科背景,实施专业化的分工、职业化的管理还将是中国辅导员发展的重要内容。

(4) 准确把握国(境)外高校学生事务管理的基本内涵。"学生事务管理"是个典型的外来词汇,学者方巍把它的概念界定为:"学生事务,指的是学生的非学术性活动或课外活动","学生事务工作,指的是学生课外的一切活动及其管理"。[1] 蔡国春的研究把学生事务界定为高校在"非学术性事物"和"课外活动"方面对学生施加教育影响,以此促进学生成长成才。[2] 基于对上述概念的界定和对各国学生管理事务案例的介绍,我们可以看出从无论是从学生工作的对象、辅导员职业的性质,还是从具体的管理服务内容来看,国(境)外的学生事务管理工作的职能与中国高校辅导员的工作任务都是类似的。

但是在实践中,不论是中国高校的学生工作还是美国高校的学生事务管理,两者在一定程度上还都归于思想文化的范畴。我们知道,思想文化与纯粹的经济和科技发展是不同的,它存在民族、价值观等方面的差异性,我们可以借鉴国(境)外的经验,但绝对不可以完全去复制或者照搬。中国高等教育的发展历史,任何模式的照搬或复制都是行不通的。美国的学生事务也不是没有思想工作,一样也要承担学生品格方面教育的任务。如2006年3月,美国全国学生人事管理者协会(National Association of Student Personnel Administrators,简称NASPA)年度会议上特邀的大会主题发言人就是美国前国务卿赖斯,这是西方高校学生事务人员承载着国家意识的教育任务的例证。国内有学者曾经提出用美国高校的学生事务管理模式完全

---

[1] 方巍:《美国高校学生事务工作与启示》,载《高教与经济》1994年第4期。
[2] 蔡国春:《美国高等学校学生事务管理模式之嬗变》,载《吉林教学科学》(高校研究)2000年第1期。

取代中国目前运行的的高校学生工作的主张，事实上也是不合适的，是对西方高等教育管理认识的不足。美国的学生事务管理并不是"纯粹管理"，与政治也是有很多瓜葛的，但是它们能使用更加专业的方式进行意识形态内容方面的教育，而且成效显著。这些都应该成为中国高校辅导员发展专业化方面的重要借鉴，学生工作要承担基本的日常管理职责是基础，还应该在扮演好教育者的角色问题上理直气壮。辅导员要有积极开放的心态和创新的意识，敢于直接面对问题，与时俱进，把握住高等教育发展的趋势。高校学生事务管理不是需要我们再争论去留的问题，也不是实行专业化发展的必要性问题，而是发展和怎么更好地进行发展的问题。

此外，国外的专业协会组织及导师制也给我们当前辅导员发展提供了重要启示。辅导员发展的概念包括个人也包括队伍整体的发展，我们还可以学习借鉴国（境）外高校的专业协会。专业协会的建立，既可以制定和推行大学学生事务管理工作的专业标准，使学生事务管理人员的整体专业性得到保证，还能为学生事务管理人员提供进行沟通、交流和发展的平台。专业协会还可以为学生事务管理队伍确立稳定而不可动摇的地位，让学生事务管理工作在原有的服务体系基础上取得进一步的发展，并为理解高等教育的目的性提供了一个新的视角。同时，专业协会还起到了监督、管理的作用，对高校学生事务管理人员的职业道德和职业水准给予监督，使学生事务管理工作的质量能得到很好的保证。其他方面例如英国和香港地区的学生事务以导师制度为标志，在"全人"教育的理念和广袤的专业基础上开始工作。这方面，中国辅导员队伍要完全具备导师的专业能力目前来看还不现实，我们可以发挥组织的强大优势，从高校的层面入手，发动全体专业教师的力量，逐渐实现本科教育全员导师制。

从职业的角度来说，中国的辅导员工作目前仍处于高校学生教育管理中的一个阶段性岗位向终身职业选择的过渡时期，因为辅导员的专业发展需要综合全面地考量教育、经济、社会、文化等因素，在此基础上充分尊重和学习他国成熟经验，取其精华，有助于实现中国辅导员队伍又好又快的发展。

第二部分

作为发展的辅导员

前文已经论述了辅导员的专业发展，包含辅导员的专业和辅导员的发展。然而作为发展的辅导员，在现实工作中存在着诸多困境，需要我们认真思考。研究表明，应用科学的发展路径指引，在充足的物质资源和规范的体制机制保障和依托下，首先让辅导员作为一个专业，然后再实现辅导员的发展。

发展贯穿辅导员的生涯，作为基础理论的教师生涯理论在专业领域有**两个研究取向**：一个是横向的角度研究专业能力和知识等各方面的特征和发展状况；一个是纵向角度研究教师专业发展的过程。这个过程的阶段划分和各阶段特征——教师生涯发展理论研究，是指教师的职业素质、能力、成就和职称等发生的变化过程及其相应的心理体验和心理发展路程。生涯发展二段理论与实践研究，是一种以探讨教师在历经职前、入职、在职及离职的整个职业生涯过程中以阶段性发展规律为宗旨的理论。20世纪50年代中后期，富勒（Fuller）发现职前教师的关注内容出现明显的阶段性特征，继而他进行了大量的访谈，形成了"教师关注问卷"。发现教师经历了教学前关注、早期的生存关注、关注教学情境和关注学生等阶段。教师们关注的焦点从关注自我到关注教学，最后到他们可能产生的影响，即对学生的关注。这一研究开创了教师生涯发展阶段研究的先河。这个时期的研究主要呈现两种发展路径：一条是按照教师专业成熟的路径进行研究；另一条是按照时间路径，即按照教师自然年龄或者教学年龄为依据进行的研究。70年代，教师生涯发展理论的研究者首先以专业成熟为依据进行研究，如格里高瑞克（Gregorc）认为教师生涯发展分为形成期、成长期、成熟期和专业全能期。麦克唐纳（Mcdonald）则认为教师生涯发展应分为转换阶段、探索阶段、发明试验阶段和专业的教学阶段。这些研究以教师的专业成熟为依据，为区分教师发展阶段提供了有价值的见解。但把成熟教师都混为一谈，没有做进一步的区分。这些研究的共同特点是只是从一个维度（专业成熟路径或时间路径）看教师生涯发展，教师生涯发展成为一个静态的规律的过程。这与教师生涯发展的实际情况并不相符。费勒斯（Fessler）等在80年代开始关注教师生涯发展受外部因素的影响，而之前按照一维线性思路的研究者也开始逐步细化自己的研究，同时会考虑教师的自然年龄，以及可能遇到的问题。冯克（Vonk）细化专业成熟的各个阶段。休伯曼（Huberman）在对女教师研究中发现，教师生涯进入教学稳定期时，会出现试验或多样化和经验总结或整合两种发展方向，沿着不同的发展取向，教师生涯发展成为一个复杂多变的过程。费勒斯等人，以社会系统论为理论依据，建立了教师生涯发展模型。他们认为教师生涯发展受到个体环境和组织环境的影响，而变成了一个动态的过程。这个动态特征体现为教师在应对来自个人环境和组织环境影响的过程中，其生涯发展会在各个阶段来回转换。休伯曼生涯周期五阶段论揭示了只要不同教龄的教师心理发展水平接近，仍可能达到相同的专业发展水平。这个理论依据专业能力与表现，对专业问题探索进行划分：生涯进入期、稳定期、试验与再评估期、平淡与保守主义期、清闲期；这个生涯发展模型突破了一维线性思考方式，生涯不再是静止的，而是复杂多变的过程。教师生涯发展理论建立在诸多学科理论基础之上，发展心理学关于生命发展全程观的讨论和马斯洛的自我实现理论为教师生涯发展理论提供了心理学基础，盖茨尔斯（J. W. Getzels）和古博（Cooper）的社会系统论则为解释个人在一个社会系统中的行为与角色和人格之间提供了新的视角。较早关注教师个体能动性而研究教师生涯发展的研究者是人文心理学派的斯蒂菲（Steffy）。斯蒂菲结合梅齐罗（J. Mezirow）的转化学习理论，认为教师生涯发展中，教师要批判反思实践、重新定义假设和信念并强化自我价值，这样就会不断发展，出现一直正向的发展。对教师生涯发展的研究从一维线性到多维动态，再到关注个体能动性的研究，逐步丰富并符合教师生涯实际状况。

  中国现有的高校管理实践和境内外学生事务管理成功范例表明，高校里的每一项以育人为中心的行动，目的都指向于打造一支有专业素质和专业能力的辅导员教师队伍。

  前提是要解决辅导员的发展问题。辅导员的发展路径指引是以学生的发展需要为前提，未来的辅导员队伍的发展会随着辅导员专业化的深入而不断进行更为细致的专业分工，现有的以行政管理为基础的辅导员制度最终会退出历史的舞台，发展成为一支专业化的学生事务管理队伍。一个转型为专业化教师的队伍，自身分工明细，每个人都有着不同的研究方向，在不同的专业领域里的不同层面做着与学生发展需求有关的工作，成为完全意义上的"辅导员"。

  发展阶段的辅导员首先要在工作分析的基础上明确角色定位，在培养阶段，参考世界发达国家高校学生事务管理的培养机制，"高起点"建设专业学制，在教育学的学科门类下设立专门的起点为硕士的高等教育学（学生事务管理）专业，通过硕士阶段的专业培养成为稳定的高校辅导员供给来源。在行动保障方面先建立专业标准，因为专业标准是辅导员专业培养的依据，是发展的保证。辅导员专业标准是外部的规范和要求，也为辅导员寻求内在价值的实现提供目标。专业标准以外，要建立辅导员发展相关的保障制度。主要包括：完善"双重领导"的领导体制；落实"双重身份"的管理体制机制建设保障，建立科学的选聘和培养机制；规范的考评、激励机制，落实长效的培训机制。

辅导员发展是一个持续化、终身化的发展过程，既要与瞬息万变的时势相适应，又要与学生发展相吻合，辅导员不断发展进步、提高需要专业培养的依托，也需要培训体系的行动跟进。建立长效培训机制的路径是通过组织建设保障规范和引领学生事务工作走向专业化，进而打造辅导员发展的平台，沟通政府、社会与高校，为辅导员的发展提供物质资源建设保障。

辅导员的专业发展，无论是从专业的角度论说理论基础和实践依据，还是从发展的层面解读路径指引和行动保障，都是以促进辅导员的发展为鹄的，进而让他们为大学生提供高品质的教育。

第五章　发展阶段的角色与分析

根据学生的发展需要，未来的辅导员队伍的发展会随着辅导员专业化的深入而不断进行更为细致的专业分工，现有的以行政管理为基础的辅导员制度最终会退出历史的舞台，发展成为专业化的学生事务管理队伍。一个转型为专业化的队伍，自身分工明细，每个人都有着不同的研究方向，在不同的专业领域里的不同层面做着与学生发展需求有关的工作，成为完全意义上的为了学生发展的"辅导员"。学生事务管理也发展成为未来大学的又一个专业的领域，从专业的角度对学生的发展发挥着大学对学生各个方面教育的应有的功用。

教育既要继承，也要创新。高校辅导员的发展问题已成为中国当前高等教育改革的一个重要取向，需要国家政策、高等学校和辅导员队伍之间的有效配合与协调。要切实解决中国高校辅导员专业发展的核心问题，关键在于辅导员自身素质与能力的专业化，以及建立科学规范的辅导员发展制度。两者协调发展，并行构建，形成中国高校辅导员发展的全新体系，真正实现辅导员职业化、专家化的发展。高校一直在积极探索人事制度管理的改革，以适应高等教育发展和改革的要求。对辅导员的管理也是大学人力资源管理的一个重要组成部分，本章用人力资源的工作分析法对高校辅导员的素质和能力结构进行分析，对其招募与甄选、考核与评价、管理与培训等进行借鉴，并作为后文将要提出的专业化培养和培训方案的依据。

一、辅导员职业的角色定位分析

根据国外学者雷德（Red）和华登堡（Hadonbell）的观点，教师要至少担任10种育人角色：（1）社会代表。培养学生道德观念，并为学生树立榜样。（2）知识的传授者和能力的培养者。（3）法官与裁判。对学生之间行为冲突的是非判断。（4）辅导者与咨询者。包括对学生学业、生活和就业等方面的辅导和咨询。（5）侦探。调查学生的良好行为与犯规行为。

(6)认同的对象。以教师的人格感染学生,起到潜移默化的效果。(7)父母替身。给予学生父爱与母爱。(8)团体的领导者。领导学生参加校内外各种活动。(9)朋友。帮助学生解决困难问题。(10)感情倾诉的对象。[①]

辅导员具有教师和行政人员的双重身份,是国家文件的明确规定。在现实中,辅导员的工作除了可以笼统地概括为"教育者""领导者"和"管理者"等身份以外,又在具体工作中扮演着多种角色。1996年,美国教学与未来全国委员会发表的报告《什么最重要:为美国未来而教》提出这样的观点:"教师知道什么事能够做,什么在学生能学到什么方面具有至关重要的影响。"[②] 可见,辅导员的不同角色定位对学生发展具有重要意义。一个职位的角色总是与这个职位基本的素质要求联系在一起,对辅导员的素质问题调查中,排在前三位的分别是思想品德素质(占84.6%)、管理素质(占81.7%)、专业素质(占77.7%)。思想品德和管理对应的角色不难理解,专业素质问题经过进一步的调查分析和实践中的了解发现,对学生的职业规划和心理辅导是对辅导员最专业的要求。以此为基础,下文对辅导员的角色定位做了几个方面的分析。如图5.1所示:

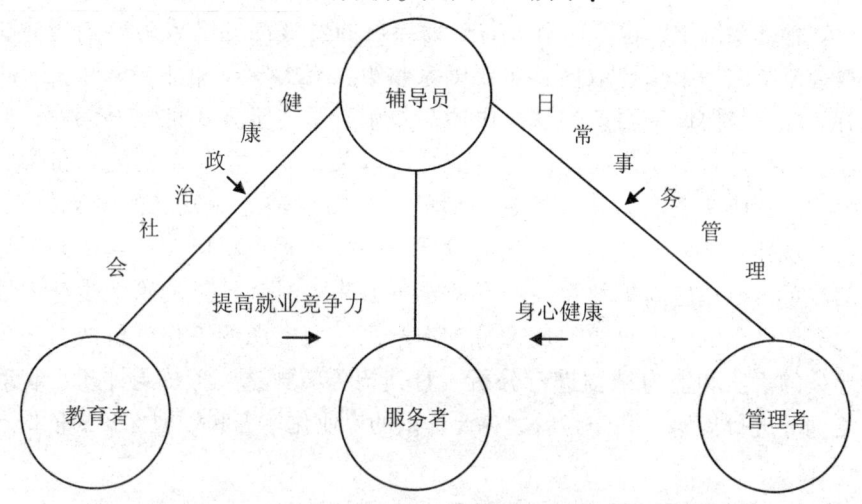

图5.1 辅导员角色分析示意图

[①] 张志泉:《论教师专业发展的反思性道路》,华东师范大学博士论文,2011年。
[②] National Commission on Teaching and America's Furture:"What Matters Most: Teaching for America's Future", Septemper 1996.

(一) 学生健康政治社会化的塑造者

政治社会化是学生发展的重要组成部分,其核心是对现实社会政治制度和意识形态的认同。高校在促进学生的发展上赋予辅导员的角色很多,最重要的角色是思想政治工作者。邓小平说过:"清华大学的经验(指双肩挑的辅导员工作)应当引起全国注意。又红又专,那个红是绝对不能丢的。"①"专"的概念对大学生的培养来说没有过变化。而"红"的意义在不同的历史时期解释会有所不同。综合来看,让学生对现实社会政治制度和意识形态认同,具有与社会发展进步一致的正相关能量,是"红"字在高校对学生培养要求的普遍定义。在《普通高等学校辅导员队伍建设规定》"24号令"里面规定高校辅导员的任务是帮助学生树立正确的观念和远大理想并坚定信念。学校中的第一课堂要完成基本的专业和思想理论课程教学,第二课堂则要完成"培养正确的良好的政治态度,道德意志、信念、最大限度地全面发展学生的个性,以便有目标有计划地造就能够为社会的持续发展和人类生活的进步做出贡献的人"②。两个课堂分别从理论和实践的角度对学生进行思想政治教育,二者在教育过程中是贯通的,教育内容是互相结合的。辅导员的教师身份,传统意义上即指思想政治教育的教师。但在当前体制下,辅导员作为教师与完全意义上的理论思政教师还不一样,工作地点在第二课堂。

大学生作为发展中的人,无论是对社会的认知、情感,还是自我意识,都处于迅速走向成熟而又未完全成熟的过渡时期,其人格发展有很大的可塑性。教育的最重要使命在于人格发展。③ 辅导员的角色是实现把学生思想品德从"知"到"行"的过程转化,以实践活动为载体,将思想理论课承接到日常思想政治教育行动当中。辅导员要做好这个角色,要在平时的学习和工作中学会并应用思想政治教育的方法,遵循马克思主义的发展性原则,教育对象的针对性原则,坚持科学性与方向性结合,理论与实际结合,发现问题与解决问题结合,特别注重网络时代思想政治教育的实效性,使大学生的素质得到全面提升,健康、顺利地实现政治社会化。

---

① 《邓小平文选(1975—1982年)》,北京:人民出版社2011年版,第254页。
② 〔日〕佐藤正夫:《教学原理》,钟启泉译,北京:教育科学出版社2001年版,第447页。
③ 赵文华:《高等教育系统论》,南宁,广西师范大学出版社2001年版,第153页。

具体到实践操作层面，辅导员在这方面的角色是全面性的，可以说是全面覆盖学生的学习、工作和生活，内容上包括党团班社团等集体建设、学风、学术科技、文体活动等专项教育活动。时空上从入学教育到毕业教育、从集体到个人、从心理健康、经济困难具体个案实例到网络虚拟网络平台……辅导员都要扮演塑造学生成人的"指导教师"和"辅导员"等角色。

"16号文件"等明确指出思想政治工作者必须依据"坚持学习科学文化与加强思想修养的统一、坚持学习书本知识与投身社会实践的统一、坚持实现自身价值与服务祖国人民的统一、坚持树立远大理想与进行艰苦奋斗的统一"的原则，建设一支政治素养和思想作风好、理论功底扎实、学历层次较高、勇于开拓创新、具有较强组织管理能力、善于联系实际、结构合理的大学生思想政治工作队伍。

对应这个角色的分析，我们会发现，辅导员的思想政治素质在辅导员发展中具有最重要的地位。柏拉图说："混淆善恶、美丑的罪过要比失手杀人的罪过还要大。"① 提高辅导员的思想政治素质，是要辅导员作为学生健康政治社会化的塑造者，以马列主义毛泽东思想科学发展观为基础，明确使命，有献身本职教育的信念，有科学的教育观、学生观、质量观，牢固树立正确的世界观、人生观。树立正确的职业理想，以培育优秀人才推动社会进步为己任，志存高远，爱岗敬业，把本职工作与祖国的未来命运紧密相连。遵守法律法规，遵循教育规律，推动教育创新。以人为本全面实施素质教育，遵守职业道德规范，以身作则，求真务实，潜心研究，实事求是，以自己良好的思想和道德风尚去影响和培养大学生。

在教育过程中，辅导员的道德认知是大学生践行道德要求形成道德品质的前提，认知能力体现在对多元价值选择的判断分析和评价的能力。在具体的教育情境中，不断反思积累提升自己的道德认知能力，不断积累教育智慧、深入思考。从言教到身教，使抽象的道德规范转化为现实的行为榜样，学为人师、行为示范。学习张伯苓禁止学生吸烟，率先垂范，当众折断自己烟竿，终生未再吸烟。这是在学生行为指导中树立榜样的作用。榜样的作用是深刻的，夸美纽斯说："没有什么事情能够像榜样这样能够温

---

① 〔古希腊〕柏拉图：《理想国》，郭斌和、张竹明译，北京，商务印书馆2009年版，第181页。

和地而又深刻地打进人们的心里。"① 杜威在教育中认为:"榜样的力量比格言大得多。"② 做学生的榜样是要将那种正能量传递给学生,变成一种内生的形式。学生总会不断出现思想问题,这是客观的,辅导员要把握住"不论对错误的纠正多么严格,都要以温和的方式进行。"③ 这样的工作情感实质是一种教育感受,包括对事业的执着、对专业的迷恋、对学生的理解和尊重。教师的情感和人格魅力对学生心灵的影响"是任何教科书、任何道德箴言、任何惩罚和奖励制度都不能代替的一种教育力量。教师的信念和个性品质在教育中具有决定性意义。"④ 辅导员尽管不能承担起大学生成长的全部责任,但只要用心去做,在塑造学生成人方面一定会是可为的。成为学生的榜样,做学生健康政治社会化的塑造者,这是现代教育赋予辅导员的历史责任。

(二) 学校提高学生就业竞争力的指导者

大学生勤奋求学的基本目的是实现顺利就业、成功就业。就业是民生之本,就业问题是大学生最为关切的实际问题。中国高校的学生就业经历了"统招统分"→"双向选择"→"自主择业"三个阶段,这是中国经济社会发展的客观结果。当前形势下,一方面各行各业对大学生需求总量远远得不到满足;另一方面,大学毕业生因高校培养结构、就业观念等多方面原因,其就业还存在现实的困难。这就要求高校除了在思想方面引导学生形成"爱国、成才、奉献"的职业生涯追求以外,还要时刻关注人才培养过程的各个环节。

在树立正确就业观念到提高就业竞争能力的教育中,辅导员处于就业指导教师的角色。辅导员的一项基本工作就是从学生入学进行的大学生规划教育开始到离校之前进行的毕业教育,要将科学的就业观、诚信的就业观作为核心内容对学生进行职业规划教育,使学生积极主动地在大学学习中将提高就业竞争力与"成才报国、科学发展"的观念结合,明确用人市

---

① 〔捷克〕夸美纽斯:《大教学论》,傅任敢译,北京:人民教育出版社1984年版,第183页。
② 〔美〕杜威:《民主主义与教育》,王承绪译,北京:人民教育出版社2001年版,第327页。
③ 《昆体良教育论著选》,任钟印译,北京:人民教育出版社2001年版,第73页。
④ 戴本博:《外国教育史(中)》,北京:人民教育出版社1990年版,第385页。

场对人才需求的状况,能将个人的性格、专业、能力、价值观等与职业要求相结合,既有适应行业岗位需要的能力,又有自主创业的意识,使自己有很强的社会责任感,具备科学的就业择业观。

要做好就业指导教师的角色,除了具备一定的政策水平外,相关的就业专业知识也必不可少。在深入了解掌握国家就业方针政策的同时,掌握指导学生职业规划的方法,使学生学会就业的常识和基本技巧等,让每个学生带着希望入学而来,微笑离校入职工作,真正成为社会的合格建设者和接班人。

(三) 学生心理健康发展的咨询者

关心是一切成功教育的基石。大学生面临的社会现实日益残酷,"与父辈和祖辈相比,今天的年轻一代生活在一个支离破碎的世界——家庭变得更加不稳定,离婚已司空见惯,邻里搬迁频繁,缺乏邻里相帮的意识,学校少了人情味,多了竞争性。信仰、价值观、理想及生活方式等呈现多变性、复杂性、充满矛盾和冲突"[①]。新的时代背景下大学生成长过程中的心理健康发展需求日益增强。拓展大学生思想政治教育的两个重要内容,一个是思想政治工作,另一个就是心理健康教育。

从教育功能上看,思想工作的功用在于提高人们的认识水平,心理咨询的功用在于提高人的心理调适能力。心理状态表现为临时性和不稳定性,思想状态相对持久和稳定,心理是思想形成的基础,思想是心理现象的高层次反映。思想状态的变化受心理变化的影响和制约,心理活动同时又受思想的支配,两者在经历知、情、意、行的过程中,体现的价值目标是一致的。辅导员在工作中良好地运用如倾听、谈话等技巧,尊重学生,形成教育过程中的主体互动,让学生信任,两者相辅相成,才能取得教育的实际效果。学校要在体制建设上理顺思想政治教育工作与心理辅导咨询工作的关系,最重要的是加强辅导员队伍的专业培训。在思想教育工作基础上,辅导员要具备心理健康的基本理论知识和心理咨询工作的方式方法,既要学习一般心理健康知识,又要掌握危机管理的知识,掌握障碍式咨询和发展式咨询的方法,这样便具备了在解决学生发展中共性问题的同时,又具备鉴别选择的能力,把一些个性问题的危机控制在萌芽状态。只有在实践

[①] 〔美〕马克思·范梅南:《教学机智——教育智慧的意蕴》,李树英译,北京:教育科学出版社2001年版,第2—3页。

中不断提高心理咨询的专业水平，才能学会如何关心学生。一个老师如果真正关心学生，他会做到认真倾听学生的不同需要，并给予不同的反应。现在的大学生承受着越来越大的心理压力。学生抱怨"老师不关心我们"是有道理的，它提醒我们一定在师生关系的某个环节上出了问题。① 成为一名优秀心理咨询教师的核心是让学生实实在在地感受到关心，让学生从心底愿意与辅导员一起面对和解决成长中的所有问题。如同罗杰斯强调的那样："只有当我们创造出这样的自由气氛时，教育才能成为真正名副其实的教育。"②

（四）学校日常学生事务的管理者

事务管理者的角色最有代表性，这是我们平日里所见到的辅导员的形象。事务管理广义地包括时间上每一天的从早到晚，学期上的从开学报到到假期离校，学制上从新生入学到毕业离校，是学生每时每刻的需求。空间上的事务管理从课堂到实验室，从教学楼到运动场，从食堂到宿舍，从校内到校外，从现实空间到虚拟网络，是对学生无处不在的管理。例如新生入学查阅核对新生数据、报到接待、办理手续、宿舍安排、带领同学熟悉环境、召开见面班会、入学教育环节、军训组织安排、领取教材、根据课程表与任课老师及时沟通、班委会团支部建设、迎新典礼、文艺晚会等工作；平时宿舍管理工作的安排与调整、寝室安全、寝室卫生、宿舍制度建设、寝室文化建设、寝室业余活动、各种个性化的问题（如同寝影响休息投诉、宿舍内物品丢失的怀疑）处理等；每一天从早操质量检查开始，到白天辅助教学管理出勤，再到晚上就寝管理等；学籍方面的休、退、转、复学管理；奖励处分与困难帮扶；日常安全方面的学生行为关注、宿舍安全、食品安全、自然灾害、传染病、交通安全、活动安全、出游安全、上网安全等；应急安全事件的处理如学生急病、死亡、车祸等，都是事务管理。

现代大学的事务管理让辅导员的角色显得空前的宽泛，有时候工作会在以大学的时间段为主导向前后不断延伸，比如因为招生的激烈竞争，很

---

① 〔美〕内尔诺丁斯：《学会关心——教育的另一种范式》，于天龙译，北京：教育科学出版社 2003 年版，第 23 页。
② 〔美〕马斯洛：《人的潜能和价值》，林芳译，北京：华夏出版社 1978 年版，第 142 页。

多大学辅导员都在高考期间去考点为学校做过招生宣传工作,辅导员的事务在向高中延伸。毕业生离校时期辅导员要做的事务有根据学校整体安排制定毕业生后期教育管理详细方案、组织参加学校和院系统一组织的毕业生集中教育活动、为学生就业提供各种服务、组织欢送毕业生和毕业生谢师系列活动、组织毕业鉴定、组织参加毕业典礼、协助办理毕业离校手续、发放毕业证书、派送档案、欢送毕业生离校等之外,还要在相当长的一段时间内密切关注毕业生去向,辅导员的工作又深入到了社会……

从辅导员角色的多重性,可以看出辅导员的专业发展是一个多层次、多维度的概念,既包括理论上它可以指知识技能的增长、专业意识的养成,也包括职业理想和专业身份的建立,同时还要注重实践价值,即这个角色可以解决学生遇到的一切问题。应然上说,"其目的在于实现教师个体生命的价值,在于促进学生的成长,在于满足学生发展的需要和国家教育改革的需要"[1]。辅导员的角色定位最终决定于外在的期望与教育行为之间的不断调适,什么样的工作需要出现,辅导员就能扮演好什么样的角色。

多角色实现关键在于辅导目标的合理性。掌握目标也叫学习目标,是一种获得新知识和新技能的愿望。成就目标是学生学习的最佳状态。掌握目标(真正掌握学习)更倾向于选择有助于学习的活动,成就目标(注重成就——保护自身价值感与获得认可)有可能去回避那些有助于他们掌握新技能的任务。艾略奥特说成就目标不可避免(大学许可、工作文凭、职业能力),而且本质上是有竞争力的。把学习者的注意力引向掌握目标,将与他们的生活和成长息息相关。

二、辅导员的工作内容组成分析

辅导员不同的工作角色会对应着相应的工作内容。与其他各级各类学校及教育机构相比,高等学校所具有的培养人的使命是独特的。对社会而言,高等学校承担着造就国家各行各业高素质人才的使命;对学生而言,高等学校是其学有所成、迈入社会的阶梯。大学是青年一代成长的关键时期,也对整个社会发展起着重要的作用。社会价值和个人价值双重的教育价值取向决定着高校不仅要关心学生的学习方式、生活方式,还要关心大

---

[1] 卢乃桂、操太圣主编:《中国教师的专业发展与变迁》,北京:教育科学出版社 2009 年版,第 14 页。

学生的行为方式，即思想道德的行为养成。无疑，这样的任务取向必然要求学生管理人员具有丰富多样的工作内容。

（一）思想引导

思想引导是辅导员队伍的核心工作内容，是大学生思想政治教育的导向，集中体现在对大学生发展的政治方向和价值取向的教育引导过程，核心体现在让学生充满健康向上的正能量，客观地分辨是非，坦然地面对成败。"在一个为成功和胜利喝彩的社会，要以健康的心态面对失败"[①]。成长的过程中，点点滴滴都是学问，教会"学生知道在犯错误中学到的，并不比正确中学到的少"[②]。对学生的思想引导既是一门科学，又是一个方法，是辅导员工作内容的中心。

思想引导的目的是以观念形态、思想意识形式反映出社会发展对大学生成长的客观要求，体现国家和社会对大学生身心成长、思想发展的方向规定，是开展思想工作的出发点和归宿点，也是辅导员开展思想工作的依据和动力。确立思想工作的目的是进行思想引导工作的基本前提，同时又是提高思想引导工作动力的关键。用实现中国梦、建设中国特色社会主义共同理想，坚持马克思主义理论和社会主义核心价值体系，以爱国主义为核心的民族精神等内容，加强对大学生的世界观、人生观、价值观的教育引导，坚定学生的信念，增进爱国情感和民族自豪感，从而树立远大理想，使其成为学生全面发展的原动力。

思想政治教育虽然没有方针、政策那种权威性的力量，没有法律那种强制性的规范的威力，没有组织手段那种约束力，但它能影响、改变人的立场、思想、观点、态度，使人产生自觉的行为，其影响是内在的、深远的、持久的。[③] 开展大学生思想引导工作的根本目的就是要提高大学生的思想道德素质和科学文化素质，提高大学生认识和改造世界的能力，努力使大学生树立为共产主义奋斗的理想。这是一个长期的目标，它需要通过不同阶段的具体目标的实现才能逐步达到，就是要大学生努力为建设富强、民主、文明、和谐的社会主义现代化国家而奋斗。落实到具体工作方面就是要加强大学生的理想信念教育，引导大学生处理好个人发展与国家发展

---

① 李茂：《彼岸的教育》，上海：华东师范大学出版社2006年版，第75页。
② 李茂：《彼岸的教育》，上海：华东师范大学出版社2006年版，第4页。
③ 叶澜：《教育概论》，北京：人民教育出版社2006年版，第150页。

和社会进步的关系,使中国特色社会主义成为大学生的自觉追求,认同以爱国主义为核心的民族精神,领会以改革创新为核心的时代精神,使大学生既品德高尚又意志顽强,既视野开阔又丰富知识、提高能力。大学生成长的基础是确立正确的成才目标,而成才目标确立的基础是理想信念。

思想引导的过程是通过辅导员与大学生的交互作用才能实现的,如同保持或改变物体运动方向一样,需要施加一定的外力才能实现。这个过程就是辅导员施加引导和大学生接受引导的双向活动过程。访谈中有辅导员认为现有工作中存在的问题是思想工作的目标远大与学生实际遇到的问题之间往往是脱轨的,甚至是矛盾的,所以导致很多辅导员认为都不敢讲思想工作这几个字了。为了培养全面发展的人,在教育内容上必须坚持思想性与科学性的统一,以形成大学生的科学世界观和积极进取的人生观,培养提高学生认识世界和改造世界的能力。[①] 辅导员需首先将社会主义的政治思想和道德要求转化为大学生的思想意识;然后大学生将这些思想意识转化为自身的思想品德观念,进而形成一定的行为习惯,这就是思想引导从"知"到"行"的转化过程。按认识理论中知、情、意、行的顺序,大学生思想观念的形成应从认识开始,并按认识、情感、信念、意志行动的顺序发展,但在实际的思想引导过程中,以上因素往往同时起着作用。特别是在复杂多样的社会环境影响下,大学生个体也存在差异。辅导员选择思想引导过程的切入点非常重要。这样的工作没有具体的书面规定程序,需要辅导员因人而异、因时而异、"见缝插针"、动态调节。另外,大学生的思想观念不成熟易受外界环境因素影响的情况下,需要考量社会、家庭等诸多外在因素对学生的综合影响。此外,学生的思想形成过程中的反复性突出,辅导员需要在此方面有所准备。思想引导的具体化就是要求辅导员坚持社会主义核心价值体系的主导性,同时针对学生发展的实际,遵从学生思想成长的规律,充分发挥学生的主动性,注重教育方式的差异,兼顾环境的影响作用,科学地将工作在学生发展的每个过程都有效地实施下去。思想引导在学生成长中体现为形成"三观",即世界观、人生观、道德观。

世界观是人们对整个世界(自然界、人类社会、人的思维)的根本看法,其基本问题是精神与物质、思维与存在、主观与客观的关系问题,决定人的观察、分析、处理问题的根本出发点和态度,决定着人生观、价值观等其他观念。对学生进行世界观教育,要用马克思主义思想武装大学生

[①] 叶澜:《教育概论》,北京:人民教育出版社2006年版,第81页。

的头脑，帮助学生树立起科学的世界观，学会用马克思主义的立场、观点、方法来认识国情，认识世界，使学生懂得人情社会基本矛盾及其发展的历史趋势，认识社会主义事业的长期性、艰巨性、复杂性和社会主义制度强大的生命力。明确使命、振奋精神，自觉地树立为中国特色社会主义而努力奋斗的信念。

人生观是一个人对人生目的和意义总的看法和根本态度。它既是人生发展道路的指南针，又是制约人们道德观念和行为的标尺。帮助大学生树立正确的人生观是辅导员对学生思想引导的又一个重要内容，让学生思考"人应该怎样活着""人生的意义是什么""我为什么活着"等问题，树立正确的人生理想，既能实现个人的人生价值，又能为社会发展做出积极的贡献。就是把个人理想与社会主义的共同理想统一起来，把个人发展与社会进步及国家的发展统一起来，这样才能更好地实现人生价值。

道德观教育是辅导员对学生思想引导的另一重要内容，主要社会规范是由法律规范和道德规范共同构成的。大学生处于人生道德观形成的关键时期，易受外界影响，表现为不稳定的状态。当前在社会分配差和价值观多元化影响下，大学生道德观上面临诸多的困惑，往往处于多矛盾中，比如他们社会责任感很强的同时存在拜金主义、享乐主义、虚拟主义和个人主义倾向，一方面痛斥社会风气的不良，同时又严重忽视个人修养……辅导员要充分看到大学生道德观方面的可塑性，引导学生自我教育。

可见，思想引导在具体工作中既关注技能，又关注人格完善；既关注现实的知识，又要为终身学习奠定基础；对学生在校期间负责，又要对未来教育发展负责。

（二）发展辅导

大学精神的发展价值最直接地体现为大学及大学人对"人的发展"的无限可能性的追问与诉求。[1] 促进学生发展是大学存在的基本价值，而从发展的意义上说，学生的发展（学业、道德、品质、社会贡献）是"教师生命意义的确证"[2]。对辅导员个体来说，"没有什么比让学生共同分享希望与梦想更能激励他们的了"[3]。无论是在对学生思想的引导还是在事务管理的过

---

[1] 柳海民、常艳芳：《论大学精神的价值》，载《教育研究》2008年第8期。
[2] 杨芷英：《教师职业道德》，北京：高等教育出版社2000年版，第146页。
[3] 李茂：《彼岸的教育》，上海：华东师范大学出版社2006年版，第3页。

程中，都渗透着对学生发展的教育目的。发展的辅导虽然在前面两项职能的教育中有所体现，其本身也有很强的独立性，对学生的发展辅导主要分为专业素养发展辅导和生命健康发展辅导。专业素养发展辅导是指把大学生培养成具有较强专业素质的、社会适用型的专业人才。传统的教育观念认为，学生的专业学习是学科教师的事情，与辅导员无关，因为辅导员带的学生多数与自己所学专业不同。其实，辅导员对学生的专业素养发展辅导，主要是指在学生专业学习的课堂之外对学生的学习和专业素养的拓展方面进行宏观指导。事实上，在现代的大学教育模式中，这方面的意义却是很大的。要对学生的发展进行辅导，辅导员得首先具备辅导的能力。问卷中，61.6%的辅导员认为其在对学生的考研、就业、心理健康等专业问题的辅导时，理论和实践方面的知识都感觉不足。这些都是辅导员专业发展中需要解决的问题。

1. 学习发展辅导

辅导员进行学习发展辅导应遵循启发式原则，如《学记》中所说，"君子之教喻也：道而弗牵，强而弗抑，开而弗达"。对学生学习的辅导不以传授具体的知识为目的，因为那不是辅导员的任务，而是教会学生在不同的学习时期，明确不同的学习方法。

对于大学一年级的学生，侧重是解决学生的学习适应性困惑。最核心的是："我如何创造一种心理气氛，使孩子们能感受到从老师、同学、环境和自己亲身经验中学习的自由，使学生兴趣广泛，不畏惧错误？我如何帮助他们重新找回天生对学习的热忱？"[①]

经过12年应试教育进入大学后，几乎所有学生都会出现一些不适应，没有高考指挥棒，学生学习缺少动力，失去了方向感，产生了松懈心理。特别是普通教育专业课程的学习往往又有很大的差异，这导致学生对专业学习的认识、方法等都很不"专业"。解决对"学习"的认识问题，是辅导员对学生专业素养发展辅导中要解决的第一个问题。辅导员要在学生入学教育中，抓住学生困惑和茫然高发期这个有利时机，以专业发展情况介绍为牵动，对学生未来几年将要进行的专业学习进行一次全面的辅导教育，让学生再一次明确大学的学习目的。辅导员要深入了解学生，对学生学习倾向做一个基本测评，并与专任教师配合，立足于学生实际，对学生

---

① 〔美〕卡尔·罗杰斯：《自由学习》，伍新春、管琳译，北京：北京师范大学出版社2006年版，第157页。

专业学习情况、专业发展兴趣及其他拓展潜能进行基本测评，帮助学生解决学习的疑惑，建立初步的学习兴趣。以此为基础，让学生树立专业学习和发展潜能的自信心，相信自己能成才，辅导员在满足学生成才需求方面帮助学生树立学业为本的理念，制订个性化的专业学习计划。在分析学生个性特点基础上，通过入学的学习倾向测评分析，着力解决高考填报志愿时学生的专业选择的盲目性问题，根据学生自身的兴趣特点与专业的相关度，为学生专业学习做初步的目标预测。辅导员不仅要熟知所带学生的专业设置、学科分类、专业骨干课的基本内容、学分制规定、就业走向等问题，还要针对大学授课方式和学习模式，也要联系学生家庭的实际包括地域、父母职业等因素，让学生制订个性化的专业学习计划，入学开始先学会学习。

需要特别说明一下，入学和毕业这两个端点在学生的发展教育中尤为重要。相比来说，新生入学教育更加重要，也始终是国内外高校普遍重视的问题。这方面，美国的"新生定向"（orientation）和"研讨班"（freshman seminar）的新生指导形式是我们可以借鉴的。新生定向的定义是："借助于不断推出的服务和帮助，（1）使新生实现从以前的环境到大学的转折；（2）使新生置身于该校广泛的教育机会之中；（3）使新生融入该校的生活之中。"[1] 新生定向以学生的发展为导向，基于生活实践，是一项内容广泛、功能全面的教育活动。活动的模式主要有新生日（周）、新生课程和注册前活动。有大众媒介、群体活动、个别咨询和课程四种形式。在以定向日（周）为特征的定向活动不能完全适应学生需求的时候，研讨班（根据《美国大学词典》，研讨班是"水平较高的学生在教授指导下进行创造性研究，并通过报告讨论和交流其研究成果"的教学形式）出现了，其定向课程贯穿一个学期甚至一个学年。学术部门的教师和管理部门的学生工作人员共同组成研讨班的师资。研讨班的内容分为三个层次：第一层次是提供信息和传授知识；第二层次是培养和训练相关技能；第三层次是指导学生确立生活方式和价值观。既教内容也讲方法，既有具体也包括抽象，既有集体研讨也有个性化辅导。新生定向与研讨班这两种为学生发展的导航服务性质上是一致的，宗旨都是在努力解决新生入学起点的适应性和不断发展的问题需要。

大一学生辅导的关键词是养成，对于大学二、三年级学生，侧重于发

---

[1] 方巍：《研讨班：美国高校的新生指导》，载《外国高等教育资料》1996年第4期。

展性学习辅导。英国著名哲学家怀特海说过:"在中学阶段,学生伏案学习;在大学里,他需要站起来,四面观望。"大学自由时间的增加,并不意味着积极有效时间的增加,而且时间利用方式出现多样性或分化。① 经过一年的基础课程学习以后,无论我们在前面给过学生多少指导,要变成学生自己的体会及在实践中变成自觉的行为,都是需要有一个过程的。二、三年级的学生在正式开始专业课程的学习后,对时间管理的认识和对专业学习的认识都会有新的变化。这时候的指导工作着重点应放在对学生学习规划的调整和应用方面,包括对大一时个性发展计划的调整与补充,目的是保证计划的有效实施。另外,加强见习和社会实践的指导,使学生对专业的理论学习和实践逐渐接轨,为后面的学习选择做好准备,大二、大三学生辅导的关键词是发展。

对于大学四年级学生,侧重于选择性学习辅导。学生进入实习阶段,这个时候的辅导工作最核心的内容是帮助学生在总结前面三年学习的基础上对未来的发展方向定位。这是一个选择性的指导工作,对学生的未来就业方向定位非常重要,要全面结合学生本人前三年的专业学习情况、学生兴趣特长、家庭情况、社会发展情况等实际,对未来做出科学的选择,同时为相应的选择如考研、就业、出国深造等做相应的具体准备工作。以学习为主线的发展辅导工作,是辅导员实现提高学生就业竞争力的主要途径,大四学生辅导的关键词是选择。

2. 生命健康发展辅导

对学生发展的辅导除了学习方面以外,生命健康发展辅导是另外一个主要内容。即让每个学生都身心健康地度过大学的生活,并为进入社会就业打下基础。首先,要教学生学会健康的生活方式。相对于高中,大学生的闲暇时间是很多的,处于身体逐步成熟的生命最旺盛阶段,又有较多的闲暇时间可用,一些学生很可能滥用时间,甚至挥霍自己的身体,导致身心的损伤。要养成良好的生活习惯,建立有序的生活模式,最基本的是让学生学会安排作息时间。作息时间紊乱在大学生中是普遍存在的,辅导员通过教育,使学生懂得健康知识,自觉认识到为将来做准备,要从现在做起,养成良好的生活习惯。除时间管理以外还要养成良好的饮食习惯。从珍惜关爱生命的角度,引导学生远离吸烟、酗酒、电子游戏等不良生活习

---

① 〔日〕藤田英典:《走出教育改革的误区》,张琼华、许敏译,北京:人民教育出版社 2001 年版,第 76 页。

惯，这些都是对大学生生命健康辅导的重要工作内容。其次，要关注学生的心理健康，培养良好的处世心态。从健康意义上说，一个人的心理健康往往比身体健康更为重要。要引导学生正确地自我认知，个人的自我认知是在以往的经历和环境与他人比较的过程中形成的，恰当地评价自己是个体发展的首要基础和适应社会的前提条件。恰如其分的评价使人充满自信、扬长避短、善于在生活中调节，与环境的适应也表现为平衡。反之则表现为自我冲突，自高自大或自轻自贱。教会学生认识自己"是一个什么样的人"，使学生将现实自我与理想自我达到统一，让学生自身认识到外部环境是不易改变的，只有提升自身的适应能力，才是未来发展的前提。要明确"学会关心的目的是教育学生学会真正地关心自我，赋予学生一种合理的人生态度"①。要让学生养成良好的心态，帮助学生以乐观、自信的态度面对自己的人生，积极向上地迎接各种困难和挑战，常常看到自己的光明面，对前途的信心在当前的学习中有所体现。与此同时，学会处理心理危机的基本方法。

一般而言，大学生心理常见的危机有成长危机、人际关系危机、就业危机、学业与经济状况危机和情感危机五大类②。细分一下可以看出主要关系到学业、情感、就业等几方面。这些危机的产生一般都有不可预见性和不可控性的特点，会给学生成长带来非常大的困扰。辅导员要协助学生正确认识这些危机产生的可能性和必然性，建立积极的心理预防机制，以理智、科学的态度去面对挫折与冲突，用积极适当的方式释放那些破坏性能量，这样就会把那些日常的心理困扰及时排解掉，逐渐会明白想要新的发展就一定会有新的适应这个道理，出现所有的危机都是正常的，即使个人努力也不能很好排解掉也没有关系，必要时可通过心理咨询师进行干预，珍爱生命是这个教育的底线。

发展辅导无论从专业素养教育还是生命健康发展教育，其目的都是增强学生在社会活动方面的适应性，使学生在社会活动中能自然地与社会和谐地融为一体。无论在现实世界，还是在虚拟网络世界，教学生学会与人交往都是必要而且必须的。从而使学生立足基本的道德规范，用科学态度，积极的努力去实现个人与社会的统一。

---

① 杨晓：《"学会关心"——一种新的教育范式》，载《中国德育》2006年第6期。
② 黄希庭：《大学生心理健康教育》，上海：华东师范大学出版社2004年版，第238页。

发展辅导要求辅导员首先要明确"辅",就是辅助性原则,任何强制性的服从都是没有意义的;二是"导"的原则,导是方式,是手段,目的是解决问题;三是专业性原则,辅导员要进行以上这些辅导工作,实现教育引导、事务管理和发展辅导的各项职能,掌握一定的专业知识并学会运用科学的专业技术方法都是非常重要的。马斯洛说:"最好的教导方法,不论是历史还是数学或哲学课,都在于让学生意识到其中的美。"① 这是人本主义理论对辅导员发展辅导实践中的要求准则。

(三) 事务管理

学校生活是社会生活的起点。② 辅导员丰富的工作内容具体地体现在对学生事务的管理方面,管理离不开规则和规范,"教育活动是一种在目的引导下的活动,具有十分鲜明的主观性,包括各种具体的原则和规范"③。辅导员的事务管理主要通过规章制度的建设与执行,课外活动的组织与管理,集体建设管理与创新等三方面实现。

事务管理的基本保障是建章立制,傅维利先生说:"没有惩罚的教育是不完整的教育。"④ 其内涵的关键不在于是否使用惩罚,而在于如何制定规则。让学生在学习、生活中去熟知各项条款和规定,"对教师来说维持秩序是当然的,但对学生来说是强加的东西,只有学生认为是理所当然的时候,外部性的纪律和秩序才能存在于个人内部"⑤。制度与个性尊重不是一对矛盾的概念,在发展的视域里,"尊重个性、发展个性的教育并不是无条件、无边际的"⑥。制度是必需的,夸美纽斯说过,"学校没有纪律犹如磨盘没有

---

① 〔美〕马斯洛:《人性能达到的境界》,方士华译,北京:北京燕山出版社1971年版,第178页。
② 方明:《陶行知教育名篇》,北京:教育科学出版社2005年版,第71页。
③ 谢维和著:《教育活动的社会学分析——一种教育社会学的研究》,北京:教育科学出版社2000年版,第129页。
④ 傅维利:《没有惩罚的教育是不完整的教育》,载《中国教师报》2007年第12期。
⑤ 〔日〕藤田英典:《走出教育改革的误区》,张琼华、许敏译,北京:人民教育出版社2001年版,第197页。
⑥ 钟启泉、张华主编:《世界课程改革趋势研究》(上),北京:北京师范大学出版社2001年版,第16页。

水"①。可见，制度对学校具有重要意义。制度涵盖范围较广，包含纪律、政策、文化等诸多方面。制度是硬性的，而管理的艺术在于执行制度是科学的，让学生在行动中实现自律与他律完美结合。"学校是一个学生生活、活动的场所，建立在一定的秩序和纪律基础之上。学校教育是一项公共性事业，应该被置于公共舆论之下，应该在人们都同意的基础上决定其内涵。"② 发动学生共同参与制度的制定，使制度既反映学生自身发展的需要，维护其自身利益，又使制度的执行过程实现原则性与灵活性相结合。让严肃与人文关怀同步，原则性与灵活性共生，学生自然就会焕发出生命的活力。

制度以外，管理还体现在学生的自我管理和教育中，在日常工作中主要体现在课外活动的组织和管理方面。这里说的活动在空间上包括学生公寓、教室、校外社会实践，在时间上既包括日常教学，也包括课后及跟学生有关的所有课外活动。学生在寝室待久了居然可以产生一种寝室文化，教室、图书馆也不例外，"物质生活常常衍生出精神、文化，这就是人的生活"③。活动的意义可以列举很多，比如活动最有利于培养和发挥人的自主性、能动性和创造性。④ 课外活动是教育工作，离不开教师的指导。⑤

对学生活动的管理内容上一般包括学生社团活动的组织管理、学生业余文体活动的组织管理、学生进社区活动的组织管理、学生校外勤工助学活动的组织管理、社会实践活动的组织管理、青年志愿者活动的组织管理等。社团活动是学生活动的重要载体，学生社团是由一些志趣相投的学生，按一定的申请程序申请，由学校批准成立，不同年级、专业、性别、层次的学生自愿加入，自主开展活动的群众性团体，旨在为学生提供活动和发展的平台，主管部门是学校各级团组织和社团联合会。辅导员在社团活动的科学化、规范化过程中发挥着重要作用。在组织管理社团活动中，要坚持"符合活动要求，遵循活动原则，依据活动程序，提供活动保障"等原

---

① 〔捷克〕夸美纽斯：《大教学论》，傅任敢译，北京：教育科学出版社1999年版，第199页。
② 〔日〕藤田英典：《走出教育改革的误区》，张琼华、许敏译，北京：人民教育出版社2001年版，第197页。
③ 张楚廷：《课程与教学哲学》，北京：人民教育出版社2003年版，第13页。
④ 冯建军：《生命化教育》，北京：教育科学出版社2006年版，第223页。
⑤ 瞿葆奎主编：《教育学文集——课外校外活动》，北京：人民教育出版社1991年版，第222页。

则，对社团活动进行把关。文体活动组织管理主要指辅导员策划组织形式多样、高雅、健康的文娱体育活动，积极与艺术课、体育课教学配合，使活动陶冶高尚情操、培养健康审美情趣。社区活动是大学生公寓区内开展的文体、党团、学习、竞赛、评比等活动的总和，承载着大学生思想政治教育进社区的任务，也是校园文化的一个组成部分。高校扩招以后，多校区建设、学分制改革和后勤社会化改革使传统意义上的班集体正在削弱，社区活动已经成为辅导员组织班级活动的一部分。高校基本都实行了辅导员进公寓制度，在加强管理的同时，开展丰富多彩的社区活动，如文明寝室评比活动，社区文化艺术，党团建设进公寓，卫生、洗衣等生活技能竞赛。这些活动营造了大学生良好的生活环境，全面实现了环境和服务育人的理念。勤工助学是大学生利用课余或节假日时间，从事校内外后勤、家教、社区和社会服务等工作，并获取相应报酬的一种助学行为。《普通高校学生管理规定》明确指出对学生参加社会实践、社会服务和开展勤工俭学等活动，学校是应当鼓励、支持和提供指导的，并根据实际情况提供必要的帮助。辅导员对勤工助学的管理工作，主要通过规范程序、加强教育、严格把关、建立健全勤工助学管理制度，杜绝学生以此为由影响正常的教学、工作、生活秩序，更不允许从事各种非法活动。履行有关申请登记、备案手续，提高安全意识和防范能力。社会实践活动是大学生在校内外参加教学实践、专业实习、社会调查、生产劳动、社会服务、科技发明、勤工助学、"红色之旅""三下乡""四进社区"等各类实践活动的总称。组织管理社会实践活动既要让学生了解社会、认识国情，以增强学生的历史使命感和社会责任感；还要精心策划周密，使社会实践成为学生在校的一门必修课程，并按照固定的教学计划进行组织。总之，加强对学生课外活动的引导，实际上是细化思想政治教育的过程，组织活动的思想性、艺术性、趣味性、文化性、科学性等都需要辅导员与学生一起在活动方案选择、过程控制、应急预案、活动后总结等各个环节进行有效地管理控制与组织实施，这个过程就是不断提高学生自我管理能力和创造力，在活动中学校完成了育人工作。

　　事务管理的另一个主要方面是集体建设管理。对辅导员来说，集体建设管理主要指党团、班集体建设，是中心任务。它与大学生活息息相关，对学生的能力培养和人格塑造非常重要。特别是在高等教育的发展过程中，与传统育人所不同的外部问题和内在问题不断出现，表现出复杂多变的情况。辅导员的具体工作就是通过加强党团、班的建设，以保证党团组织的政治导向性和组织约束力，巩固班级的文化导向性和活动凝聚力。

党团建设首先要做好大学生党员的发展工作,从新生入学教育开始就要着手这项工作,引导学生早日主动靠近党组织,建立一支数量多、素质高的入党积极分子队伍;在积极分子的培养过程中,要广泛征求意见,在学校入党积极分子培养体系内,通过党校等多个渠道详细了解每一个入党积极分子的思想情况;严格"推优制",把好入口关,向学生党支部推荐合格、够标准的积极分子作为发展对象。在对所带班级学生党员的管理过程中,完善党员思想汇报制度、党课制度和党员活动制度,使党员教育制度化、规范化、民主化,建立完善党员考评体系,把学生的情况及时向党组织汇报,听取党组织的指导性意见和方法,解决有关问题,使学生党支部保持先进性、纯洁性。关于团的建设方面,作为学生工作日常方面最直接的管理者,辅导员工作成绩在很大程度上体现于基层团组织的活动中,应加强对团支部干部的选拔、教育和管理工作,提高他们的思想水平和工作能力,使他们成为团支部的骨干核心。以主题团日活动、争先创优活动入手,通过身心健康的文体活动,既丰富团员的业余文化生活,又加强了思想政治教育,增强学生历史使命感和激发爱国热情,让"全民团员"成为"全民先进"。党团建设工作中,学生骨干是核心,是辅导员开展工作的第一抓手,其素质高低是影响党、团建设的关键因素,建立全面适用性的培养机制和针对性强的培训机制是基础,再结合有效的考核评价机制和奖励约束机制,使学生骨干成为学生"自我教育,自我管理,自我服务"的中坚力量,逐渐形成稳定的积极向上的团队精神。学校的工作和任何组织一样,形成参与者非凡强大的环境力量是组织的魅力所在。

班集体建设是高校辅导员集体建设管理最基本的工作,其内容包括班级制度建设、日常事务管理、班委会建设、学风建设、班级文化建设等。回顾班级管理的历史,我们会看到,最初的班级管理只是为了保证知识的有效传授,是为了谋求整齐划一的秩序而产生的制度。如同赫尔巴特在这方面强调说:"如果不紧紧而灵巧地抓住管理的缰绳,任何课都无法进行。"[1] 在班级授课规模较小的情况下,教师有足够的精力对学生实施个别化的管理,师生之间有可能直接交流。现代大学的发展特别是高等教育大众化实现以后,班级规模不断扩大,专业分科教学带来了多科教师同时面向一个班级的情况。这样,任课教师对班级的深入管理和人文关怀也会越

---

[1] 〔德〕赫尔巴特:《普通教育学.教育学讲授纲要》,李其龙译,北京:人民教育出版社1989年版,第23页。

来越低，辅导员的角色的意义在于强调管理为"谁"服务。那些传统的班级管理一般是"并非要在学生心灵中达到任何目的，而仅仅要创造一种秩序"①。班级管理只有明确为学生的发展服务，赋予班级以生命的意义，才会使辅导员在工作中让班级获得真正的教育力量，使班级不只为知识传递提供组织形式，也不仅仅为知识高效传递提供组织形式，更不在于为治理"不安分"学生而发挥作用，而在于体现生命关怀，为每一个生命生长提供一个有意义的生活空间。

当前高校在班级管理中面临着许多新问题，如扩招带来的班级数量增加、辅导员专业发展速度缓慢、就业形势严峻、独生子女增多、网络发展速度太快等。这些都促使高校辅导员必须探寻班级管理的新思路和新途径。

第一，班级制度建设是所有班级管理工作的基础。包括班级内部各项规章制度的建立、颁布、实施、修改及废止的全过程，还包括一些非正式制度，如约定俗成的约束力形成等。从时间上，班级制度建设贯穿班级从开学建立至毕业离校的全过程，还可以再引申至每个班级成员人生的更长意义。从某个意义上说，班级作为一个符号是一个人一生某一个时段的特殊标记，一旦形成，将贯穿生命始终。因此，班级管理的意义远不止校园生活中那些组织要求的各项任务，一个好的班级管理对学生的教育意义可能终身有效。科学、民主、生命化的制度建设是班级管理实施的基础性工作，班级制度建设首先是小系统要适应大环境。学校是大环境，辅导员要先弄清楚学校各方面的政策、规章、工作程序、学校文化等，这是班级管理工作的理论基础与实践依据，是辅导员进行班级制度建设的前提。其次，班级制度建设要有特色。从实际出发，与班级学生的具体情况相适应，符合班级管理建设的整体目标，使之成为学生自我管理、自我教育的起始环节，让学生从被动遵守到主动示范。再次，班级制度建设要全面、完善、操作性强。这些管理理念应该在辅导员管理的每方面都有所体现，首先要做的就是建立一套规范、完备、民主、科学的班级管理制度。一般来说，班级制度的内容主要有：班级会议制度、班级队伍建设制度、日常事务管理制度、活动管理制度等。辅导员要集思广益，让所有同学在每个制度的每个条款在建设之前都能做到心中有数，以便使每项制度都能发挥应有的效力。在民主的基础上，面对不断变化的环境和组织自身发展的客观要求，

---

① 〔德〕赫尔巴特：《普通教育学.教育学讲授纲要》，李其龙译，北京：人民教育出版社1989年版，第24页。

辅导员要渐进地教会学生维护、调整相关制度，使之日趋完善。最后就是制度落实过程中的有力监督和有效实施方面，依"法"办事是提高制度管理效率的前提条件。"在实施过程中使这些有形的制度逐渐植根于学生的头脑中，于无形处做到令行禁止，从而使制度成为学生自我管理的保障。制度'内化'为学生自己的要求是顺利实施的前提。"[1]

第二，班级队伍建设是班级管理的力量。辅导员通过班级干部队伍将班级的制度有效地实施于班级管理的过程中。教育过程的活动和交往与一般的活动和交往不同，其对学生的影响作用可以预先估计到，是在学生集体中进行的。[2] 班级队伍组织机构由党支部、团支部、班委会三方面组成，其核心是以班级制度为出发点，能规范性运作班级队伍。辅导员必须明白党团组织和班级组织在班级管理中不同的功能和地位，科学地进行班级队伍管理与建设，这种认同体现在班级组织的选拔方面。一要严格选拔，班级各个队伍的选拔都要符合两个基本条件，制度规定中的硬件要求和民主竞选的方式。二要明确分工、合理授权，强化各支队伍的团队意识，让每位干部各司其职，认真落实每项工作，一经授权，辅导员应放手交由学生进行自主管理，当好导师，指导但不干涉。三要加强监督、注重培训，监督各支队伍的工作就是要对干部进行正确地引导，使他们在工作过程中把制度要求与学生的评价达到最大程度的匹配。这要求辅导员在工作中与学生沟通多于学生干部沟通，在进行规范管理的同时要加强对学生干部的培训，包括思想素质、道德素质、组织协调能力等多个维度，使学生干部的工作能力在具体的班级工作中得到提高。四要建立考核评价激励机制，实现以人为本，以学生发展为本的现代教育理念，对学生干部进行民主和科学的考核评价。再通过需求激励、竞争激励等激励方式，使班级队伍在保持相对稳定的同时，合理地进行上层流动、末位淘汰，激发群体的积极性，使学生在实现自我管理自我教育的同时，个体的主体性创造性也得到发展，班级管理的凝聚力也就自然得到了提高。

第三，班级事务是班级管理的内容。班级事务管理所包含的内容包罗万象。辅导员在进行班级事务管理时，首先要明确工作定位。在高等学校

---

[1] 冯刚：《辅导员队伍专业化建设理论与实务》，北京：中国人民大学出版社2010年版，第192页。

[2] 瞿葆奎主编：《教育学文集——德育》，北京：人民教育出版社1989年版，第232—233页。

培养全面发展的高素质人才过程中，辅导员所负责的思想政治工作排在首位，辅导员自身的政治素质和理论水平在辅导员培养中有专门的要求。在这个前提下，辅导员应熟知每个学生思想学习和生活情况，结合实际进行思想政治教育。要求辅导员树立以人为本的理念，尊重、关心、教育、引导好每一个学生，在学习、生活、心理、就业等所有的方面给予学生全面的指导，这是班级事务管理的基本内容。同时，辅导员还要在院系工作和学生之间做好桥梁纽带工作，在各类日常教育工作中始终处于学校和学生联系的第一线位置，布置学校的工作，反映学生的困难意见及建议，成为学校各项工作的基层实施者和学生的基本管理者。在集体中，让每个学生都知道，"只有通过改变自己才有可能改变他人"[①]。另外，做好班级活动的咨询也是辅导员日常事务管理的一个方面。在活动中注意多提建议，注重组织性和计划性，避免直接指挥，当好"辅导者和监督者"的角色，做到公正、公开。使自己时刻保证信息畅通，要建立有效的信息沟通模式，充分利用网络平台等现代科技手段，让班级日常事务的管理进程时刻在自己的有效控制下进行，做到及时有效地将信息反馈到管理对象中，实现师生间的全面理解与配合。

建立科学的班级管理体系地最后一项是班级文化建设。文化是一个内涵丰富的概念，管理学者首先在企业界开始思考文化在竞争中的力量。杜威说："唯一真正的秩序和纪律是来自学生对他必须做的工作的尊重和他对同他一起工作的人的权利的认识。"[②] 这里隐含的意义就是文化的作用。班级文化包括制度文化、物质文化和精神文化，是班级成员共同遵守的价值观和相对独特的行为规范。班级文化首先表现在学生对班级的认同感，是一种班级管理中无形的潜在的力量。辅导员在班级文化建设中，首先要从宿舍文化建设入手，在大学不存在固定教室的前提下，班级物质文化的抓手就主要落在宿舍这个唯一"固定"的班级最小单位了。辅导员要充分利用学生在这里生活、休息、学习交流的过程实施有效的教育和管理。还要以班风、学风建设为基点，开展有深度的班级文化活动，使每一个人都得到发展的高等教育育人目标，在班级文化建设过程中得到落实。形成健康

---

① 〔美〕奥斯特曼·克特坎普：《教育者的反思与实践——通过专业发展来促进学生学习》，郑丹丹译，北京：中国轻工业出版社 2007 年版，第 215 页。
② 〔美〕凯瑟琳：《杜威学校》，王承绪等译，北京：教育科学出版社 2007 年版，第 24 页。

班级文化的根本是做到依法管理、民主管理。说到民主管理，辅导员在工作实践中不能不向一个人学习，那就是魏书生。魏先生的民主管理是我们共同学习与研究的楷模与典范。他教育智慧的灵魂是民主、科学和法制。魏先生说教师要有公仆之心，管理的目的是"要把教师放到与学生平等的地位"。毕竟，管教的目的是养成一个能够自治的人，而不是一个要让别人来管理的人。① 尊重学生的基本权利是魏先生坚定不移的治班方针，这样就形成了在他的班级凡遇到重大的事、意见分歧的事都要进行民主表决的局面。因为在实际的教育过程中，教师的作用不是发号施令，而是建议劝告。② 很多事情，不按照学生的集体意见是行不通的。对于他认为必须要做到的那些事情，他也得想办法在班集体中通过才行。这样的理念支持下的班级管理，真正形成了"民主共和国"的局面。一次，中央电视台的记者来采访，到了17点班级做俯卧撑的时间了，采访还没结束，有同学便问魏先生："我们今天还依法治班吗？"定了的事就要办，这是魏书生的班规，于是记者们暂时中断了录像、讨论，学生们进入他们的民主管理程序。点滴的教育反映了一句教育的经典："若要把一个人教育好，若要把他培育成器，就一定要消除他的恶习。今天要做的事没有做，明天再早也是耽误了。"③ 只有真正做到了民主管理才是体现了集体管理的基本要求，才算是管理的真谛所在吧。

　　关于班级管理最后要强调的是创造性。人的创新能力从哪里来？一个必要的条件是创造性思维。④ 创造性理想人格培养的概念是什么呢？是中国学者冯契论述过的"我们讲的理想人格不是高不可攀的圣人，而是平民化的，是多数人经过努力可以达到的"。⑤ 学生创造性思维能力的提高是教育的一个目标。管理更多的是考虑尊重学生、爱护学生的想象力。哪怕是脱离常规甚至是"荒唐"的想法，也要给学生敢于探索的动力。"教育是作用于思维发展的决定因素。"⑥ 辅导员在班级管理中要创造互相鼓励的氛围，

---

① 〔英〕赫·斯宾塞：《斯宾塞教育论著选——德育》，胡毅、王承绪译，人民教育出版社2005年版，第111页。
② 陆有铨：《躁动的百年》，济南：山东教育出版社1997年版，第31页。
③ 〔瑞士〕裴斯泰洛齐：《林哈德与葛笃德》，北京编译社译，北京：人民教育出版社2005年版，第161页。
④ 郅庭瑾：《教会学生思维》，北京：教育科学出版社2001年版，第76页。
⑤ 郅庭瑾：《教会学生思维》，北京：教育科学出版社2001年版，第80页。
⑥ 朱智贤：《思维发展心理学》，北京：北京师范大学出版社1986年版，第178页。

善于使用"汉堡原则",即当需要赞扬一个人的工作时,一定要及时且明确;当需要批评一个人时,就可以用修正性的反馈。汉堡的第一块面包是指某人的优点,中间的牛肉是指还存在哪些需要改进的项目,最下面一块面包是一种鼓励和期望。具体而言就是如果要帮助某个人认识他的缺点,可以先指出他的优点,然后说出他需要改进的地方,最后再给予一定的鼓励和期待。"汉堡原则"最大的好处是给人指出缺点的同时,不仅不会让人逆反,反而容易使人乐于接受。"汉堡原则"目前被广泛运用在绩效管理中。① 创造性的管理让每个学生都感到自己处于一个身心可以自由畅快舒展的空间里面,这样的学生事务管理才是科学的、人性的、发展的。

辅导员工作角色的完成是基于以上思想引导、发展辅导和事务管理三方面的工作内容划分来实现的,和谐的师生关系、对自由和纪律的合理态度是基础和保障。古代先哲的相关论述可是精彩纷呈。师生和谐方面:杜威(Dewey)强调学校不是职业培训中心,是人们为了一个共同目标合作共事的地方;奥古斯丁(Augustinus)认为师生协同协作(寓于彼此之中)是教育的基础,教师不是提供知识而是启发和激励思考;伊拉斯谟(Erasmus)理解的教育是温和而不惩罚,老师要先研究儿童与大人的不同,按自然规律教育(孩子只是孩子,你自己也曾经是孩子);蒙田(Montaigne)在《我谴责教育史上的一切体罚》提出,不能让学生沉溺于书本(植物太多水会死,油灯太多油会灭),应该让学生按自然和规律发展,老师不是灌输,因为灵魂不是一只注满的瓶子,而是一个生活的灶;夸美纽斯(Comenius)说人是奇妙的小宇宙,按自然规律发展,老师是太阳(自身发光且热量均匀照亮所有),老师的嘴是泉眼潺潺溪流,一个教师可以带几百学生(当初看是夸大教师的作用,但是就辅导员职业来说这些完全是可能的);洛克(Locke)重视个别教导和榜样的力量;裴斯泰洛齐(Pestalozzi)的使教育心理学化从卢梭自然主义教育思想引出,从研究人的天性转到研究人的心理,认为人如同一棵大树,从最嫩开始已经确定生长道路,树的精髓就是人的天赋能力,这是教育的基础,教育是园丁的艺术;第斯多惠(Diesterweb)在《德国教师教育指南》中指出:"教师对学校如同太阳之于宇宙,公民需要普通教育,教师需要专业教育,有正义感,创造性运用教学原则与方法,掌握教学艺术。"他说一个坏的教师奉送知识,

---

① 滕云:《高校辅导员职业化研究》,上海:上海交通大学出版社2013年版,第139—140页。

好教师教人发现真理；蒙台梭利（Montessori）认为教师就是准备适宜的环境（温暖营养有秩序），师生积极关系是教育成功的唯一基础；布贝尔（Buber）提出教师要有参与烙印品格的意识和决心，让学生抉择正确与应当，品格教育不能空泛说教（老生常谈）、不能带有隐含或明显的目的与动机（明显的品格教育和动机都行不通），品格教育的力量在于教师无意影响学生时产生的影响，所以师生间要建立信任关系（赢得信任就是可亲近可以参与生活的人，然后学生就会提问了），教师应该爱护学生（信任是打破心灵枷锁、是无条件的协调一致、是冲突时从爱护学生的立场出发保护学生、是不使学生心灵受到创伤进而摆脱困境），教学是教师熟悉科目前提下的品格对话（非人格化的知识专治）；罗杰斯（Rogers）整体的人的学习就是意义学习，家长与教师的外部关注（价值条件）极为重要，学生不是机械记忆或背诵某位教师或权威人士思想然后在考试中还给教师（而是积极主动重建自己），教学并非纯情感过程而是包含大量发展人格的理智内容，教育不要关心规则的一致性甚至期望犯错（自由选择）来增加给学生的指导机会，要既不操纵也不是窒息，是打破依赖性培养独立性与创造性。提倡学校创造有利于人性内部潜能实现的自由的心理气氛（只有当我们创造出这样的自由气氛时，教育才能成为真正名副其实的教育）。

对纪律的论述及惩罚的态度方面：雅思贝尔斯（Jaspers）的教育只是摇动与唤醒；蒙台梭利（Montessori）说自由和纪律是一个硬币的两面；罗素（Russell）坚决反对体罚、教师必须充满爱；最激进的尼尔（Neill）理解的自由也不是放纵，教育应该是把控制减少到最低同时对发展提供最积极的影响；马卡连柯认为教育的本质是尊重，所以教师要关心、共同尊重、平行影响、奖惩结合（惩罚看需要而定，是教育的权利也是义务，但是不能滥用，惩罚应当是教育即对犯错的体会）；斯金纳（Skinner）重视消极强化（与惩罚不同，惩罚是压制行为学生未受到教育，消极强化是发动行为）；苏霍姆林斯基认为教师宽恕（触及最敏感区域）优于惩罚，惩罚必先教育（不急于处分、先分析原因、让学生自身努力来改进）；当一切都不起作用的时候，惩罚（不是操作性条件反射）可能是一个很好的选择，呈现惩罚（提出新的刺激）与消除惩罚（消除已有的刺激，可能是学生愿意的形式，一般来说，消极强化指的就是惩罚），惩罚需要注意的是应该人性地理智地使用（提前告知、贯彻到底、不公开惩罚、惩罚的是行为而不是学生）。

对道德的理解方面：弗洛姆（Fromm）人道主义伦理学最高价值不是舍

己不是自私而是自爱，批评现代社会中人们受到的教育越多，就越缺乏理性，充其量只不过提高了智力，提高了在社会经济中角逐的能力，但是"透过事物的表面去了解人和社会生活中的本质力量的能力，却越来越枯竭"；赫尔巴特（Herbat）教育的目的必须关心学生成年所需要，可能的目的是可选择的，与职业选择有关和必要的目的是道德的目的，无论什么职业都必须具备的，教育的唯一与全部工作是道德；迪尔凯姆（Durkheim）认为个人谋幸福的目的本身就因人而异的，不确定的事物会使教育目的不确定，并对道德教育在维护社会稳定中期望很高，道德对丧失纪律集体感和缺乏自律功能的人来说作用是有限的，应该维护道德的神圣性并随着社会变化而变化；新托马斯主义马里坦（Maritain）认为道德教育是学校第一功能解决文明危机首先解决道德危机、道德上的再教育是非常紧迫的任务、道德的主要内容是爱；尼勒（Kneller）提出道德教育就是帮学生自由选择（不是自由选择的价值没有价值），教师负责告知无论选择什么都要承担后果（行为产生必须接受的后果），教师不是灌输而是帮助设置情境（可以任何责罚，前提是不伤自尊心），教学是艰巨的，自由的路途上很难撒满玫瑰花。

道德教育的实现是以思想引导、发展辅导和事务管理为基石的，布鲁姆（Bloom）认为只要教学时间充足，教学策略得当，绝大部分学生都能掌握主要的学习内容。学生学习的差异不是先天而是人为和偶然的。面向全体学生，对绝大多数学生有信心是掌握学习的理论立足点。进步教育之父，帕克（Parker）提出要给每个教室配备一个专业训练、文化教养、现身工作的教师，教师要有坚定地信念、教师在如何去做之前要能够去做……要实现以上的一切，辅导员具备以下核心素质则是前提。

三、辅导员的核心素质构成分析

辅导员角色定位的多重性决定了辅导员工作内容的多样性，学生小到进退洒扫的文明礼仪，大到人生观、价值观、世界观的形成，处处体现着辅导员的工作价值。从职位的角度来讲，担当和胜任什么样的角色就需要具备什么样的素质，这些素质通过影响的方式作用于工作对象，从而完成组织的目标。一般来说，作为教育者的辅导员对学生的影响分为权力性影响和非权力性影响，"权力性影响是指社会赋予个人职务、地位和权力等因素构成，这种影响具有一定的强制性。非权力性影响主要由影响者自身素质决定的，是建立在被信任的基础上的。"① 辅导员更多的是依靠综合素养、自身的人格魅力等非权力性因素发挥其影响力，需要学生的互动，在互动中发挥"个人魅力和影响力"来教育、引导、感化、发展学生。如此纷繁复杂的工作任务要求辅导员必须具备科学的、专业的个人素质与工作能力，这些素质和能力就是辅导员的核心素质。

（一）科学的工作理念

纵观西方关于教师信念的实证研究，将研究者的理论视角分为两种：特质理论和生态文化主义。特质理论的教育教师信念研究框架把教师信念（以及相关概念如态度、期望和知识）作为恒定不变的个性化因素（认为教育教学能力与生俱来），把教师信念作为一个稳定的结构（既定的教师信念导致特定的教育学实践行为，从而成为预测教师行为的重要条件。这一类研究一般为实验研究或准实验研究），为教师教育提供可预测教学行为的各种教师信念、态度和期望。生态文化主义理论的教师信念研究框架把教师信念置于教师所在的即时社会环境中（课堂、学校、家庭、国家、社会），认为教师信念与教师教学行为并非因果联动的关系，而是处于互动关系，即教师的信念产生于教师实践和教师的生存环境，受制于其所处环境的价值观和文化，并同时影响、指导教师的实践活动，同时教师在教学实践活动中进行的反思和积累的经验又可以改变教师已有的信念（信念高度杂糅，一次教育活动中可能同时使用科学主义和人文主义，不是先验体系而是在生活和教学情境中形成）。

生态理论的研究框架关注教师信念产生的文化、社会、国家等大环境和课堂中的具体教学情境。最外层是基于文化和价值观产生的教育信念，包括关于青少年发展、多元文化和学校的信念；第二层是基于国家和社会产生的信念，包括受到问责制和教育改革影响而产生的信念；第三层是教师教学即时情境下产生的信念，包括关于学生、教学内容和课堂互动的信念；最里层是教师内心对自己的信念，包括身份认同和教学效能感。生态理论对教师信念研究的基础是文化心理学，是对处于特定文化背景中人的心理的研究，而不是超文化或脱离文化；是对社会实践中人的研究，而不是在抽象实验室；研究人的主观意向。所谓文化心理或文化行为，是指人

---

① 翁铁慧：《高校辅导员行动指引》，上海：中国福利会出版社 2007 年版，第 234—239 页。

在一定的语境中具有的对一定的文化刺激所做出的该文化所规定的反应。文化心理学注重研究的生态性，心理学的研究对象和研究者都是人，具有意识情感思想气质性格，具有生物和社会双重属性；作为研究对象，人的意识性和社会性可能使其在心理学的研究中并不是按照自己的真实情况做出反应，而是在反应中带上许多掩饰甚至虚假的东西，会破坏研究的科学性和客观性；同时，人的研究还有发展性（注意纵向成熟因素）和差异性（针对大量的被试群体建立的统计规律，有时不适应个体）；人深深的文化印记造成对同一文化同一模式的影响会有完全不同的根据自己的文化做出的判断。所以研究主张在自然情境下、现实生活中个体与自然和社会的相互作用，保证研究对真实性，使研究结果与实际符合，生态效度相对高。

杜威曾说过这样一句话："选择了一种教育，就选择了一种生活。"教育理念一旦形成，就会成为教育工作者的工作动力，并成为相对稳定的精神力量。对于从事育人工作的辅导员而言，树立科学的工作理念至关重要。

首先，科学的工作理念建立在对辅导员职业的信念上。"教育必须有信仰，没有信仰就不能成其为教育，而只是教学和技术而已。"[①] 科学的辅导员工作理念是什么？信仰哪里来？工作理念如何形成？可以说没有哪个词能比"多因素"（over-determined）更恰当地表达影响辅导员工作理念形成因素的复杂性。辅导员的个人经历，以及他的知识结构、能力结构、性格与道德水平，也包括自身的教育环境，同时还包括所带学生（受教育者）对"受教育"的参与程度。这些因素往往交叉着起作用，具体问题所起作用又不一样，但其中教育观念的作用是永恒的、主导的。

观念究竟重要在哪里？培根（F. Bacon）的"性格决定命运"的名言几乎尽人皆知，但这一名言的前几句却展示了观念对一个人的指导作用。培根说："要注意你的观念，这会变成你的行为；要注意你的行为，这会变成你的习惯，要注意你的习惯，这会变成你的性格；性格决定命运。"从这里，我们理解到，追根溯源，决定命运的关键因素其实就是一个人的观念。对于一个辅导员来说，教育观念对其教育行为的指导意义，无论怎么夸大都是不过分的，其教育观念的结晶从信仰的角度就表现为他的教育哲学。

[①] 〔德〕雅斯贝尔斯：《什么是教育》，邹进译，北京：生活·读书·新知三联书店 1991年版，第44页。

在观念上每个辅导员必须认识到：在市场上买了伪劣产品最多损失的是几个铜板，而"接受伪劣的大学教育，损失的不仅是铜板，还有无价的青春"①。因为教育上的错误不可轻视。教育上的错误和配错药一样，第一次弄错了，绝不能借第二次第三次去补救，它们的影响是终身洗刷不掉的。②这些认识作为教育观念体现在行动上以后，就会形成相对稳定的教育理念。

其次，科学的工作理念需要具有现代的学生观念。在当前教育改革中有一种奇怪的现象，那就是人们的教育观念与教育行为不能够充分地统一起来。③ 传统的辅导员制度与现代先进育人制度在接轨的过程中不可避免地产生了这样或那样的问题。我们追其根本，发现其中的症结确实存在教育观念差错方面的因素，有些因素甚至是决定性的。由于辅导员制度以服务于某一"特殊"的政治、经济和文化要求为目的，辅导员队伍凸显出相对特立独行的职业特殊性，因此，当我们对辅导员发展问题进行研究时，不能只停留在技术层面，甚至是停留在政府及教育行政部门的口号上。理念支持着专业精神，"教师的专业精神包括教学的兴趣、庄重的态度、崇高的理想、待人的热情，把它们都用在教育上，就会使学生有如沐春风之感"④。这一切，要从辅导员的观念开始。而观念的形成，从认识学生开始，认识学生是认识教育的基础。事实表明，并不是所有教师都能正确认识自己的学生。⑤ 认识全体学生的理念，就是要满足所有学生发展的愿望，这是公平的理念："公平理念的建立是第一位的。"⑥ 在认识全体学生基础上形成的公平发展理念看起来抽象，对辅导员来说，实质是要建立一种后现代的学生观。

有什么样的学生观，就有什么样的教育观。⑦ 教育应因人而异，顺其自然。因此，辅导员在观念上首先该明确注重人后天的随机性和不确定性才

---

① 钟志贤：《教学设计视域》，北京：教育科学出版社2008年版，第5期。
② 〔英〕J.洛克：《教育漫话》，傅任敢译，北京：教育科学出版社1999年版，第2页。
③ 石中英：《知识转型与教育改革》，北京：教育科学出版社2001年版，第220页。
④ 朱宁波：《论教师的专业精神》，载《教育科学》1999年第3期。
⑤ 何晓文：《教育——发现与发展学生的潜能》，北京：教育科学出版社2003年版，第1页。
⑥ 何金辉、朱丽霞、胡卫：《办学体制改革：多元化的教育诉求》，北京：教育科学出版社2010年版，第4页。
⑦ 丛立新：《课程改革的教学支持研究》，北京：教育科学出版社2007年版，第3页。

是人个性发展的根本。中国封建文化影响颇深的"学而优则仕"的教育目的在教育中的影响时至今日仍然存在,它可以总结为我们的基础教育和中等教育追逐分数而忽略学生发展的本源。而后现代教育上注重人的个性发展和自然发展,管理、教育都应以人的发展为基准。这是我们在辅导员发展研究中支持的观点,就是要辅导员具备后现代的学生观,具体包括:(1)学生的存在是创造性的,"学生不仅是教育的对象,也是教育的重要资源"①。耶鲁大学校长贝诺·施密德特说"你们就是大学",这是对学生在大学地位的肯定。重视学生存在的创造性是教育观念的基础,是辅导员形成科学的教育理念的重要组成部分。(2)学生的存在是独特的,一切社会约束并不一定要排斥人的个性。②世界上没有两片完全相同的树叶,也没有两个完全相同的人。人们应该"接受和接收一切差异"③。学校和作为教育者的辅导员都必须接受和尊重学生的差异,学生的差异是教育的起点,也是教育的终极目标。照顾学生个别差异不是只关注成果的差异,而是帮助每一位学生学习有价值的,最基本的是相对于他本人来说是"合理的"内容,让他们能够在学校教育中成长、进步。同时尊重个性、发展个性的教育并不是无条件、无边际的。④关注学生的差异性,才是个性化、大众化、民主化的教育。辅导员作为教师真正的天赋有自我实现的内容,更多的则是将别人引入对天赋更深刻意义的思考,是将大家团结到一块的能力。⑤这个教育理念对支配辅导员的日常工作中有特别重要的意义。(3)学生的发展是长远可持续的,对社会科学的工作特性的理解涉及了"不言而喻"的东西。⑥育人工作需要辅导员有长远、可持续的发展观。笛卡尔说:"行动十分迂缓的人,只要始终循着正道前进,就可以比离开正道飞奔的人走在前

---

① 陈惠英:《课堂中的学生资源》,北京:中国轻工业出版社2006年版,第73页。
② 〔法〕E.迪尔凯姆:《社会学方法的准则》,狄正明译,北京:商务印书馆2001年版,第26页。
③ 王治河:《后现代主义的建设性向度》,载《中国社会科学》1997年第3期。
④ 钟启泉、张华主编:《世界课程改革趋势研究》(上),北京:北京师范大学出版社2001年版,第1页。
⑤ 〔加〕D.J.史密斯:《全球化与后现代教育学》,郭深生译,北京:教育科学出版社2000年版,第225页。
⑥ 〔德〕马克思·韦伯:《社会科学方法论》,李秋零、田薇译,北京:中国人民大学出版社1999年版,第1页。

面许多。"① 有时候，你努力了，但在学生那里未必就体现出有收获。就像"你可以把一匹马牵到河边去，但你不能使其一定会喝水"②。辅导员在理念上"要学生学会思考……学会解决问题的最佳途径，就是给他们需要的问题……"③ 对学生最大的帮助是促进他们潜能的可持续发展，使学生在身心和谐的基础上具备终身持续学习能力和创造力。要唤醒学生的主人意识，使学生明确哪些对个人成长意义，从而激活学生的能动性，最大限度地发挥出潜能。"学生的潜能就像空气，可以压缩于斗室，可以充斥于广厦——就看我们给他们提供什么样的空间。"④（4）师生关系是在平等基础上的对话关系。关于辅导员与学生的关系，有很多观点。华勒斯坦说"应该离开本位，走到对立面看事物"⑤。弗莱雷认为教师和学生是"你—我"式的对话型师生关系。"没有了对话，就没有了交流，没有了交流，也就没有真正的教育。"⑥ 在这里我们更愿意接受多尔的观点，他认为教师的角色应该是"平等中的首席"，使教师的作用在得到重视的情况下重新建构。"权威也转入情境之中……教师是内在与情境的领导者，而不是外在专制者（无论多么慈善）。"⑦ 当所有的大学生作为受教育者感到站在自己面前的辅导员不是教育者的时候，他们享受着最好的教育；当辅导员感到站在自己面前的不是被教育者的时候，他从事着最好的教育。

总结以上学生观，就是对一些传统观点的扬弃。过去的辅导员与教师一样"总是有一个错觉，教育赋予了教师无上的权威"⑧。认为管理是教育

---

① 〔法〕笛卡尔：《谈谈方法》，王太庆译，北京：商务印书馆2009年版，第11页。
② 〔美〕古德、布罗菲：《透视课堂》，陶志琼译，北京：中国轻工业出版社2011年版，第113页。
③ 〔加〕克里斯托弗·K.纳普尔、阿瑟·J.克罗普利：《高等教育与终身学习》，徐辉、陈晓菲译，上海：华东师范大学出版社2003年版，第71页。
④ 李常贵：《为了自由呼吸的教育》，北京：高等教育出版社2009年版，第109页。
⑤ 〔美〕华勒斯坦：《学科、知识、权力》，刘健芝等译，北京：生活·读书·新知三联书店1999年版，第130页。
⑥ 〔巴西〕弗莱雷：《被压迫者的教育学》，励建新译，上海：华东师范大学出版社2001年版，第93页。
⑦ 〔美〕多尔：《构建一种新的课程观》（上），王红宇译，载《中国教育资料》1996年第6期。
⑧ 丛立新：《课程改革的教学支持研究》，北京：教育科学出版社2007年版，第191页。

的一根缰绳，为了"画最美的图画"而将自己的意志强加给学生。辅导员所从事的高等教育"是动态的，是社会的一部分"①。对于教育对象应尊重理解，共同构建和谐的师生关系。比如说要尊重并适应学生个体的差异，就应该切实考虑到每个学生的不同需求，有的放矢地引导每个人都参与其中。在每个学生身上都找出他最强的那一面，使它作为这个学生生命的制高点，使每个学生的优势潜能得到最大化、最优化的发展。以生命发展为中心真正理解学生，放下传统的意识融入学生其中，才会平等地对待每位学生。尊重也是要在一定条件之下的，比如表扬有益，但也不是都要使用表扬才好，"有效表扬的关键在于质量而不是频率"②。但有时候，"表扬和支持很容易，可能不经意间就排斥了一些学生"。学生对平等是很在意的。③这个简单的例证就是告诉我们理念的问题是多么复杂，而恰恰这些教育中基本的问题反映和支配着我们的理念。

此外，集体观念是建立科学工作理念的重要项目。辅导员工作的最基本单位是班级，所以班级管理理念是辅导员建立科学的工作观念中最重要的一个项目。传统的单纯强调管理职能的班级的管理规则（行为准则、道德规范、规章纪律）的制定不是为了学生个体的发展而是为了它本身的存在而设，是为管理而管理，用生硬划一的规则要求所有学生无条件去实现所谓的标准。这种班级管理规则"满足了管理而不顾到教育，这是对心智的压迫"④。现代大学的无固定教室和学分制，让学生对实际意义上的班级概念日渐淡化。如果要学生有参与的兴趣，关键的要求就是有很强的集体观念。⑤

集体从某种意义上说意味着对人们生活的部分约束，"关怀和爱就意味着取消一定的自由。"（尼伯格，Nyberg. D）所以从理念上让学生"反对无

---

① 〔荷〕弗兰斯·K.范富格特：《国际高等教育改革比较研究》，王承绪等译，杭州：浙江教育出版社 2001 年版，第 12 页。

② 〔美〕古德、布罗菲：《透视课堂》，陶志琼译，北京：中国轻工业出版社 2011 年版，第 67 页。

③ 〔澳〕科林·马什：《初任教师手册》，吴刚平、何立群译，北京：教育科学出版社 2005 年版，第 48 页。

④ 赫尔巴特：《普通教育学·教育学讲授纲要》，李其龙译，北京：人民教育出版社 1989 年版，第 23 页。

⑤ 〔美〕克里夫·贝尔：《优化学校教育——一种价值的观点》，戚石学等译，上海：华东师范大学出版社 2003 年版，第 8 页。

端的强加的约束，但不能拒绝所有的约束"①。班级管理的目的是促进学生发展，通过合理的规划、科学的管理，实现班级管理的持续性发展。班级组织有一个特征是"半自治性"，因为它是由非成人组织，不能完全靠自身的力量来管理自身，在"相当程度上要借助外部力量"②，而大学的辅导员是班级管理中外部力量的核心力量，学生是发展的第一主角，辅导员在班级的"教育应该使每个人都能发现、发挥和加强自己的创造潜力，也应有助于挖掘出隐藏在我们每个人身上的财富"③。建立以人为本的管理理念是要记住"教育的首要作用就是使人类掌握自身的发展……应该使每个人都能掌握自己的命运……"④ 辅导员在班级中必须做到不偏不倚，一视同仁。不在任何时候随意给学生贴标签，不看重一时一事，用信任和期待对待学生发展中的一切问题，牢固树立"每个学生都会好起来"的管理理念。要切实把自己定位在"我"只是班级管理中的一员，每一个学生又都是这个班级的主人。"道德是对规则的尊重，是对社会团体的依恋。"迪尔凯姆传统上以"命令""服从"作为管理的标志，其实是"官本位"的意识泛滥。这要求辅导员首先要抑制自我权威意识，时刻把自己放在与学生平等的地位上尊重和理解学生，这样从外部条件上保证了学生作为班级主体的权利，师生之间的对立感消除。信任学生使学生从思想上意识到自己是班级的主人，积极思考和研究班级存在的问题，在管理的过程中找到自己的位置，实现自我管理自我教育的目的。辅导员在这一过程中引导、参与、创新地寻找处理解决各种问题的方法和途径，在人际关系中塑造个性，这正是人际关系艺术家创作的真谛。⑤

讲到这里，有人或许会问：不是说师生要绝对平等才是合适的学生观吗？无疑，在理念上永远把握师生的绝对平等是正确的；但在操作层面，辅导员要做好那个平等中的首席，是要起到主导作用的。这就是辅导员要建立科学的教育理念里"科学"的真正含义。事实上大量的研究已经表明，

---

① 〔美〕克里夫·贝尔：《优化学校教育——一种价值的观点》，戚石学等译，上海：华东师范大学出版社2003年版，第68页。
② 吴康宁：《教育社会学》，北京：人民教育出版社1998年版，第279页。
③ 联合国教科文组织：《教育——财富蕴藏其中》，北京：教育科学出版社1996年版，第26页。
④ 联合国教科文组织：《教育——财富蕴藏其中》，北京：教育科学出版社1996年版，第68页。
⑤ 鲁洁著：《教育社会学》，北京：人民教育出版社2001年版，第421页。

"师生双方在互动中的地位不是平等的,互动过程的主导仍然是教师"①。由此可见教师建立科学的教育观念的重要性。研究表明,世界上很多国家在进行教师教育改革的过程中,都首先重视教师教育观念的问题。如"日本在教育改革中先着重教师观念的转变,以此作为教师教育改革的指导思想"②。

(二) 全面的工作知识

做人的学问是一门包含综合性复杂性的学问,没有广博的知识和相关学科整体的支撑,是不可能完成教育的神圣使命的。③ 辅导员知识基础的确立应该以他的活动对象和范围及其发展方向为依据,对辅导员的职位进行分析后发现,辅导员岗位对知识的需求是特别广泛的,甚至都到了包罗万象的程度。而进行具体分析后,还是能找到有关辅导员知识问题方面的逻辑的。

传统的辅导员工作处于尴尬的"半专业"状态,没有成为真正的专业人员,队伍也总体呈现着职业的不稳定性,在社会认知方面也没有得到足够的尊重,造成这种局面的原因很多,而不具备学者和专家的广博知识是其中最重要的。没有严格的专业规范,不进行科学的专业训练,广博的知识从何而来?自然会使这个专业准入门槛不统一,势必造成人人可以进入的无专业限制状态。所以说具备全面的、科学合理的工作知识是辅导员发展的基础。

所谓合理的,是合规律性、合目的性和合规范性的统一。④ 合理性有另外一种意义,指的是一系列的道德行为,容忍、尊敬别人的观点,乐于倾听,依赖于说服而不是压服。⑤ 体现在辅导员的知识上就是要辅导员能具备因地、因人、因时的知识,能实现前面所有工作内容方面的需要。从合理性的角度理解就是客观上符合教育规律,主观上要符合教育目的。毕竟辅

---

① 吴康宁:《教育社会学》,北京:人民教育出版社1998年版,第292页。
② 朱宁波、张志宏:《日本教师专业发展特征的嬗变》,载《辽宁师范大学学报》2004年第2期。
③ 杨芷英:《教师职业道德》,北京:高等教育出版社2000年版,第149页。
④ 郝文武:《教育哲学研究》,北京:教育科学出版社2009年版,第6页。
⑤ 〔美〕理查德·罗蒂:《后哲学文化》,黄勇译,上海:上海译文出版社2009年版,第75页。

导员作为一个特殊身份的教师，对其身份的理解可以从不同的角度得到不同的答案，对其知识的理解也跟一般性的知识有所不同，即能解决问题的知识。在调查中，认同辅导员也是知识分子的比例很小（16.7%，见第四章表4.5），因为在学识方面辅导员没有教师在讲台上为学生传递专业知识那样的影响。但对一个学生的成长来说，非专业领域的教育和辅导对学生安身立命的影响可能更大，而传授非专业领域的知识正是辅导员工作的使命。

从知识的角度说，随着"读图时代"（后现代的观点之一，认为在当代社会以宣讲真理与普遍价值对人进行规劝训诫的阅读文本正在被图像、符号所代替，图像、符号越来越成为人们的阅读对象，在这些阅读对象面前，每个人的理解都是合法的）的到来，瓦解了"宏大叙事"为特征的人类普遍认同的价值与知识。合理性的工作知识是要求辅导员以传播普遍价值为己任，以智慧为生活目的，远离低俗文化，在创造中激发学生思考。如雅斯贝尔斯所言："创建学校的目的是将历史上人类的精神内涵转化为当下生机勃勃的精神并通过这一精神引导所有学生掌握知识和技术。"[1] 这要求辅导员专业所要具备的工作知识应该能体味到的理性的力量，"至少需要在精神上与日常事务的惯例与压力保持距离"[2]。因为教会学生领悟的过程就是体验智慧。面对纷繁复杂的现实生活形态为辅导员的"教学"工作提供了相当丰富的养料，在动态更新的生活世界里，还给学生本来内心生活世界的自信，让学生学会"用知识解释生活世界；能批判自己对生活世界的解释；学生学会对生活世界进行理论批判；让学生对生活世界进行实践批判（合理改造）"[3]。

按照前面工作分析的辅导员队伍工作职能，我们知道辅导员处于三个角色的交集之中，这些职能所扮演的每一个角色都要求有一定标准的专业知识，再结合大学生思想政治教育的主要任务，就会发现要建立辅导员系统的知识结构，似乎是一件不可能实现的事情。但要实现辅导员工作的科学化和专业化的发展，辅导员又必须具备这些素质结构要求的基本专业知识，还需要在工作中检验，通过实际工作锻炼而得到提高。

辅导员岗位首先是一种职业岗位，任何职业岗位都有对其岗位人员素

---

[1] 邹进译：《什么是教育》北京：生活·读书·新知三联书店1991年版，第33页。

[2] 〔英〕弗兰克·富里迪：《知识分子都到哪去了》，戴从容译，南京：江苏人民出版社2005年版，第30页。

[3] 李长吉：《教学论思辨》，北京：教育科学出版社2009年版，第61页。

质结构的要求。笔者参照了"三要素"的分析框架①，把人的素质按层次性分为生理素质（包括先天遗传与后天获得的）、心理素质和社会文化素质三方面。将这个分析框架与辅导员岗位实际结合，我们便可以分析辅导员素质的知识基础、职业能力和"做人"品格。②以往的研究对辅导员的知识问题有争论，但是没有清晰、明确的解决这个问题的方案。因为辅导员在繁杂的岗位工作中究竟需要使用哪些具体的知识没有人能说得清楚、具体。知识爆炸的今天，"一个人只能希望成为精通有限领域学问的人"。③对这些知识的论述都是本人调查研究和实践过程中认同的观点，而现实中辅导员在这方面发展问题的存在，不是过去研究的不到位，也不是人们没有在实践中给予足够的支持，应该是路径选择方面出现了偏差。辅导员需要专业的培养，这个层面的道理大家还都清楚明白。但是在操作中需要哪些具体的知识？设置哪些课程？就没有人能说清楚了。辅导员已经不单纯是专职负责思想政治教育工作，其全面的育人职责要求与过去仅在思想政治教育视域下的研究本身就有不足。因此，为了解决这个研究路径选择的问题，在充分调查研究的基础上，本研究试图在教育学原理的视角下，依托思想政治教育学科，再与教育学、管理学、心理学、法学等有关学科结合，勾画一个"辅导员学科"的系统知识框架。总体上，辅导员的知识将不再以书本和教师为中心，是有价值的知识，是一种终身学习的意识和能力，概括起来是：

Know-how，知道如何做——完成任务的方法；Know-who，知道找谁——清楚从哪里获得资源；Know-what，知道干什么——能从事具体工作；Know-why，知道为什么——能了解事物发生的原因和背景；Know-where，知道在何处——指导和预见事情的发生和进展；Know-when，知道什么时候——选择时机和事务的态度。④这个对知识的概括是理论上我们对辅导员所需知识的划分依据，而在实际工作中，辅导员的工作是包罗万象的，也就是说，具体到知识的要求上，每一项具体工作的要求也都是具体

---

① 孙立春：《素质教育新论》，济南：山东教育出版社1999年版，第100页。
② 张再兴：《高校辅导员队伍建设理论与实践》，北京：人民出版社2010年版，第113页。
③ 〔美〕约翰·S.布鲁贝克：《高等教育哲学》，郑继伟等译，杭州：浙江教育出版社1987年版，第24页。
④ 郑新蓉：《现代教育改革理性批判》，北京：人民教育出版社2003年版，第150页。

的，所以在这方面想通过研究给出一个具体的答案也确实不容易。为此，在问卷中我专门对辅导员所需的知识的重要性问题进行了多选提问，细分为基础知识结构、专业知识结构和实践知识结构几方面的排序（见表5.1）。

表5.1 辅导员工作知识的重要性调查问卷1-2结果统计表

调查内容	选 项	次数	排序
39. 基础知识结构（可多选）	A. 公文写作	337	1
	B. 办公自动化	329	2
	C. 言语表达	291	3
40. 专业知识结构（可多选）	C. 心理学理论	347	1
	D. 管理学理论	332	2
	B. 教育学理论	327	3
41. 实践知识结构（可多选）	A. 党团建设知识	340	1
	B. 职业规划与就业指导知识	333	2
	C. 心理健康教育知识	329	3

1. 基础知识结构

所谓基础知识是指辅导员应具备的基本礼仪知识，基础写作知识，交往、谈话知识，现代办公知识及基本人文知识，法律知识等。

基本礼仪知识是辅导员职前教育实践中不可或缺的基础内容。基本礼仪包括仪表礼仪、教学礼仪、生活礼仪三个部分。仪表礼仪所涉及的是个人穿着打扮、举手投足之类的小节，但却表现着文化修养，事关辅导员队伍整体形象和学校形象的大事，是其立身处世之根本所在。比如眼神的交流，当学生遇到困难时，辅导员的眼神应该充满安慰和鼓励；当学生犯了错误，辅导员的眼神是严肃敬畏的；当学生取得了优异的成绩，辅导员的眼神是温暖和快乐的。比如身体的姿势，辅导员要注意自己的身体姿势，尽量避免向学生传递消极或错误信息。教学礼仪是辅导员在教育管理过程中渗透的必要的礼仪。辅导员生活礼仪是前两个礼仪的延续，体现在与他人包括领导、同事相处过程中的礼仪。礼仪知识对教育者的要求是"以关心尊重学生为核心,以激发学生的积极性、创造性为归宿"①。它是学校文化的灵魂。苏联教育家马卡连柯曾说过:"培养我们的老师怎样站、怎样坐、怎样从桌子旁边站起来,这一切都是很有必要的。"② 中国高校在这方面最有代表性的是张伯苓,治学有著名的容止格言:"面必净,发必理,衣必整,纽必结;头容正,肩容平,胸容宽,背容直;气象:勿傲,勿暴,勿怠;颜色:宜和,宜静,宜庄。"③ 张先生对学生的要求让我们反思,从中可见教师一举一动的重要性。辅导员要知道,同样是穿衣服,教师的服饰就与众不同。"教师服饰是自尊的表现,也是对别人的一种尊重,既要美,又要自然。"④ 也可以这样说,礼仪是一种知识,也是一种文化,是辅导员让自己拥有教师的资质,带上教师的符号,变得"像"个教师的"熔炉"。⑤ 基本礼仪的知识都掌握了,辅导员的内在素质与外在表现才能和谐统一。具备了礼仪的基础知识,才能在教育的舞台上完成对学生的塑造。

基础写作是人们在长期写作实践中形成的关于写作的基本知识和基本能力,基础写作知识作为传递信息、规范行为、公务联系的重要手段是辅导员必备的基础知识之一,在辅导员日常管理工作中用途广泛。辅导员每日工作都几乎与通知、规定、工作报告、工作总结、倡议书、新闻稿等工作内容密切联系,这些文档的写作都需要有规范的写作方式和写作模式,这就要求辅导员具有基本写作知识。此外,由于辅导员充当着管理者、学校行政工作人员的角色,公文写作知识也是辅导员应掌握的常识性知识之一。

谈话知识也特别重要,谈心教育是指辅导员以掌握学生思想动态、解决大学生思想问题为目的而开展的"一对一""一对多"交流的工作方法。谈心在辅导员具体工作中有重要的地位,实现与学生的直接对接,有助于增进交流,加深师生情感,使师生互相信任,理解和尊重,使学生亲近老

---

① 刘维俭、王传金:《教师职前教育实践概论》,南京:南京师范大学出版社 2007 年版,第 3 页。
② 柳建营:《大学礼仪教程》,北京:学苑出版社 2005 年版,第 53 页。
③ 韩延明:《大学理念论纲》,北京:人民教育出版社 2003 年版,第 220 页。
④ 刘维俭、王传金:《教师职前教育实践概论》,南京:南京师范大学出版社 2007 年版,第 295 页。
⑤ 龙宝新:《教师教育文化创新研究》,北京:教育科学出版社 2009 年版,第 19—20 页。

师，进而信任老师。谈话是一门学问，也是一门艺术，辅导员不但要有较高的思想修养和道德水准，还需有广博的知识和较高的分析问题解决问题的能力。"听君一席话，胜读十年书。"辅导员要掌握足够的谈话艺术，才会收到较好的谈话教育效果。谈话之前首先要了解情况，对问题有个预判，然后根据谈话对象的情况选择适合的谈话方式及谈话场所，是面对面还是利用电话、网络，是在办公室还是在学校操场、图书馆、运动场、校园甬路……选择什么样的时机以什么样的形式开始谈话都是辅导员要用心思考的，越是自然、随意的方式，越是自由宽松的环境，就越能进入学生的心灵世界，就能更好地解决问题。其次是谈话过程中要学会应用两个艺术手段，即心理变换艺术和倾听艺术。心理变换的艺术，这种换位思考的谈话从一开始就建立了平等的谈话基础，能加强谈心工作的针对性。将心比心地进行角色的扮演、感受的迁移，极易引发共鸣，达到师生思想的"共情"。倾听的艺术，积极地听，用专业咨询的方式听，听到完整的信息，学会倾听过程中的换位移情，让学生时刻感受到老师的专注，感觉到老师没有偏见，达到成功地倾听。这样才会赢得信任，达到谈话教育目的。第三是谈话后跟进的艺术。学生思想的不稳定性，决定了谈心教育结束后仍有可能存在波动的情况，辅导员要建立长期的谈话机制，使谈心教育法有始有终，从了解信息开始，到总结谈话效果结束，把握好教育的最佳时机。"如果不在恰当的时候给予适时的教育，可能带来终身难以弥补的损失。"[①]要让每个教育环节都在学生的发展中发挥着应有的作用。

此外，现代办公知识、人文知识、法律知识等也是辅导员基础知识体系的重要组成部分。现代办公知识改变了过去复杂、低效的手工办公方式，实现迅速、全方位的信息采集、信息处理。信息时代要求辅导员必须掌握现代办公知识，学习和运用计算机和网络基础知识已经成为辅导员日常工作的一部分。人文知识的学习能够提高辅导员的文化素养、审美情趣，思想意识、认识能力。法律是由国家制定和认可并由国家强制保证实行的行为规范体系。高校辅导员作为大学生的领路人，应走在增强法律意识、实践法律理念的前列。国家的法律法规、高等教育的相关规范、大学生的思想教育管理规范都应该成为高校辅导员必备的法律知识。

2. 专业知识结构

20 世纪 80 年代以前，对教师知识的研究只注重寻求与学生成绩或成绩

---

① 朱小蔓：《情感德育论》，北京：人民教育出版社 2005 年版，第 17 页。

提高之间统计意义相关的教师知识。80年代后，国外研究沿着两条研究轨迹不断深化：一是以舒尔曼（Shulman）为代表的、以教师知识内容指向为分类依据所提出的教师知识的结构框架；二是以教师的个人知识或时间知识为立足点。舒尔曼在这一时期首次提出了教学内容知识（Pedagogical Content Knowledge, PCK）的概念，将教师的学科内容知识和一般教学法知识融合起来，即来自于教育心理学取向的如设计教学、管理课堂和激发学生学习动机等教师将学科内容转化和表征为有教学意义的形式、适合于不同能力和背景学生的能力的知识，将其他知识（课程、学生、背景、文化差异）知识作为独立的类型单独列出。同时，艾尔贝兹（Elbaz）发现了教师以独特的方式拥有一种特别的知识——这是对"实践知识"探索的肇始；舒尔曼的学科知识指的是具体学科的概念、规则和内容等；格罗斯曼（Grossman）的学科知识包括两方面的内容，一是学科内容本身，二是外在的学科教学法的知识；吉麦斯坦德和豪（M. J. Gimmestad and G. E. Hall）也将学科知识列入教师的知识结构中，他们提出的学科知识也是指教师所教学科内容方面的知识，并认为这种普通知识需要一定的深度；美国教育学院学会的师资教育改革中心梅纳德·雷诺兹（Maynard）的初任教师必备知识14项，也对教学法知识有所涉及；伯利纳（Berliner）指出，教师知识结构包括三方面：学科内容知识、学科教学法知识和一般教学法知识等；斯滕伯格的划分是：内容知识、教学法知识、实践知识。

国内对教师知识结构理论功能取向的研究中林崇德把教师知识结构分为本体性知识（基本保证）、文化知识（广博）、实践知识（细节+个人经验）和条件性知识（教育学+心理学）四部分；学科取向的教师知识结构研究：单文经（台湾）的教师知识思想认为教师的知识结构应包括一般的教育专业知识和学科知识两大部分；实践取向的教师知识结构研究：根据教师知识实际存在方式的不同，陈向明把教师知识分为理论性知识（外显）与实践性知识（内隐）两类；复合型取向的教师知识结构研究：叶澜突破以往教师知识研究平面化的局限，认为教师的知识结构是多层次复合的，主要有三层（科学、人文；专业；教育学科类）。刘清华认为知识结构由八部分构成（学科+教育学知识的拓展）。

以教师知识理论为基础，辅导员作为教师的角色在高等教育中不仅要参与教育与领导工作，更多的还要参与管理，这就需要适应其多重身份的不断变化。作为教育者，辅导员应使用功能多样的管理手段在课堂内外对学生开展教育。有时采取直接的方式，如为新生开设指导课、组织老师或有关专家开展有针对性的教育；有时采取间接的方式，如环境的营造以引导学生自我反省的教育。还为学生发展自己的兴趣爱好创造条件，以促进个体文化在环境中的发展。① 作为领导者，辅导员要具有理解、重视和培养团队的意识，协同解决有关冲突，在信任和授权基础上构建工作环境，鼓励学生各抒己见、创建并清楚表达共同愿景，培养多视角的思维方式等能力。作为管理者，要坚持以管理促进发展为目标，同家长、学校、学生建立建设性的关系，发展优秀文化，鼓励学生积极向上，培养责任感。三种角色中，"领导"和"管理"涉及的是做正确的事和把事做正确，而"教育"更强调解决人的观念问题。辅导员的不同角色及工作性质决定了辅导员工作是一项复合型的工作，需要以多种学科的专业知识为基础并积淀形成专业化的知识体系。

（1）马克思主义理论。马克思主义理论是社会主义国家的指导思想，社会主义大学的任务是培养社会主义事业的合格建设者和可靠接班人。马克思主义在意识形态中处于指导地位，同时，它又是现代思想政治教育学科建设和发展的根本条件，是思想政治教育科学化的保证。辅导员专业本身就是以思想政治教育为主要依托的，其专业知识结构的基础自然包括马克思主义基本原理。辅导员可以从中深入学习并应用辩证唯物主义和历史唯物主义的观点、劳动观点和实践观点，还有关于人的全面发展理论、青年教育理论、社会存在与社会意识关系的理论等。毛泽东思想和中国特色社会主义理论体系，是马克思主义理论在中国的延伸，是我们党最宝贵的政治和精神财富，是中国思想政治教育实践的指导理论。通过学习这些理论，辅导员便能准确把握科学发展观的科学内涵和精神实质，在实际工作中才能永远把握正确的方向。

（2）思想政治教育理论。高校辅导员是中国高校大学生思想政治教育的主要承担者，是高校思想政治教育工作的重要力量。思想政治教育是辅导员工作的核心内容，相应的知识和理论体系是辅导员专业知识的核心内容，理论中包含思想政治教育理论基础、思想政治教育发展历史、思想政治教育方法理论、思想政治教育管理理论等。辅导员通过学习这些理论，可以受到思想政治教育专业技能与方法的基本训练，掌握从事思想政治工作的基本能力，树立正确的职业理想，以培育优秀人才推动社会进步为己

---

① 储祖旺、胡志红：《学生事务管理专业化论》，北京：科学出版社2010年版，第6页。

任,志存高远,爱岗敬业,把本职工作与祖国的未来命运紧密相连。遵守法律法规,遵循教育规律,推动教育创新。品格教育的内涵是要把社会需要的那些美德变为人的性格的一部分,变成人的比较稳定的习惯、态度。①以人为本全面实施素质教育,遵守职业道德规范,以身作则,求真务实,潜心研究,实事求是,以自己良好的思想和道德风尚去影响和培养大学生。② 乌申斯基说的关于教师的情感和人格魅力对学生心灵的影响"是任何教科书、任何道德箴言、任何惩罚和奖励制度都不能代替的一种教育力量。教师的信念和个性品质在教育中具有决定性意义"③。思想政治教育理论能让辅导员有教师道德教育的意识和自觉性,对每个学生都有信心,具有教师道德教育的热情,并提高相应的能力。

(3) 教育学理论。教育学的研究对象是教育现象和教育问题,是对人类教育活动的科学理论与实践进行归纳总结,探索解决教育活动中遇到的实际问题,揭示一般教育规律的科学。作为高校教师的一员,学习教育学有助于辅导员树立正确的教育思想,提高贯彻中国社会主义教育方针、政策的自觉性,认识和掌握高等教育规律,确立现代科学的教育理念,提高学生事务管理的工作能力和水平,全面提高教师素养。学习教育学,可以使辅导员在实际工作中自觉顺应教育发展规律,引导学生树立正确的人生观、世界观。

(4) 心理学理论。心理学是研究心理现象发生、发展规律的一门科学。既是一门理论学科,也是应用学科,包括理论心理学与应用心理学两大领域。教育和心理学的密切关系已成为一种常识,教育是一种实践的技术,一切技术必须有科学的基础,而教育主要的科学基础之一就是心理学。④ 当前,随着社会的转型及就业竞争的加剧,学习、工作、人际交往等压力对大学生心理产生了极大的影响,大学生的心理问题日益增多。从学生发展上说,"创造性首先强调的是人格,其次是成就"⑤。高校辅导员作为学生管

---

① 朱小蔓:《情感德育论》,北京:人民教育出版社 2005 年版,第 7 页。
② 杨芷英:《教师职业道德》,北京:高等教育出版社 2000 年版,第 8 页。
③ 戴本博:《外国教育史》(中),北京:人民教育出版社 1990 年版,第 385 页。
④ 潘菽:《心理学和教育》,载《教育心理研究》,1940 年创刊号。转引自黄济、王策三主编:《现代教育论》,人民教育出版社 1996 年 3 月第 1 版,第 106 页。
⑤ 〔美〕马斯洛:《存在心理学探索》,李文湉译,长沙:湖南人民出版社 1987 年版,第 131 页。

理工作的一线人员,是与学生交流最频繁、接触最广、对学生影响最深的教育者,在大学生心理健康教育中扮演着无可替代的重要角色。不断加强对大学生的适应性、承受力、调控力、意志力、思维力、创造力及自信心等心理素质的教育与培养是高校辅导员的重要工作。为此,辅导员必须系统学习心理学理论,以理论为基础,了解学生心理变化,掌握学生心理动态,感触学生内心世界,有的放矢开展工作。

(5) 管理学理论。管理学是系统研究人类管理活动普遍规律、基本原理和管理方法的一门学科。把辅导员同时纳入高校专业教师和党政干部队伍的管理体系进行管理,让辅导员既是大学生日常思想政治教育的承担者,也是基层学生事务的管理者,负责学生基层集体建设的组织和管理,承担规章制度的建设与执行,课外活动的组织与管理,集体建设管理与创新等工作内容,辅导员作为管理者的角色决定着管理学理论是其重要的专业基础理论。当前,随着高校的不断扩招,辅导员管理的学生人数增多,管理难度不断增大,要想有效地发挥辅导员管理的职能,做到科学化管理、人性化管理,更需要辅导员具备系统的管理知识理论,懂得管理的艺术。学会如何科学分析外部环境,找出辅导员专业发展的优势与机会,使环境的威胁与不利对辅导员专业发展的影响降到最低,是高校辅导员队伍专业发展进程中的重要支撑。[①]

(6) 哲学理论。《易经》告诉我们:"形而上者谓之道,形而下者谓之器。"教学生砺器和悟道一直都是大学的基本使命。重视言传身教的普鲁塔克(Plutarchos)认为,唯有学问不朽与神圣,而哲学最优先,所以一个教师必须是热爱哲学、研究哲学的教师。辅导员学习哲学不是为了学习深奥的原理知识,而是从中知道下面一个道理:即使是一棵树,"我们并不是从树根上,也不是从树干上,而只是从树枝的末梢上摘取果实的"。学生并不是"知"了就可以的,转化成"行"才是摘取了果实。对辅导员的哲学高度怎么要求可能都不过分,最好是科学、哲学、教育都融洽地汇集到辅导员的身上。比如学习康德,作为一个教育家,你从哲学看他的时候,很容易想到科学。从科学看他时,又很容易想到哲学。[②] 在学校里,有观念文化,也有环境文化。而今,隐性文化亦进入了课程。辅导员与学生关于品

---

① 杨德广:《高等教育管理学》,上海:上海教育出版社2006年版,第325—328页。
② 张楚廷:《课程与教学哲学》,北京:人民教育出版社2003年版,第16页。

性的交谈，关于道德问题的专题讲座，都在这个范围之内。① 布鲁纳《教育过程》中的"三任何"是说任何学科的基本原理都可以用某种形式教给任何年龄的任何人。② 这里的"某种方式"是要从哲学的角度找到"正确的方式"，这是从哲学角度要求辅导员的职业需要"特有"的方式。

真正的教育不应只依附于科学，而应该从哲学的角度获得本原，随着时代的发展，"就像战争意义太重大，不能完全交给将军们决定一样，高等教育也相当重要，不能完全留给教授们决定"③。以前，高等学校因为纪律规定开除一个学生几乎不会有什么争议；今天，"法院会毫不犹豫地复审侵犯学生"利益的行为。例如，关于学生在校学习期间恋爱婚姻的规定，在几十年前那是大逆不道的行为，而今天都是合理合法的事了。这是高等教育的现状，是社会进步的表现。作为管理者，辅导员充分认识并适应这个过程，显然没有哲学思维是不行的。

由于今天的学生比过去的学生成熟多了，家长对他们也更加的放松，在法定年龄以后，把大学生当作受监护的未成年人的做法已经不复存在了。管理机构在"学生个人生活方面的法律和道德责任逐渐减小"。按照杰弗逊的理论，"所有政府的合法权利都来自被统治者的同意，他们主张，所有与学生有重要关系的决策都应该征求学生意见（沃尔夫，1969）"④。作为高等教育的消费者，学生有权利要求在教师的任命、晋升、解雇方面拥有一定的发言权。对于高等教育的这种"民主化"，不是所有的辅导员都赞成的，他们不愿意让学生享有平等团体成员的地位。由此可见，大学的管理者们用理性的思维对待学生的权利要求是必要的，如此才能让接受教育者心服。如康马斯（1970）说："毫无疑问，大学是理性的堡垒，否则就不是大学。"从根源上说，大学所要解决的是思辨的问题。⑤ 最基本要学生回答的也不外乎"我是谁""我现在在哪里""我要到哪里去"这三大哲学命题。个人的哲学信念在认清自己生活方向方面是唯一有效的，如果一名教

---

① 张楚廷：《课程与教学哲学》，北京：人民教育出版社2003年版，第19页。
② 张楚廷：《课程与教学哲学》，北京：人民教育出版社2003年版，第28页。
③ 〔美〕约翰·S.布鲁贝克：《高等教育哲学》，郑继伟等译，杭州：浙江教育出版社1987年版，第29页。
④ 〔美〕约翰·S.布鲁贝克：《高等教育哲学》，郑继伟等译，杭州：浙江教育出版社1987年版，第38页。
⑤ 〔美〕R.M.赫钦斯：《美国高等教育》，汪利兵译，杭州：浙江教育出版社2001年版，第63页。

师或教育领导人没有系统的教育哲学,并且没有理智的信念的话,就会茫茫然无所适从。① 著名的洞穴比喻表明,我们不可能通过洞壁上的影像认识身后的事物,除非转过身来;我们不可能知道太阳是万物的主宰,除非被拉出洞外。② 关于哲学的重要性还能列举很多,如恩格斯说:"一个民族要想站在科学的最高峰,就一刻也不能没有理论思维。"③ 关于教育哲学的基础,布鲁贝克的观点是,存在两种高等教育哲学,一种主要以认识论为基础,另一种则以政治论为基础。探讨高深学问的认识论方法是想方设法地去摆脱价值影响,而政治论则必须要去考虑价值的问题,要在一定程度上根据现实需要使两者实现最大程度的和谐。④ 辅导员专业教育存在的哲学基础可以是认识论的,也可以是政治论的。

(7) 高等教育学理论。学者张德祥认为,高等教育社会学主要研究的内容是社会分层和高等教育之间的相互影响关系,以及高等教育机会均等问题。各种职业对学历要求的变化使人为了提高竞争优势而追求高学历。社会分层对高等教育的多方面影响也是客观的,如对教育目标、内容、过程等都有影响,学历既影响人的最初职业选择,也会影响未来的竞争水平。另外,在高等教育发展进程中必须要致力于实现高等教育机会均等的问题,这也是辅导员教育中至关重要的理论基础,让更多的人在入学机会、过程和获得成功的机会方面实现平等。

赵文华在《高等教育系统论》中强调,研究发展问题要有一个系统的观念,因为"系统这个术语越来越被用来指那些特别适用于解释复杂问题的科学方法",研究辅导员专业发展,除了要关注高等教育系统之外,还要关注基础教育系统,同时还应重视高等教育系统与环境的相互关系。使对发展问题的诊断不是仅仅依赖零星的革新,而是要建立整体的改革图景。⑤ 房剑森在《高等教育发展论》中说明,从可持续发展的角度看,"发展质量"比"发展速度"更重要。辅导员作为教师,在专业发展方面需要的适

---

① 桑新民:《呼唤新世纪的教育哲学——人类自身生产探秘》,北京:教育科学出版社1993年版,第4页。
② 张志伟:《西方哲学十五讲》,北京:北京大学出版社,2004年版,第82页。
③ 《自然辩证法·马列著作选读》,北京:人民出版社1988年版,第159页。
④ 〔美〕约翰·S.布鲁贝克:《高等教育哲学》,郑继伟等译,杭州:浙江教育出版社1987年版,第13—17页。
⑤ 赵文华:《高等教育系统论》,南宁:广西师大出版社2001年版,第210页。

应性、多样性和发展性都是以高等教育发展的本质属性为基础的。发展论为我们思考辅导员教师专业发展问题提供了一个面向未来的视野，是我们研究专业发展质量问题的得力助手。

以上对辅导员知识的论述也是从知识构成的五方面进行的，分别是一般方法论知识、一般科学文化知识、教育学科知识、学科专业知识和实践知识。获取专业知识是辅导员专业化建设的核心，只有具备了深厚的专业知识，才能有效地开展工作，真正将辅导、服务落实到学生日常学习及生活事务中。作为教师身份的辅导员，其身份与一般教师不同之处表现在，他们不仅要有具备从事学生思想政治教育专业的知识与能力，同时也要具备从事使学生思想能够向实际转化的技能，还应该有开展日常思想政治教育活动的管理和组织的能力。

3. 实践知识结构

水之积也不厚，则其负大舟也无力；风之积也不厚，则其负大翼也无力。① 辅导员除了要具备基础和基本专业学科知识外，还需要具备在复杂的情境中解决具体问题的实践知识。

实践知识是教师在教育实践中实际使用或表现出来的知识（也包括缄默知识），是教师内心真正信奉的，在日常工作中实际使用的理论。实践知识支配着教师的思想和行为，体现在教师的教育教学行动中。仅仅通过理论的传授与学习是不能造就具有专业化特征的教师的，只有在亲身的体验中去领悟和内化理论知识，让理论和实践实现真正的结合，才能体现出理论对实践的指导意义和价值。教师专业发展的核心是教育知识的增长和教育才能的提高，发现每个教师在教育实践活动中获得的隐性知识才能，分享、交流和体验，同行在教育实践中获得的经验和感受，是教师专业发展中非常重要的内容和丰富有效的营养。② 如果将辅导员应具备的知识比作一座冰山的话，理论知识是露在水面的部分，实践知识以内隐形态深藏在知识冰川的下部，是辅导员专业发展的支撑。理论上，教师实践知识包括以下六方面的内容：教育信念、自我知识、人际知识、情境知识、策略性知

---

① 瞿葆奎主编：《教育学文集——教育目的》，北京：人民教育出版社1989年版，第1页。

② 钟启泉、高文、赵中健：《多维视角下的教育理论与思潮》，北京：教育科学出版社2004年版，第316页。

识和反思性知识。① 按照教师专业发展理论，在教师教育目标上，不仅要给予未来教师或在职教师所缺乏的一定教育理论知识、技能、态度和信念，而且要揭示、分析和发展他们已有内隐的教育知识、技能、态度和信念。② 应用到辅导员的工作层面，实践知识包括党团建设知识，心理健康教育和干预知识，职业发展规划和指导的知识，网络思想道德教育知识，学生恋爱、消费、安全等日常事务教育等。调查中，下面几项知识作为非常重要选项排在前面，这种实践性知识与辅导员的专业知识形成互补，共同构筑起辅导员的实践知识体系。

（1）党团建设知识。高校学生党团建设是培养社会主义接班人的重要内容，是国家实施科教兴国战略、人才强国的基础工程。辅导员的工作就是通过加强党团班的建设，以保证党团组织的政治导向性和组织约束力，巩固班级组织的文化导向性和活动凝聚力。党团建设包括对团支部、党支部的培育与引导，对团员进行管理，对入党积极分子的培养，对预备党员的培养，以及对正式党员的考核等。辅导员要熟知党团建设的基本知识，鼓励学生学习先进的科学文化知识，将各方面表现优秀的学生推选为入党积极分子，再通过党校学习等形式，将入党积极分子的严格把关发展成为预备党员，最终推选为正式党员。同时，辅导员要掌握党支部、团支部建设的实践知识，以学生党员和入党积极分子为主体，与学生党支部建设相融合；以内强素质外塑形象为形式，推进党团建设的全面深入开展。

党团教育导向明确、实践性强、参与性广，所以自然具有很强的凝聚和指引作用。在大学生日常思想教育工作中是有战略地位的，这要求辅导员必须具备一定的党团知识，把握住社会需求的方向，提高学生的兴趣，引导学生在实践中主动、自觉地接受党团教育。

（2）职业发展规划与就业指导知识。找出一个人适宜做的事业并获得实现的机会，这是幸福的关键。③ 从某种意义上说，就业是学生上大学的基本目的。随着时代的发展，大学生就业形势不断发生着变化，传统的就业指导模式已经不能适应时代的要求，注重生涯规划的新型就业指导模式成

---

① 刘维俭、王传金：《教师职前教育实践概论》，南京：南京师范大学出版社2007年版，第5—7页。

② 石中英：《缄默知识与教学改革》，载《北京师范大学学报》2001年第3期。

③ 〔捷克〕夸美纽斯：《大教学论》，傅任敢译，北京：教育科学出版社1999年版，第199页。

为辅导员工作中必备的一项实务。

大学生职业生涯规划是指辅导员辅导学生在对内外环境因素分析的基础上，对个人兴趣、能力、特长及发展目标进行有效地规划，以促使学生个体发展为根本目的。它贯穿大学教育的全过程，依据心理学、职业社会学、教育学的原理，对学生的个性特征进行分析判断、咨询，使学生在正确认识自我的基础上其身心素质、一般职业能力、个人特殊能力都得到发展，让学生学会有效地调整就业期望，正确地为自己做出选择。职业生涯规划与就业指导要求辅导员首先要面向全体学生，在尊重个体差异的基础上，适应社会发展的需要，让每个学生都从中找到符合自己客观条件的标准。其次，辅导内容要突出重点。就是使学生的择业观更贴近现实，更趋于理性。发展观上教育学生不要固守一步到位的观念，价值观方面教会学生力所能及才是适当的，选择观上让学生明辨金钱与机会的辩证关系。新的就业观正如法国原劳动和社会部部长雅克·巴罗说过："在新的就业模式中，不会再有终身职业了，取而代之的应该是人人拥有终身的机会。"再次，辅导形式注重社会实践。一千次的理论说教不如一个切实的实践经历更有效。辅导员要在大学四年的社会实践中有计划、有组织、有层次地对学生进行安排和指导，使学生在毕业就业前已经具备"工作"经验。

不同年级的学生在职业规划方面应有不同的内容。一年级的学生先从树立职业生涯规划的意识开始，在了解学校、专业及大学学习生活的基本环境的同时，初步确立个人的职业目标并配套建立相应的实施方案。二年级的学生主要侧重于了解本专业及配套的专业岗位，通过社会调查，了解本专业发展所要求具备的专业知识和专业能力，再进一步分析、评价自我以后对一年级的实施方案进行修正。就是要学生拓展职业规划方面的知识，认真掌握专业基础知识，系统优化知识结构，学会查找问题，分析、研究问题。三年级的学生要进行职业选择问题思考方面的教育，要深入到学生自己兴趣特长方面的岗位进行的社会实践，然后进行比较分析，并找出自己在专业能力方面的差距。确定学生适合的职业，并着重进行职业适应能力的培养。四年级学生要进行什么样的职业是适合的和现实的教育。在实习岗位上全面演练专业所学，重点进行就业应聘的准备，如信息搜集整理、招聘情景模拟培训、就业政策及法规教育、简历制作、现场及网络应聘的实战，就业协议的签订等技术性教育。

在四年的生涯规划与就业辅导中，按年级阶梯式地进行职业道德教育，辅导员应该具备相应的知识储备才能有指导学生发展的能力。主要有诚信教育、勤奋、爱岗敬业等精神教育的知识；礼貌礼仪修养教育的知识；择业观念教育，主要针对市场变化，转变就业观念的知识；就业心理教育，让学生以健康的心态面对就业的知识；形势与政策教育，让学生知道国家的就业方针、政策以及有关的制度的知识。有了这些知识才能教育学生努力实现由学生身份向职业人的角色转变，树立发展性就业观念，以健康的心态，积极主动地应对就业市场的各种变化，实现个人选择与职业要求之间的最佳匹配。

（3）网络思想教育实践知识。信息网络技术的发展使社会的各个领域都在发生广泛而深刻的变化，网络技术以其丰富的表现力、便捷的信息传递、充分的资源共享而在高校得到了越来越广泛的应用。现在的年轻人更多地在虚拟世界中度过："以前学生的直接经验——学习过程的大部分是在学校之外的日常生活中进行的，是通过现实世界实现的。然而，对计算机的利用导致了一种非常重要的转变，现在很大一部分学习是通过在电脑上玩游戏或寻找某种补偿进行的。"[①] 在多元化的信息渠道面前，辅导员和学生在获得信息的机会、时效和范围上因为有了互联网而变得完全平等。运用互联网信息技术，实现思想政治教育、管理的网络化，通过网络进行思想政治教育工作，已经成为高校辅导员对学生进行思想道德教育很重要的一个课题。由于网络对大学生的观念及行为方式产生的影响越来越广泛，以网络为平台展开的思想道德教育是新形势下思想道德教育的必然要求。为此，"16号文件"专门强调，"主动占领网络思想政治教育新阵地""牢牢把握网络思想政治教育主动权"。

网络思想教育实践首先要把握网络思想教育的新特点。由于网络的虚拟性，要求辅导员能够主动参与，用对话、启发的方式引导学生主动思考，使之形成正确的思想道德观念。这要求辅导员要更加尊重学生的需要和兴趣。另外，网络克服了时空障碍，真正实现了教育的"四通八达"，辅导员与学生、学生之间的交流是全方位的，每个人都在扮演教育者与受教育者的双重角色，是实现学校、家庭、社会教育一体化的最佳平台。

在互联网条件下，大学生们在信息获取、国际交往、休闲娱乐等方面正在逐渐对校园网络媒介形成依赖，形成了校园网络文化。这种网络文化是一把双刃剑，存在很多的消极方面，导致了大学生价值观的变化，辅导员要明确网络思想道德教育的特殊性，需要用先进文化占领新的思想阵地，

---

① 王晓阳：《大学社会功能比较研究》，北京：高等教育出版社2003年版，第330页。

坚持弘扬"红色"的正面教育引导德育主流；全力封堵"黑色"的，确保网络安全；坚决删除"黄色"的，净化网络环境；着力疏导"灰色"的，引导学生健康成长。通过"遵守社会公德，创建网络文明""依法使用网络，做文明守法网民"等课程和行动的教育，让学生自主构建正确的网络观，形成良好的网络道德行为。辅导员要加强自身的信息知识准备，充分利用网上信息资源，探索科学的网络思想道德教育方法，使自己始终处于网络思想道德教育的主动、优势地位。

（4）心理健康教育知识。熟知心理健康知识，帮助学生认识到健康心理对成长、成才的重要作用，通晓教育的方法和途径，帮助学生培养良好的心理健康品质和自尊、自强、自律的优良品格。研究表明，中国成年人的心理健康问题有不断增加的趋势。在中国年满20岁的成年人当中，有心理障碍者每年以11.3%的速度增加，大学生中16%~25.4%的人有心理障碍的数字的触目惊心。[①] 辅导员要让学生正确对待心理问题，知道"个性与群体的冲突，对人类社会的每个个体来说，几乎是永恒存在的"[②]。掌握个体咨询、团体咨询、电话咨询、网络咨询、书信咨询等多种知识，能为学生提供及时有效的心理健康咨询与辅导，帮助学生树立健康心理意识，增强自我调节能力和社会适应能力，消除心理困惑，缓解心理压力。对于个别出现心理偏差的同学要多加关注，进行干预，及时处理突发心理事件。

同时，辅导员自身的心理健康不容忽视。教师不是圣人，不是不食人间烟火的神仙，与普通人一样扮演者自己的角色，在单位，是一名教师，在社会上是子女、父母、旅客……在心理健康方面，同样存在这样或那样、或轻或重的心理行为问题，辅导员的心理健康不仅事关个人和家庭幸福，而且直接影响到他所带学生的发展。辅导员的心理健康问题，不能单纯地从教师职业道德的角度考虑，这样是有缺陷的，应该从完整个体的角度，在职业生涯发展的全过程中，对辅导员进行全面的认识和对待。辅导员的职业特点和承担的社会责任，让他们处于各种矛盾的结点上，各种压力会随之而来，从而为心理问题的滋生提供了温床。辅导员的心理问题之所以应该引起重视，除了辅导员的心理问题会直接影响大学生的发展以外，还直接关系到辅导员老师本人的幸福感和生活质量，关系到辅导员自身的专

---

① 俞国良、宋振韶：《现代教师心理健康教育》，北京：教育科学出版社2008年版，第1页。

② 朱小蔓：《情感德育论》，北京：人民教育出版社2005年版，第7页。

业发展，正确认识辅导员的心理健康问题，对辅导员、大学生、高校教育乃至国家的命运都会有积极的意义。因此，辅导员学会心理调试的知识和方法，对辅导员的发展是大有裨益的。

（5）安全预警知识。保证学生的生命安全是辅导员开展一切工作的最基本前提和最起码的底线。近年来，随着高校办学规模的扩大，开放性比过去更大，社会上观念、意识、利益方面比较激烈的冲突也反映在校园里。校园安全问题出现了增多的趋势和比较复杂的局面，从一些案例来看，校园安全问题发生在大学生身上的主要原因是大学生社会经验不足，易感情用事，防范意识淡化，法制观念薄弱。辅导员应该具备全面的安全教育知识，然后通过实训提高学生的技能，再通过情景假设进行模拟演练，提高学生的安全防范能力。

安全问题可能演变成危机。当前，高校里大学生常见的危机有五类：一是大学生日常行为危机，主要指严重的违纪违法事件；二是适应与发展危机，包括学业、生活、恋爱、人际关系及就业等方面危机；三是身心健康的危机，包括身体患重病及严重心理疾病等；四是意外事故危机，学生自杀事件或意外死亡；五是群体性的危机事件，如集体游行、流行病、自然灾害等，群体性危机的社会影响更大。高校学生危机和特征有意外性、突发性、不确定性、普遍性、特殊性等特点。辅导员在高校学生危机中的作用和功能是其他教师和管理人员所不具备的。辅导员是危机预警的"第一人"，也是危机应对的"第一人"。有人形象地把辅导员在学生危机管理中的作用比喻为"摄像头""预防针""镇定剂""润滑剂"和"创可贴"。[①] 这是对辅导员在高校学生危机发生前、发生时、发生后的作用全过程形象地做了比喻。"摄像头"是要密切关注学生动态，及时掌握信息。"预防针"是制定预案，分析异常现象，消除危机隐患，并及时向上级汇报有关情况。危机一旦发生，要争取主动，坚守岗位，使慌乱中的学生镇定下来，应对危机的过程中要承上启下，承前启后，协调好学校、学生、家长、媒体之间的关系，做好桥梁纽带。任何危机事件都会给学校、学生、家属带来或轻或重的危害，善后工作的处理是辅导员责无旁贷的工作，这就是"创可贴"的作用。这些能力的基础是相关的知识，有了这些知识，管理上就能做到有备无患，"我们看到了什么，常常由我们想看到什么或准

[①] 谭胜兰、管峰：《高校学生危机事件中辅导员角色定位的思考》，第三届全国青少年发展论坛，2008年5月。

备看到什么所决定"①。因为心系学生,就能观察到每个学生,使危机的问题最大程度地得到预防。

  辅导员在开展高校学生危机的工作时,要按程序进行。建立健全预警监管机制,完善信息传递网络,建立常态化的危机管理运作机制,可以有效减少危机发生率及降低危害。高校的危机事件往往伴随着相关人群的心理问题,因此建立并完善危机事件中心理问题应对的工作体系是非常重要的,需要有规范的工作流程,完善的校园危机事件的法治化管理渠道。在校园危机事件处理过程中,也能够反映出学校相关规章制度的合理性和有效性,辅导员应该及时提出建议,通过不断完善相关的规章制度,使危机事件的解决有法可依、有章可循,避免事态的升级和遗留问题的产生。具体地说,在程序上要做到以下几方面:首先要科学预案。《学记》教给我们要"禁于未发",学生危机管理的最佳状态是将问题在萌芽状态消灭,危机的预防比处理更加重要。辅导员所处的位置是高校危机处理系统的最佳观测点,建立科学、严密、长效的学生危机预警机制是辅导员在危机处理中的首要工作,于无声处听惊雷,尽早发现,快速反应,会提高危机的处理效率,降低危机的处理成本;辅导员要牢牢树立"危机管理、预防为本"的思想,具有"防不胜防也要防""管了没用也要管""说了没用也要说"的观念,对危机管理常抓不懈。其次,要关注"特殊学生"。具体问题具体分析,异常情况及时处理。再次,要高效处理。在处理突发事件过程中,处理速度、把握尺度和人员协作性居于重要地位,学生危机防不胜防,一旦发生了,辅导员要在上级部门和主管领导的带领下,按照已制定的应急预案迅速介入,稳定局面,高效率地将危机事件处理完。要"以人为本",把学生利益放在首位,时刻以维护学生合法权益为根本,维护学生的尊严,保护学生的生命财产安全。这些要求并不意味辅导员要唯学生要求是从,要遵循国家法律法规,实际工作中经常会用到《教育法》《高等教育法》《未成年人保护法》《道路交通安全法》《学生伤害事故处理办法》《治安管理处罚法》《普通高校学生管理规定》等法律法规。辅导员要熟悉这些法律法规,并能客观公正地运用,用科学的态度、全局的观念,并注意工作的每个细节,要利用可以利用的一切手段,实事求是地处理危机事件,使学校及各方当事人的合法权益都得到保护。最后是要善后总结。任何一个学

---

① 〔美〕鲍里奇:《教师观察力的培养——通向高效率教学之路》,么加利等译,北京:中国轻工业出版社 2006 年版,第 2 页。

生危机事件的扫尾工作都一定要辅导员一一归位的。在做到上对学校，下对学生都有满意的结果以后，辅导员要静下心来，反思总结事件的得失，检查预案的科学性、合理性，把日常工作需改进的地方进行整改总结，然后形成书面材料，将事件作为案例，以备其他辅导员进行借鉴和参考，在实践上完成该项经验的传递。

（6）主题教育知识。道德教育的主题一般都相对稳定，却又常思常新，有恒久的讨论价值。[①] 思想政治教育工作是所有工作的核心，如何保证思想政治教育工作收到实效，是每个辅导员每天都要思考的工作之一。灌输、说教能有一定的作用，但已经不适应时代发展的要求。傅维利先生说过，"中国的道德教育要改变注重道德说教的局面，我们必须在发展学生道德判断、情感和行动方面切切实实下番功夫"[②]。在实际工作中，辅导员结合学生的实际，可通过内容丰富、形式多样的主题教育活动，贯彻党和国家的教育方针、政策，培养学生爱国爱校的情感，以及提高学生的综合素质。

主题教育按内容、形式和受教育者的不同可分为以下三个类别：

根据内容不同，有以爱国主义为主旋律的主题教育活动，如理想信念、形势政策教育；以学生个人发展为主题的教育活动，如诚信教育、礼貌礼仪教育、专业技能教育、基本生活常识训练、就业技能训练、心理健康教育、安全常识教育等；以重大节日和纪念日为主题的教育，爱国主义教育方面的建国、建军、抗日胜利等纪念日的教育，感恩教育的有劳动节、重阳节、父母亲节、妇女节、感恩节等纪念日的教育，传统教育的有春节、清明、端午、中秋等节日的教育，青年励志方面的如青年节、"一二·九"活动纪念日等节日的教育；学校所在地的地方纪念事件如南京的高校可选择以不忘"南京大屠杀"为主题的教育，锦州的高校可选择以"辽沈战役胜利"为主题的教育等。根据形式不同，有知名人士的报告类主题；专业知识技能、科技发明方面的竞赛类主题；寒暑假及青年志愿者团体的社会实践类主题；文化节、体育节等文体活动类主题；青年励志、职业规划类主题；心理健康教育类主题等。根据受教育者教育时段的不同可分为新生入学教育、爱校荣校、适应大学生教育、专业学习教育；毕业生的择业观、感恩、文明离校、职业道德教育；特殊学生群体如特困生的自强励志教育，少数民族学生的民族团结教育。

---

① 朱小蔓：《情感德育论》，北京：人民教育出版社 2005 年版，第 1 页。
② 傅维利：《美国道德教育的特点及对我们的启示》，载《教育评论》1989 年第 4 期。

通过以上三方面对主题教育内容的介绍，我们不难看出主题教育导向明确、实践性强、参与性广，所以自然具有很强的凝聚和指引作用。反映到辅导员的知识层面，这些工作内容的要求是非常广泛的，有时候对知识的要求是需要综合考量的。比如大学生的思想呈多元的特点决定了在主题教育活动中，辅导员作为教育者的主导性与学生的多样性总是不能完全契合的，这个矛盾就是贯穿主题教育活动始终的矛盾普通性与特殊性的关系。辅导员需要坚持社会主义核心价值观的要求，同时具备哲学的基础理论知识，在尊重学生多样化发展要求的前提下，有的放矢，使学生的思想、行为、综合素质符合时代发展的需要。要实现这样的主题教育目标，要将社会发展对大学生的要求与大学生自身发展的需求结合起来，形成以学生为本的、时效性强、凝聚力大的教育"主题"。把传统的单纯落实上级思想政治教育任务过程转化为学生自我实现的发展需求，使思想政治教育内化为学生自身需求的部分。所以，每一个主题教育活动都要进行广泛调研，把握住社会需求的方向，提高学生的兴趣，保证活动的针对性，要充分利用可调动的一切资源，引导学生在实践中主动、自觉地接受主题教育。

（三）系统的工作能力

知识是能力的基础，而知识的储备与辅导员能力的发展又不全是正相关的。辅导员的发展需要具体化的知识，更需要创造性的能力。对高校辅导员工作能力的概念和定义也有很多，个人认为辅导员的工作能力就是辅导员在工作中要完成教育者、管理者、服务者的角色所应具备的能力和本领。不同学者对辅导员能力的划分也因为研究视角和研究理论基础的不同而不一致。笔者在研究中建议，根据辅导员职业能力在学生教育管理工作中具有普遍性和特殊性，继续使用"工作分析"的方法，将辅导员的工作能力分为一般管理基础能力和系统专业岗位能力。

1. 一般的管理基础能力

能力种类视域下的教师能力理论源于心理学能力的成果：一般能力和特殊能力；一般能力指在各种活动中都需要的能力，如观察力、记忆力、抽象概括力、想象力和创造力等，抽象概括能力是一般能力的核心；特殊能力是指在某种专业活动中表现出来的能力。关于基准性—鉴别性的二维教师胜任力理论的研究缺乏统一的见解，但对胜任力的研究中可以看出，这些强调价值观，动机，个性和态度，技能，能力和知识等特性。基准胜任力和鉴别性胜任力最早是由斯宾塞（Spencer）定义，容易培训的知识技能是基准胜任力，短期培训不易获得的是鉴别胜任力；麦克利兰（Meclel-land）定义为冰山上的知识和技能为基准胜任力，冰山下的社会角色、特质和动机等为鉴别胜任力。国内对基准性—鉴别性的教师胜任力的研究代表人物为张厚粲和徐建平等人，认为基准胜任力是门槛性的即行不行的问题；鉴别胜任力是好不好的问题。

辅导员的角色是个管理岗位，从管理的角度，分析一个职业的素质能力的组成首先是基础能力，这是对岗位的基础素质要求；按照现代管理理论的普遍观点，从计划、组织、领导、控制这四个职能，分别分析出各个职能的相关能力。[①] 按照严正在《管理者胜任素质》里面研究提出的项目，我们对相关能力项目作为问卷以多选的形式进行调查，针对辅导员这个岗位的职能要求，对排序列前的能力项目，作为本研究支持的辅导员岗位的一般管理能力（见表5.2）。

（1）基础能力。第一，体现为敬业与责任感。表现在热爱本职工作，有良好的职业道德与使命感，乐于奉献，勇于承担责任。来源于认同高校管理文化，明确工作使命，知道个人发展与学校和学生发展的连带关系，胸怀大局。第二，职业生涯规划。表现在对个人的发展有短期和长期相结合的职业规划，对工作本身有成功体验等。来源于对辅导员工作的热爱与兴趣，主动更新自己的知识和技能，并积极采取相应（常规或非常规）的办法。第三，自我管理能力。表现在强力的事业心、责任感、使命感组成的自我约束和自我管理的能力。来源于有很高的辅导员职业道德修养，对自己的工作负责，用行动做学生榜样，严格遵守各项法律、法规，在各种利益面前能做出正确的判断。第四，学习能力。表现在通过各种渠道，学习新知识、吸取新经验，不断提高有利于未来发展的学习力。来源于对新知识有强烈的渴求，善于总结和反思，将日常的学习与生涯规划的目标不断调试，在工作中学习，在工作中提高，面对变化，知道首先从学习中提高自己。第五，自我反省能力。表现在时刻都能正确地认识与分析自我。来源于有清晰的自我角色定位，重视阶段性的自我总结，对自己的评价客观、公正，善于通过改善缺点来提高自己，在不断总结经验的过程中提高自己。第六，自信、坚持与积极的人生态度。表现在乐观、积极、健康向上的精神，对自己自信，对凡事都不回避。来源于工作热情投入，不计较

---

① 严正：《管理者胜任素质》，北京：机械工业出版社2007年版，第1页。

个人得失，敢于面对挑战，相信自己，用行动解决实际问题。有持之以恒的精神，充满健康向上的而活力。即使面对压力，也知道通过不断努力，朝既定目标前进。第七，人格魅力。表现在充满活力，现代，公众影响力强。来源于自信、豁达，积极健康的态度，温文尔雅、张弛有度的为人处世态度，充满智慧有满身的正能量，从不过度，也不一意孤行，从不轻言放弃，善于以身作则，影响力比一般人要大。

表 5.2 辅导员工作能力项目的重要性调查结果（多选题目）统计表

调查内容	选项	次数	排序
42. 基础能力（可多选）	A. 自我管理	342	1
	D. 自信乐观	340	2
	B. 学习力	238	3
43. 计划能力（可多选）	A. 战略思维	389	1
	C. 规划力	342	2
	D. 环境分析	297	3
44. 领导能力（可多选）	A. 控制力	349	1
	D. 社交能力	276	2
	C. 诚信度	260	3
45. 组织能力（可多选）	A. 全局意识与组织能力	347	1
	B. 专业精神与行动力	248	2
	D. 解疑与创新能力	189	3
46. 人事能力（可多选）	B. 指导帮助	317	1
	A. 知人善任	251	2
	D. 团结合作	249	3

续表

调查内容	选 项	次数	排序
57. 系统工作能力项目（可多选）	A. 沟通与表达能力	352	1
	C. 管理与控制能力	298	2
	B. 观察与分析能力	274	3

（2）计划能力。第一，战略思维。表现在能清晰理解组织的战略思想，依据实际情况采取相应的措施，保证组织战略的实现。来源于正确地理解学校的育人目标，会科学地分析环境的机遇与挑战，有效地实现学校的发展战略。第二，判断力。表现在对所见所闻能有效地综合在一起，对可行或者实际的行为形成清晰的看法，进而形成正确的判断。来源于在快速地消化信息的基础上，科学地验证和判断，理智地保持独立，合理地连接过去的信息，形成系统的方法，比如有深思熟虑地习惯。第三，规划力。表现在能够重视规则和秩序，会划分事物的重要性等级，有计划有步骤地安排工作，有条不紊。来源于稳重成熟，清楚地知道自己在组织的地位，明确工作任务，能充分掌握和利用资源，合理、有效地制订计划。比如时间管理，个人能平衡时间需求，还能影响周围的人科学地规划和使用时间。比如制订计划，能准确地理解上级的思路，有效地整合资源，制订计划的过程中能以组织的目标为核心，从而在实行时取得最优化的成果。第四，环境分析。表现在能准确地分析自己和组织所处的环境，知道如何适应和利用环境。来源于懂得管理战略，明确外部环境和内部环境的关系，知道适应环境的方法。第五，远见。表现在维持对周围事物的感知力，会在变化发生前做好准备。来源于这是不同于感知和经验的概念性思考，能依据过去的经验，对未来可能的变化做出正确的判断，在采取措施方面也游刃有余。善于思考，与时代同步。比如在信息收集方面，好奇心加灵活的思维，善于借力。在演绎能力方面，善于把事物拆分成具体的小块，运用理性分析，得出正确的结果。在归纳能力方面，知道不明显或者无关人和事的关联性，在复杂的情境下判断出潜在的问题，并科学地运用方法予以解决。

（3）组织能力。第一，全局意识与组织能力。表现在能明确组织的整体和长远的目标，清楚自己的位置与责任，严守规则，知道怎么组织和准备才会实现目标。来源于知道大和小，会认真评估现有的资源，知道如何取舍以实现目标，能预断好潜在的问题，组织的过程中有足够的弹性策略。比如团队意识很强，会从支持别人的角度理解自己的工作。第二，专业精神与行动力。表现在明确专业领域内的原理和方法，驾驭能力强，行为主动性高，充满自信，不畏困难，敢于面对工作的挑战。来源于好学、好研究，深层次地理解专业，愿意寻求也愿意帮助别人解决专业的问题。敢于创新，有冒险精神，从无畏难情绪，敢于承担责任，在行动中不断修正和提高自己。第三，协调能力。表现在能妥善处理组织内的各级关系，促成相互理解，从而获得支持与相互配合。来源于愿意聆听，且表达能力要强，沟通渠道优良，重视信息分享，信息传递速度快而准确。在严格筛选和评估信息后，能选择科学合理的行为方式，在协调能力很强的基础上表现出创造性。第四，解疑与创新能力。表现在能抓住工作的本质，提出创造性的解决方案并付诸实施。来源于解析能力强，短时间内发现问题的关键，愿意听取众人的意见，并迅速提出优秀的解决方案。抗压能力强，敢于面对不回避。经常在继承中有创新的表现。

（4）人事能力。第一，人本精神。表现在尊重所有人性因素，追求共同和谐的发展。来源于建立共赢的思想，充分考虑所有关系的不同需要，帮助别人找到最合适的发展空间。包容力强，懂得欣赏与自己不同的观点，不固执己见，经常换位思考，愿意为了对方的需要而做出调整。第二，知人善任。能识别和发掘别人的优势与潜能，使之最大限度地发挥作用。来源于保持良好的沟通，知道每个人的优点与特长，同时掌握劣势与不足，注意理解下属的需要，最大限度地给每个人以发展空间，共同实现组织的理想。第三，指导帮助。表现于能帮助下属面对所有的问题或困难，并帮助他们培养处理问题与困难的能力。来源于重视经验与分享，多培训与指导下属，教会下属在工作中不断检验、调整和提高。每一个意见和建议都是建设性的方式，以大家理解和愿意接受的方式进行指导。第四，交流与交往能力。表现在清晰地交流和平等的尊重，高度信赖，氛围良好。来源于无论是口头表达或者是文字还有聆听等都必须在平等、中肯的方式下进行，根据不同人的性格和具体环境需要，采取随机应变的方式，建立高度信任的关系，增强针对性，达到乐于沟通、有效沟通的目的。使交流交往的能力不断提高。第五，团队合作。表现在精诚团结，密切合作，共同完成任务，共同享受成功的快乐，共同面对困难与挫折。来源于建立务实、勤恳的工作作风，善于沟通，诚实守信，号召力强，发挥每个人的优势与潜能，体现自身的价值所在，用各种有效的方式增强大家的团队荣誉感。

（5）领导能力。第一，追求卓越。表现在对成功有强烈追求，有克服障碍、完成挑战的能力。来源于自我要求高，对成功强烈渴望，敢于冒险，不安于现状。不但对自己要求高，对身边的人影响力也大，会以目标为导向来整合资源。第二，控制能力。表现在自我驾驭能力、认知能力强，尊重他人，能以平静的心态面对挫折。来源于正确地认识自我，心态积极向上，工作效率高，成就感强，愿意接受别人的意见，重视他人的感受。特别是居安思危，对违纪的预警和控制能力强，需要有强烈的社会责任感和使命感，安全第一，洞察力高，遇到问题不回避，敢于面对，也敢于承担责任。让身边的人有足够的安全感。第三，领导力。表现在信任、关心下属，指导、训练下属提高工作能力。思维流畅，行动干练，号召力强。来源于营造高水平的信任氛围，团结周围的人一起努力，心态积极，与大家多创造一起奋斗的机会，共同体验战胜困难的乐趣，知人善任，让每个人都知道自己是特别重要的。演讲力、鼓动力都强，同时勇于承担责任。第四，诚信度。表现在拥有积极的人生观，公平公正，道德观念强，严于律己，以开放的心态，虚心学习别人的优点，言行一致，敢于担当，信守承诺。来源于平时工作生活的每一点每一滴都时刻注意自己的言行，让每个人都知道自己的可信是不需要有什么时间或者地点以及人物的限制的。第五，社交能力。表现在为了组织的发展，不断地进行有益的活动。来源于与上下级同事等关系良好，公众形象好，沟通能力强，心态开放，有广泛的社会关系网络。

为了保证和进一步提高本研究的信度，对以上这些理论分析中提到的一般管理岗位的基本能力与辅导员岗位的契合度做了问卷调查，结果也与分析的大体一致。有了岗位需要的基本能力就能做好辅导员的工作了吗？从理论上说应该是的。传统的没有专业限制的辅导员招聘，其实是对这个结论的默认。研究表明因为辅导员工作的对象是人，不是具体的按程序操作的工作；辅导员职务分析的结论也验证了，辅导员工作还需要特殊的专业能力。可能在此方面会有争论，如果是鸡与蛋谁先谁后的争论，那就会回到在复杂性理论中，回答是两者都对的局面。[①] 回到本课题对辅导员发展的研究的出发点——解决问题，笔者认为获得了基础管理能力，再结合辅导员角色定位和对应的工作实务分析，就能得出辅导员岗位所需要的系统

---

① 〔加〕迈克尔·富兰：《变革的力量——透视教育改革》，加拿大多伦国际学院组织翻译，北京：教育科学出版社2004年版，第140页。

专业能力。从课题宏观的角度的解释就是在教育学原理的视角下,以管理学为基础,结合思想政治教育和心理学等有关专业的理论,为辅导员的发展问题寻求新的出路,旨在解决现实发展中的实际问题。

2. 系统的专业岗位能力

岗位能力是指在从事的职位或工作岗位上表现出来的个人动手和实践操作的一种技巧或能力。重要的育人职能决定辅导员必须要具备特殊的系统专业的岗位能力。

(1) 沟通与表达能力。思想工作的最基本能力是沟通与表达能力。沟通的基础在于找到与学生共同的语言。要有针对性,什么样的学生要一对一进行,什么样的学生要集体交流,都需要事先认真调查研究。沟通过程的各项准备、耐心等都是非常重要的,得到学生的理解后,沟通的效果会事半功倍。最重要的沟通是确实取得同学的信任,让学生愿意沟通。信任辅导员的交流是沟通的基础,保守学生的秘密是沟通能否达到良好效果的一个重要条件。

沟通过程的表达与日常工作中的文本表达都是辅导员工作能力的基本功。语言表达要求在沟通的过程中清楚简练、风格适当,不同的场合要有不同的表达风格,如晚会、聚餐、班会、小组讨论等不同情境要求有不同风格。简练的语言让学生深入浅出,又感受到逻辑性强,这些能力的点滴体现都会增加辅导员工作的信度。除了语言表达以外,文本表达能力在辅导员工作方面也至关重要,除了例行的工作计划、活动方案、工作总结与汇报以外,辅导员与学生平时的沟通少不了文字方面的形式,如书信沟通、网络平台上的交流等,良好的沟通与表达能力需要专门训练和平时工作中的积累与培训。

(2) 观察与分析能力。教师必须学而不厌,才能诲人不倦。[1] 大学生思想工作中存在的问题显性的与隐性的往往交织着、并存着,辅导员通过不断地学习才能具备敏锐的洞察力,掌握大学生的思想问题并对症下药。既要有对学生心态的观察分析,又要对学校环境、学生生活学习的每一点滴变化都看在眼里、放在心上,使自己在繁杂的事务工作中对学生的情况都有清晰的把握,这样便能牢牢地抓住工作的主要矛盾,在工作中能有条不紊、统筹兼顾。这个观察分析后抓主要矛盾的能力涵盖的内容很多,例如,"要善于教育和利用好同辈当中的领袖人物,使之变成同辈和班集体的好帮

---

[1] 陶行知:《我之学校观》,参见方明:《陶行知教育名篇》,北京:北京教育科学出版社2005年版,第74页。

手"①。这样的观察与分析积累起来的能力,会成为辅导员发展的影响因子,对他们工作的帮助是非常大的。

(3) 管理与控制能力。管理和控制能力是一个人社会工作基本能力很重要的一个方面,对时间、情绪、工作的管理与控制等都是辅导员工作业绩的保障。在时间管理方面,辅导员将繁杂的工作做到有效控制、达到条理清晰的效果是非常不容易的,分清工作的轻重缓急是关键。工作的维度可以用重要性和紧迫性两个维度来衡量,如何既达到预期的效果,又保证有很高的效率是时间管理的根本所在。除了自己管理好时间外,指导学生大学四年的时间管理也是辅导员工作的重要课题。辅导员岗位管理和控制能力很重要,是辅导员工作得以开展和提高的基础和保障。管理上严而不死,活而不乱,合适的度就是控制力的表现。这也是"杀鸡用鸡刀,杀牛用牛刀,就是适合"的道理。②

纷繁复杂的工作有时让辅导员出现情绪波动甚至出现职业倦怠的局面,对自身情绪、情感的控制管理,以及对人际关系的调节也是辅导员在工作中必须重视的,这也是这项工作所需要的管理和控制能力。工作中不能感情用事,排除主体臆断因素,特别是在奖优惩劣的过程中不能有任何个人情感因素在里面,客观公正,拒绝诱惑,都是需要有控制能力的。著名工人演讲家,关心下一代的典范冯守民说"不敢也是一种觉悟",辅导员需要控制自己,需要那种"不敢"的精神。

(4) 学习与创新能力。经验总是处于流动之中,变化之中,更新之中。③ 大学教师应当具有青春活力。④ 辅导员也不例外,要让学生从辅导员身上能找到那种青春向上的正能量,其源泉是辅导员的学习与创新能力。创新能力是现代人才素质的核心,具备创新意识是前提,不断地学习研究是保障,同时兼具灵活地运用综合知识的能力,才能为创新能力培养营造氛围。创造性蕴于个性之中,为大学生的个性发展提供广阔空间是对校园

---

① 傅维利:《学校教育与亚文化》,载《教育评论》1997年第6期。
② 陶行知:《我之学校观》,参见方明,《陶行知教育名篇》,北京:北京教育科学出版社2005年版,第8页。
③ 金生鈜:《理解与教育——走向哲学解释学的教育哲学导论》,北京:教育科学出版社1997年版,第71页。
④ 陈洪捷:《德国古典大学观及其对中国的影响》,北京:北京大学出版社2002年版,第47页。

文化最基本的要求，为个性多提供发展的机会，使之得到充分发展。教师的作用是巨大的，他甚至可以为学生展示一幅人生蓝图，但是，学生自己的人生蓝图最终还是自己描绘的，接受教师影响较大的学生在较大程度上参考了教师的设计，接受其影响较小的学生在较小程度上参考了教师的描绘，有的学生则另有创意，做了一番意想不到的设计。优秀的辅导员不在于教学生去临摹，而在于让学生另生创意。

时代在不断发展中进步，任何专业知识的学习和应用都有与社会发展不相适应的时候，辅导员工作因为教育对象是人，很多工作都不能受制于过去的"经验"，要与时俱进，不断学习，提高创新能力。如果说有了管理控制是"鉴别的能力，像试金石一样"，还要有"研究的能力，如点金石一样"①。很多研究者都重视辅导员在学术方面的研究能力，认为"高校思想政治工作者不仅应该在工作上有所建树……还应提高学术成就"②。辅导员的工作是一门科学性与实践性相统一的工作，是将思想政治教育理论方法应用于大学生思想政治教育的实际过程。时代的进步、环境的变化、科技的发展使各种新的研究课题不断出现，这些都为辅导员在创新方面形成了厚实的研究基础，为辅导员在专业化建设方面提供了研究和发展的平台。

在日常工作中，不但在管理育人方面会遇到各种各样的问题，辅导员在解决这些问题过程中的学习和研究也会出现各种各样的新问题。有时候同样的问题在不同的学生身上出现，用同样的方法却解决不了相同的问题。众所周知的孔子对子路、冉有因材施教的案例对今天我们育人工作中的因材施教还有着其客观的指导作用，辅导员工作环境和对象都复杂多变，学习和创新是取得发展的不竭动力。

（5）统筹与协调能力。从系统的层面来看，面对大量的日常性和综合性事务，辅导员工作必须有一种整体工作的意识，就是要有全局的观念，会"弹钢琴"，能审时度势知道"轻重缓急"，有发展的眼光，眼前与长远兼顾，将不同节奏的工作形成统一步调，整合各方面的力量形成育人合力，将多样性、多因素的工作事务有机地进行联系，优化工作方法，提高工作效率。统筹与协调能力能让辅导员把全面的工作包括从学生个体到集体，从公寓到教室，从本院到全校；在时间上包括从开学到假期，从入学到毕

---

① 〔法〕笛卡尔：《谈谈方法》，王太庆译，北京：商务印书馆2009年版，第35页。
② 张桂春：《高校思想政治工作者应在学术上有所建树》，载《辽宁师范大学学报》1998年第1期。

业，从课堂学习到社会实践，从日常管理到社团活动，等等，都形成规范、长效的机制。

（6）团队与群众工作能力。辅导员所主持的班集体本身就是一个工作系统，既是院系学生工作系统的组成单位，又是全校育人工作系统的具体分类。面对集体的工作，群众工作能力是必不可少的。包括对学生党团组织的领导，班集体的建设和各项社团协会组织的管理和引导等。有序地进行组织管理，要发挥"传、帮、带"的作用，锻炼一支强有力精干的学生干部队伍。在调查研究及宣传动员方面，在群众工作中，为了有的放矢，必须学会调查研究，建立丰富的信息来源渠道，特别是针对大学生的独立性、多变性、选择性、差异性普遍存在的情况，科学地把握工作的规律性，增强针对性。平时工作中注意研究与应用思想政治教育的基本理论，网络时代下学生思想政治工作的新思路探讨也是增强群众工作能力不可忽视的方面。在深入调查科学研究的基础上，灵活地驾驭工作，使计划、组织、实施、控制、反馈的各个环节有效地连接起来。在多元的时代背景下，学生因需求不同往往对集体活动淡漠，有时又因年轻气盛缺少判断一哄而上。辅导员的宣传、鼓动、控制能力在集体工作中的作用非常重要。严密的逻辑、合适的方法是辅导员工作中要时常注意的。有效是检验标准，"教育是获得、运用知识的艺术，这是一种很难传授的艺术"①。应该做到每一次演讲和报告都应认真准备，注意观察了解同学中的全部信息。群众工作能力是要建立长效机制。"一年之计树谷，十年之计树木，百年之计树人，说明教育的成效不是一时能达到的。"② 细心、耐心、恒心和毅力也是对辅导员这方面非常重要的品格和能力要求。

通过对辅导员职务进行的能力分析后，我们发现，即使受过专业的培养与培训，辅导员进入各自的工作岗位后，依然难免问题重重。所以应继续组织应用性强的系统的在职培训，让辅导员在自主发展中获得实用的工作智慧。

（四）实用的工作智慧

1. 辅导员工作智慧的重要性

前面分析了辅导员职业不是简单的操作，而是复杂的工作。主要体现

---

① 罗素：《教育的目的》，北京：人民教育出版社1980年版，第114页。
② 刘铁芳主编：《新教育的精神》，上海：华东师范大学出版社2007年版，第164页。

在多维性；辅导员工作承担一连串职责；即时性，许多事情同时在班级里发生；直接性，要求辅导员对管理中的问题立刻做出反应；不可预测性，与问题学生打交道时的挑战；公平性，允许教育管理过程的接受者对辅导员的每个教育管理行为进行监控。复杂性使辅导员的工作情境一般是这样的：工作实践里的人（辅导员）、教育媒介、观念文化、制度、情绪等因素之间没有直接的、因果的、纯性的可固定的关系，这些"组分"间存在非线性的相互作用。辅导员职业性的辨别力就是在情境中采取"有心的行动"，一般来说，教育情境不允许辅导员停顿下来后思考然后再付诸行动，它需要在教育实践中养成一种特有的洞察力，从而形成开放的经验，使辅导员能从容地应对不同的教育情境，这是在深刻理解教育基础上对教育真理的把握，是对这个职业的深刻领悟——智慧。智慧是什么？答案可能会有很多。有人说"智慧就是某种原理（本质和本原）和原因的知识"[1]。有人说，"机智是无法计划的"[2] 也有人认为智慧这个东西"有时不言而喻，它没有规则，也不能加以规范"[3]。智慧一词不同出处的解释也不同，毕达哥拉斯把哲学称为"爱智慧"，爱智慧成为希腊哲人的精神取向。加纳德（H.Gardner）是这样给智慧下定义的：一是指在实际生活中解决遇到问题的能力；二是提出新问题并解决的能力；三是对自己所属文化做有价值的服务及创造的能力。[4] 马克思·韦伯（Max Weber）说："一个人可以是一名杰出的学者，同时却是个糟糕透顶的教师。"[5] 叶澜先生认为；"教师的教育智慧使他的工作进入到科学和艺术结合的境界，充分展示出个性的独特风格"[6]。

2. 辅导员工作智慧的表现

具体地说，辅导员的教育智慧既表现在过程的维度，也表现在结果的

---

[1] 〔古希腊〕亚里士多德：《形而上学》，吴春影译，北京：商务印书馆1959年版，第3页。

[2] 高伟：《回归教育、回归生活——教师教育哲学研究》，北京：教育科学出版社2010年版，第41页。

[3] 〔加〕马克思·范梅南：《教学机智——教育智慧的意蕴》，李树英译，北京：教育科学出版社2001年版，第191页。

[4] 王枬：《智慧型教师的诞生》，北京：教育科学出版社2006年版，第3页。

[5] 〔德〕马克思·韦伯：《学术与政治》，冯克利译，北京：生活·读书·新知三联书店1998年版，第2页。

[6] 叶澜：《新世纪教师专业素养初探》，载《教育研究与实验》1998年第4期。

维度。在过程的维度上是要在教育活动中具有解决问题、处理偶发事件、创造生命价值的卓越能力，它是动态生成的，并超越了对功利的单纯追求，是在一种自由的境地中从职业里获得新的生命。选择了职业就对应过上了一种生活，辅导员"职业清贫且报酬低廉，劳动周期长且价值不易为人们所正确地估价，然而他却不放弃自己的理想，不改变自己的初衷，因为他不是为利和名而走上这条路的"[1]。在追求生命价值的过程中，对丰富多彩的大学生活，辅导员的工作是对教育探索不断创造的过程。有时是对权威的挑战，甚至对教育秩序给予否定，这是教育对象千差万别、情境千姿百态、内容千变万化的必然结果。辅导员必须因人、因地、因时选择和创造教育方法。因材施教、推陈出新、对症下药……这些都是创造，会让教育过程充满化腐朽为神奇的力量。辅导员自然地成为从事这个职业的主人，成为幸福的人。在结果的维度上，表现为专业发展中的意义取向，真正体验到"为人"的所在。如果说过程中的智慧是由每一个教育活动的即席创作组成的一个链条的话，那结果的智慧就是教育者在教育对象的成长过程中体验到的那种生命导师一般的境界，是将爱延伸到学生的身上，学生学会了方法，纯洁了心灵，一个个长成的大学生微笑着从大学走出，辅导员实现了"在人身上再现自己的一种伟大的创造"[2]。智慧与个体的思想和行动的过程是一种共生的关系，辅导员的工作不在"静谧的书斋"而是在"喧嚣的现场"，在这方面知识的学习远没有责任心的培养重要。智慧作为"外来的知识只有在和教师的个体经验结合的时候，才能被内化"[3]。所以，重视辅导员的个体经验和实践的反思，在培训工作中彻底抛弃传统的"格式化"培训，使培训的结果不是让辅导员洗了脑，而是学会了独立思考，毕竟要解决教育中的现实问题更多依靠的是辅导员自己。假如辅导员工作依靠教育家的出谋划策，那需要即时解决的问题就会使提问与回答存在时间差，等辅导员到教育家那里弄来答案以后，可能会因为时间差的存在而使回答的问题失去实效。另外，回答时往往只能采取一个立场、一个倾向，对实践的帮助作用可以说是隔靴搔痒。这还是有水平的专家回答，如果按现在如此多"专家"的实际状况，那回答可能就只是书本知识的"贩卖"，

---

[1] 丁谷怡、孙双金：《重建课堂文化》，北京教育科学出版社2009年版，第34页。
[2] 〔苏〕苏霍姆林斯基：《教育的艺术》，肖勇译，长沙：湖南教育出版社1983年版，第4页。
[3] 丁谷怡、孙双金：《重建课堂文化》，北京：教育科学出版社2009年版，第4页。

根本达不到解惑的作用。所以，辅导员面对实际教育问题的自我解惑能力培养是其实践智慧养成的路径。

现实工作中，辅导员风格各异，这与其在辅导员培养过程中所接受的指导思想以及自身的性格品质是直接关联的。以理性主义为指导思想的取向会使其在工作中表现出重视逻辑性、严谨性。以情感主义思想为指导的辅导员在工作中关注学生的自然性，强调培养学生的健康情感，表现为以情育人。古典主义使人们为追寻古希腊和古罗马文化形成的潮流，强调育人过程的和谐、典雅，表现为教育活动中的典雅和有序，浪漫主义强调超越常规，突破程序追求独创，呈现风趣的创造美。① 以朴实主义思想为指导的辅导员追求细节的真实，看似朴实无华的教育活动，往往意蕴深远，呈现朴实的平凡美。

我们可以罗列太多的教育目的，甚至"将其发展到极端的程度"②，对辅导员的教育目的概念背后还隐藏了许多专业的或特殊的目的。这些目的的背后都隐藏着形成辅导员不同风格的力量。有个性特色才是辅导员工作的创新动力的源泉，"一个无任何特色的老师，他培养的学生也不会有任何特色"③。

3. 辅导员工作智慧的获得

工作智慧的获得源于实践、成于反思。教师反思理论是在反思工具理性"手段—目的合理性"（韦伯）观点下，教师成为知识商品的中介人，造成知识传授与完整的人的培养目标割裂。所以教师教育领域里提出反思理论，并指出专家反思是教师专业发展的决定性因素。历史上，洛克（Loke）、斯宾诺莎（Spinoza）最早论述反思或反省，将反思引入教学领域的是杜威，在其著作《我们怎样思维》中认为反思是"对任何信念或假定的知识形式，根据支持它的基础和它趋于达到的进一步结论而进行的积极的、坚持不懈的和仔细的考虑"。在对反思的心理过程和逻辑形式进行研究的基础上，他提出了反思性思维的六个阶段和相应的教学过程的六个阶段（教学六步）理论。杜威认为，序列和后果是反思性思维的核心。人们对教

---

① 王枬：《智慧型教师的诞生》，北京：教育科学出版社 2006 年版，第 72 页。
② 〔德〕沃尔夫冈·布列钦卡：《教育科学的基本概念——分析、批判和建议》胡劲松译，上海：华东师范大学出版社 2000 年版，第 102 页。
③ 〔苏〕苏霍姆林斯基：《和青年校长的谈话》，赵玮译，北京：教育科学出版社 2009 年版，第 11 页。

师反思的关注始于唐纳德·舍恩（Schon）；1983年在其著作《反映的实践者：专业工作者在行动中如何思考》中系统阐述了"反思性实践"和"反思性行动"。舍恩认为反思性教学是教师从自己的教学经验中学习的过程，反思性教学的问世是对教学改革简单地贴上成功或失败标签的超越。1987年舍恩又专门发表了《培养反映的实践者：专门领域中关于教与学的一项全新设计》，至此，教师反思理论在全世界教师教育领域的影响不断扩大。接下来，范梅南在《教学机智——教育智慧的意蕴》中将行动与反思的关系归为四类：行动前反思、行动中反思、行动后反思和一种特殊的反思类型——全身心的关注；特别指出教育情境不允许停顿下来进行反思，要在不断变化的情境中采取行动——知道我们做什么之前就已经行动了。范梅南对舍恩的补充和创新之处在于，他认为有一种常见的经历，它由交互作用的教育时机本身构成，以一种不同的反思类型为特征，即一种全身心的关注。

　　从以上观点不难看出，辅导员的教育智慧不是与生俱来的，在古今中外先哲们的教育思想和实践中能总结很多辅导员作为教育者应该学习和具有的品质。教育学生的过程也如教学生发现真理的过程，其根本不在于教学生学会多少知识，而在于无限度地教学生学会思考，不是单向的知识传递，是启迪心智。学习是人生旅程中最根源性的营生。[1] 辅导员学习中外先哲的智慧，反思本质工作，形成相关的工作智慧：

　　一是爱心奉献。如果在辅导员的品质中做一个最重要的选择题目，我首选关爱。教育者要充满爱，充满爱的教师才是真正有智慧的教师。要爱学生，爱教育职业，爱教育事业。先哲们大都从普通教师做起的，是基于对教育事业、对学生的爱，结合终身信仰教育事业凝聚的奉献精神。在长期的教育实践中形成了超越世俗的高远追求。师爱是教育的原动力，爱学生是教师的天职，热爱学生、了解学生、激励学生、信任学生。有时候，语言不足以描述经验，最好的词汇也无法表达我们隐秘世界的丰富性和独特性。[2] 但爱能做到这些，工作中辅导员"对学生的感情只有升华到

---

[1]　〔日〕佐藤学：《学习的快乐——走向对话》，钟启泉译，北京：教育科学出版社2004年版，第1页。
[2]　〔加〕马克思·范梅南：《生活体验研究——人文科学视野中的教育学》，宋文等译，北京：教育科学出版社2003年版，第3页。

'爱'的高度，才能对学生的教育行为步入到'无私'的境界"①。有一个美丽动人的故事，传说智慧天使、成功天使和爱的天使三位天使来到人间。一位母亲请他们三位到家里做客。天使对她说："我们三位就去一位吧，你回家商量一下，看选择我们中的哪一位？"母亲回家商量后，决定把爱的天使请回家，她问："哪一位是爱的天使，请进屋吧。"爱的天使起身向屋里走去，奇怪的是另两位天使也跟着进去。母亲惊讶地问："你们两位怎么也进来了？"天使答："我们两位是跟着爱的，哪里有爱，哪里就有成功和智慧。"② 这个故事告诉我们，爱是成功和智慧的基石，没有爱就不会有成功，也不会有智慧。朱自清说过，教育者须对教育有信仰心，如宗教徒对于他的上帝一样；教育者必须有健全的人格，尤须有深广的爱，教育者必须能牺牲自己，任劳任怨。③ 辅导员工作是一项基于爱的工作，时代要求这项工作要具有智慧，首先要学会爱。马克思·范梅南说："教育智慧与其说是一种知识，不如说是对孩子们的关心。"④ 没有爱就没有教育，爱岗敬业是辅导员工作的情感基础，教育的出发点是爱，学生没有坏的，坏学生是教坏的，教育者在工作中"应当使人悦服，而不在乎使人慑服"⑤。苏格拉底从不为钱而教，个人亦粗茶淡饭。孔子一生舟车劳顿，毕生精力奉献给他的学生们。苏霍姆林斯基认为，真正的教育在于智力、身体、思维、情感、兴趣、劳动能力的全面和谐发展。对一个教师来说："最大的危险是自己在智力上的空虚，没有精神财富的储备。"⑥ 在与学生的关系中，以爱心为基础的和谐的师生关系是辅导员开展工作的保证，韩愈的"弟子不必不如师，师不必贤于弟子""术业有专攻"等观点是告诉辅导员与学生在专业学习上各有所长，要建立和谐融洽的师生关系，各取所长，在发展学生的同时，自己也得到提高。大师们爱心奉献的楷模该是陶行知，他一生做到了对教育事业"捧得一颗心来，不带半根草

---

① 傅维利、朱宁波：《试论我国教师职业道德规范的基本体系和内容》，载《中国教育学刊》2003年第2期。
② 王枬著：《智慧型教师的诞生》，北京：教育科学出版社2006年版，第1页。
③ 朱自清：《教育的信仰》，绍兴：《春晖》半月刊，1924年。
④ 〔加〕马克思·范梅南：《教学机智——教育智慧的意蕴》，李树英译，北京：教育科学出版社2001年版，第12页。
⑤ 梅贻琦：《清华逸事》，沈阳：辽海出版社1998年版，第106页。
⑥ 〔苏〕苏霍姆林斯基：《给教师的建议》（下），杜殿坤译，北京：教育科学出版社1981年版，第14页。

去"。他说教师的任务是"千教万教，教人求真"，学生的任务是"千学万学，学做真人"，教师的职业特征是无私奉献。"教育者应当知道教育是无名无利是没尊荣的事，教育者所得的机会，纯系服务的机会，贡献的机会，而无丝毫名利尊荣之可言。"① 身为"留洋博士"和大学教授，他为教育事业呕心沥血，由"上层社会"主动下移到"民间乡村"，是为他对"生活教育"的追求。奉献自己，把环境的阻力化为助力，使学生一步一步走向了阳光。他还说教师高尚的职业精神是"责任心"和"信仰心"，具备了两者，教师才会从工作中获得快乐。学习陶行知，会让辅导员在职业的发展问题上获得更加深刻的领悟。

二是大智若愚。如果把辅导员的管理角色做个追踪，夸美纽斯班级授课的"十人为长"就有这个职能。把一切事物教给一切人，是前人对夸美纽斯的理论总结获得的教师应有智慧。夸美纽斯被称为教育史上的"哥白尼"。他创立的"班级授课制"是最早的普及教育思想在实践中的体现，也是班级管理工作的开始，日常教育中，夸美纽斯还要求把启发当作教育的最高境界，以达到对症下药取得卓越教育成效的目的，因为"只有受过恰当教育之后，人才能成为一个人"。第斯多惠认为："一个差的教师奉送真理，一个好的老师则教人发现真理。"在培养教育智慧方面，他说首先要进行科学研究，要善于独立思考。"一个真正掌握了真理和教育规律的人在精心的研究和探索中自会其乐无穷。"② 大师们的大智都表现在"学然后知不足""教然后知困"，在教育过程中不断反思。苏格拉底自认"无知"，所以"像一只猎犬一样追寻真理的足迹"。孔子的"学思结合"在他整个教育实践中的贯彻是他不断探索不断超越大智慧的例证。

三是饱读群书。第斯多惠认为好的教师有一个标志就是多读书、会读书。他说："不和书籍打交道，不思考不学习就没有思想……书是我们的肉中肉……没有书便是自我毁灭……读书才会产生新的思想。"③ 才能有充实的思想，才能心明眼亮。做到了这些以后，教师才能获得专业上的发展，

---

① 华中师范学院教育科学研究所：《陶行知全集》，长沙：湖南教育出版社1984年版，第256页。

② 〔德〕第斯多惠：《德国教师培养指南》，袁一安译，北京：人民教育出版社1990年版，第33页。

③ 〔德〕第斯多惠：《德国教师培养指南》，袁一安译，北京：人民教育出版社1990年版，第8页。

获得智慧的生活。① 他的智慧思想就是使教师在培养学生的过程中不仅分享学生的快乐，而且体味自己成长和更新的无穷无尽的生命意义。先哲们的教育理念不是与生俱来的，经过了不断的学习，孔子在整理古籍的过程中自己首先从中受益；苏霍姆林斯基被称为"教师的教师"，他每天看书写作不间断，他把他任校长的中学变成书的海洋。② 孔子主张学思结合，"学而不思则罔，思而不学则殆"，二者不可偏废。对教师来说，学而不厌是教人的前提，要"学如不及，如恐失之"方能为师，学好是教好的基础。"温故知新"是教师的条件，过去要了解，现在的要掌握。书本是辅导员学习和再教育人最好的老师，是教育智慧的源泉。

　　四是机智、创新。机智是辅导员随机应变地应对和解决各类教育事件，是在学习和教育实践中磨炼和感悟出来的，孔子的启发教学就是促进学生独立思考的机智，在选择教育方法上要符合实际，应避免盲目性。主张"因材施教""听其言观其行"把学生的言行与感情、行为、习惯结合起来以了解学生的内心世界，用启发诱导的方法。启发诱导的方法颇多，有由浅入深的，有推己及人的，有叩其两端的，有由博返约的（博学中的一贯之道），还有就近取譬的（联系自身实际）……这些教育方法都是极富教育智慧的。"诲人不倦"是教师的基本准则，教师要以教为业，以教为乐，"教不悔，仁也"，以身作则是教师的行为规范。苏格拉底"助产术"的魅力在于教人一步一步地发现真理。苏格拉底将智者派开始的启智教育发展到了极致。著名的"苏格拉底与士兵关于勇敢的对话"是启发教育"产婆术"的经典。柏拉图的囚徒对影像的认识告诉人们，要获得真知，就必须打破铁链！接受适当的教育，教育的过程不是获得知识，而是启智。陶行知说："教师的职务也是一种手艺。"先哲们经过学习实践反思提高的教育过程后，达到的是"润物细无声"的教育境界。教育机制和创新方面，如果说夸美纽斯在教育史上所做的是说明了教育"是什么"的问题，那赫尔巴特的贡献就是教育"怎么做"的问题。辅导员在教育工作中对四阶段教学法的运用也是必须学习和借鉴的。杜威说："智慧学习的任何事物都是在

---

① 〔德〕第斯多惠：《德国教师培养指南》，袁一安译，北京：人民教育出版社1990年版，第88页。
② 毕淑艺：《当代苏联教育家的新思想》，上海：上海教育出版社1990年版，第244页。

进行有主动的兴趣的活动方面发挥作用的事物。"① 在教育活动中，他的思维五步训练在指导辅导员的日常教育活动中意义重大。从设计问题的情境开始到验证解决问题的方法是否有效，给我们的教育活动的全部思维过程提供了理论依据。朱熹认为教育的作用可以改变人的气质，他的"博学、审问、慎思、明辨、笃行"的为学顺序告诉我们知行二者缺一不可的道理。"论先后，知为先，论轻重，行为重"，这些思想都是辅导员专业发展的理论支撑和实践依据。建立在机智上的创新是因人而异的，但创新是每个人都具有的品质，是大家的共性。大师们每个人都有创新的独特之处，共同的特征是不断的反思与实践，学生获得的是"成长与发展"。我们面对的一个事实是，随着年龄的增长，受教育时间的增加，知识量的扩大，学生的好奇心、想象力、创造力反而逐渐萎缩了。多尔说："有谁大学毕业后还依然保持闪闪发光饱含憧憬的目光?"② 这是需要我们深思的。智慧对自身发展来说也是辅导员作为教育者必须追求的品质。

---

① 〔美〕J.Z 杜威：《民主主义与教育》，王承绪译，北京：人民教育出版社 2001 年版，第 143 页。
② 〔美〕小威廉姆·E.多尔、〔澳〕诺尔·高夫主编：《课程愿景》，张文军译，北京：教育科学出版社 2004 年版，第 5 页。

第六章　培养阶段的定位与教学

按照全书的布局，本章要对辅导员的专业发展问题提出建议和对策。设想一下，理想的辅导员应该以专业发展为取向，从根本上说就是要还原辅导员教育性质，这要求必须是一个整体发展的方向性图景。我们在前面几章分析研究的基础上在本章提出一个辅导员发展的全景图，在宏观队伍的建设理念支配下，旨在建设一支"管用+长效"的适应社会发展和人才培养的职业化、专业化、专家化的辅导员队伍。从专业培养、在职培训、岗位管理实践和专业标准建立，以及体制机制保障等环节提出建议和实施策略，并且提供实践样本。具体包括：建立辅导员专业发展标准的框架；建立辅导员的专业培养体系；建立辅导员专业发展的体制、机制保障制度；提出辅导员岗位管理模式的实践样本——专项分工模式；最后形成辅导员专业发展路线图。

一、构建职前的专业培养方案

随着近 10 年研究的深入和实践的突进，有关高校辅导员专业培养体系的研究成果也比较丰富。从专业化建设的理论维度来讲，有的从辅导员专业化建设的视角出发，分别对高校辅导员的思想本质、专业知识、组织能力、心理疏导能力的特殊性及其建设进行审视；[1] 有的从构建高校辅导员建设的标准体系，包括专业知识和技能、专业道德、专业职责和专业管理等五个子系统；[2] 有的基于高校辅导员建设的宏观视角，从学科建设、管理机构、队伍培训、评价体系等进行定位；也有人强调用职业定位、基地建设、

---

[1] 周琪：《高校辅导员专业化发展研究述评》，载《学校党建与思想教育》2008 年第 8 期。
[2] 王文华：《辅导员队伍专业化标准体系构建的思考》，载《学校党建与思想教育》2007 年第 5 期。

专业学位、职级晋升进行高校辅导员专业化建设的制度设计①；还有人提出通过选聘、分层、激励、保障、评价机制，保障高校辅导员专业化的有效性。② 这些研究的既有成果为我们进行辅导员专业化培养体系方面的研究提供了基础，对后面的研究也有指导意义。可是，现实中辅导员发展的实际问题为什么一直没能得到解决呢？这是我们研究中重点思考而且要解决的一个问题。笔者也认同在教师专业发展理论上对专业化的内涵的解释的观点——就是时下强调教师对专业领域的知识和有关技术的掌握程度的注重，认为教师的专业能力的制约因素是学科内容的专业知识。例如，教育学、心理学、管理学等学科的科学原理与技术。教师的专业程度的保障就是这些专业知识，原理技术的熟练程度，也包括实践知识的积累。而教师实践性知识具体包括以下五方面：其一，它依存于情景里面的经验性知识，是一种鲜活的知识，功能灵活的知识，与理论知识比起来缺乏严密性和普遍性；其二，它是以一种"案例知识"的形式积累并传承下来的；其三，它是综合多学科的知识，以实践性问题的解决为中心的；其四，它是一种隐性知识；其五，它是一种个体性知识，是拥有个性性格的。这些知识的形成需要通过日常教育实践的创造与反思的过程。③ 本书在有关教师专业发展和辅导员专业发展的关系中，最支持的观点是：辅导员的专业化受教师发展理论的指导，但是又与一般教师有所区别。表面上看，仿佛对辅导员的培养更应该注重实践知识的层面，事实上以往的以培训代替专业培养也都是按照这个思路。试想一下，如果没有专业化的学科知识作保障，那实践性知识的根基还会稳定吗？所以对辅导员专业化培养体系的建立首先要回到对辅导员专业培养教育的起点开始讨论，辅导员必须受过专业、规范的教育，让辅导员具备一定的知识基础，才有能力教育他的学生。就是要明确"所要教的知识和如何教授这些知识"。④ 我们要打造一支专业化的育人队伍，就要面对现实，改变过去选聘、培养、使用过程中的非专业性等问

---

① 朱孔军：《从两难选择到整合协调——辅导员队伍专业化建设的现实问题思考》，载《思想教育研究》2008年第7期。
② 刘欣堂：《关于高校辅导员队伍专业化建设的思考》，载《思想理论导刊》2007年第7期。
③ 钟启泉：《教师"专业化"：理念，制度，课题》，载《教育研究》2001年第12期。
④ 联合国教科文组织国际教育发展委员会：《教育——财富蕴藏其中》，北京：教育科学出版社1996年版，第142页。

题，进行科学、专业的培养，解决知识基础的问题也就是解决这个专业人员非专业上岗的首要的基本问题。辅导员的专业发展与其专业学科的建设密切相关，专业学科的建立可以增强辅导员的理想信念、专业素质、实践能力和敬业精神，是实现辅导员职业的专业化的必经途径之一。

参考世界发达国家高校学生事务管理的培养机制，申请进入学生事务管理领域的相关人员学历起点是应具有心理咨询、职业指导、学生事务管理、学生发展等方面的硕士学位，很多国家还开设针对高校学生事务管理方向的博士学位。如美国学生事务的从业人员也多为专业人员，他们普遍具有硕士及以上学位，其中不乏心理学、法学、医学博士和理科、工科博士。在培养起点的选择上，有研究者提出"高起点"建设专业学制。[1] 这些都与本研究提出的在教育学的学科门类下设立专门的起点为硕士的高等教育学（学生事务管理）专业的结论不谋而合，这样才能使不同专业方向的本科毕业生，在通过硕士阶段的专业培养后成为稳定的高校辅导员供给来源。对培养起点选择存在观点的争论也是客观的，自 2014 年开始，由团中央提出，教育部研究落实，旨在为小学少先队培养大队辅导员的一个专业——"少年儿童组织与思想意识教育"，按照三年学制、学术型硕士培养的标准，已于 2014 年在辽宁师范大学教育学院正式开始招生。小学生的辅导员都到了研究生的层次，我们的大学辅导员培养的起点问题，就别再等别再争论了！本研究根据中国当前高等教育发展状况及学生事务管理工作发展的特点，建议将硕士学位作为辅导员的入职起点，在教育学学科体系下设立高等教育学（学生事务管理）专业，建立学生事务发展的学科培养体系。全面考量辅导员职责要求的变化，从过去单纯的思想政治教育学科到与教育学学科相结合，相关学位课程设计主要围绕辅导员的基本工作，计划开设思想道德教育、职业生涯规划与发展、心理健康教育与咨询、学生事务管理、人力资源管理、公共关系、高等教育基础理论、现代学习的理论与方法引导、管理学基础、社会学及法律理论与实务等。与此同时，积极鼓励在职辅导员进修相关专业，并通过职称政策等的制定予以保障。比如，如果在职获得硕士、博士学位的辅导员在职称评定时可以优先考虑等，以不断提高中国高校辅导员的专业化水平。

辅导员专业培养的课程设置应主要围绕辅导员的基本工作，思想道德教育、学生事务管理、职业生涯规划与发展、心理健康教育与咨询、人力

---

[1] 顾晓虎：《高校辅导员职业化发展激励机制探析》，载《江苏高教》2008 年第 5 期。

资源管理、公共关系、高等教育基础理论、现代学习的理论与方法引导、管理学基础、社会学及法律理论与实务等。教育学、思想政治教育、心理学等都是课程体系的重要的组成部分。在课程目标上，本着"不仅要给予未来教师或在职教师所缺乏的一定教育理论知识、技能、态度和信念，而且更要揭示、分析和发展他们已有内隐的教育知识、技能、态度和信念"①。理论上讲这是符合课程的逻辑的，也是针对辅导员这个职业的特殊需要的。在研究辅导员专业课程开设的过程中，我们发现在课程实践方面的飞速发展显示出的问题，与教师专业发展中的问题一样，"通常情况下，理论研究总要滞后于实践的发展，在课程领域也是如此"②。在辅导员的课程领域这个问题显得更突出一些。辅导员专业的学习可以分为探究学习和接受学习两种，如果说接受学习是对应学科的话，那探究学习则是对应活动课程的。按照杜威的观点，活动课程是严格遵循探究逻辑的，它会让学生在活动和问题解决的过程中获得知识。如何实现科学地"在跑道上跑"的"过程"，课程目标的设定是基础。课程目标是教育目的和培养目标在课程里面的具体体现，再进一步分化就是教学目标。③ 教学过程中"科学、高效、重建课堂文化至关重要"④。辅导员专业的课程设置在活动方面应侧重于创设情景，用讨论、探索、头脑风暴的方式，建立独特的辅导员课程文化，使学生经过亲历来获得知识、情感和态度的提升，达到在未来学生工作中能解决实际问题的目的，使学生学习方式多样化，让学生提高学习的自主性。增强探究性和亲身体验，让学生在学习生活中善于发现问题，并有能力解决问题。前面分析过，辅导员的工作内容的广泛性决定了必须具备思想政治教育、心理学、教育学、管理学等学科背景，有了这些知识储备才会有实践中处理各种问题的管理能力。美国威廉康星—奥克莱大学职业服务中心给新教师的提醒是：心态积极、重视沟通、值得依靠、有个人魅力、有组织能力、有责任心、激励人心、同情他人、反应灵活、尊重价值、知识渊博、

---

① 石中英：《缄默知识与教学改革》，载《北京师范大学学报》2001年第3期。
② 丛立新：《课程改革的教学支持研究》，北京：教育科学出版社2007年版，第11—12页。
③ 钟启泉、汪霞、王文静：《课程与教学论》，上海：华东师范大学出版社2008年版，第56页。
④ 丁谷怡、孙双金主编：《重建课堂文化》，北京：教育科学出版社2009年版，第1页。

创造不息、谨慎耐心、豁达幽默。① 要实现这样的培养目标，需要考虑到本学科的应用性特征，建议充分借鉴 MBA 教育的成功经验，大量结合案例研究与实习训练作为课程设置的基本原则。这样的培养过程会把辅导员培养成为"双师型"的学者和专家，有能力做到在辅导学生的过程中对自己的理论在实践基础上不是简单的复制，而是从实际出发进行新的创造。

在教学方式上，重视实践教学与案例教学，在课程组织方面以更大的灵活性和实用性为考虑前提，从培养方案进程表中可以看出实践课程学时要多于理论的。"教学的目的在于引导学生追求智力与人格的协调发展，引导学生学会做人。"②

学科是专业培养的基础，中国高等学校专业是按学科门类、学科大类（一级学科）、专业（二级学科）三个层次来设置的。按国家 2008 年颁布的《授予博士、硕士学位和培养研究生的学科、专业目录》，2012 年颁布的教育部颁布的《普通高校本科专业目录》，本科目前都没有与高校辅导员直接对应的专业，关联度较高的（见表 6.1—表 6.2）。

可以看出，要达到这样的教学目标，目前在中国任何一个本科和研究生的专业培养都无法实现的，至少过去的培养立足于思想政治教育的视域内是没有解决这个问题的。辅导员专业化的道路已经无须再重复论证，但如何实现专业化才是解决问题的关键，值得进一步探讨。尤其是在专业培养的起点、学科选择等方面一直没有一个一致的意见。有的研究认为辅导员的培养专业应该"从目前的思想政治教育专业拓宽至高等教育学和管理学等方向"③。依据中国现在大学普遍采用的高等教育学专业硕士培养方案大纲，参考中国一些大学关于辅导员专业的培养方案设计，学习他国经验特别是美国大学设立学生事务管理专业（硕士）普遍依据的标准，即美国高等教育标准促进委员会（Council for the Advancement of Standards in Higher Education, CAS）2007 年第七版《CAS 高等教育职业标准》中《学生事务工作的硕士准备方案》里的有关内容。本书形成如下人才培养方案（见表 6.3）。

---

① 钟启泉著：《课程的逻辑》，上海：华东师范大学出版社 2008 年版，第 219 页。
② 钟启泉著：《课程的逻辑》，上海：华东师范大学出版社 2008 年版，第 219 页。
③ 陈思玉：《高校辅导员队伍继续教育体系研究》，载《江苏技术师范学院学报》2012 年第 12 期。

表 6.1　与辅导员相关的本科专业
（摘自《普通高校本科专业目录》2012 年公布）

学科门类	二级类	专　　业
03 法学	0304 政治学类	030404 思想政治教育
04 教育学	0401 教育学类	040101 教育学；040104 教育管理
07 理学	0715 心理学类	070501 心理学；070502 应用心理学
11 管理学	1103 公共管理类	110301 行政管理；110302 公共事业管理

表 6.2　与辅导员相关的研究生专业
（摘自《授予博士、硕士学位和培养研究生的学科、专业目录》2008 年公布）

学科门类	一级学科	二级学科、专业
01 哲学	0101 哲学	010101 马克思主义哲学
03 法学	0302 政治学	030205 马克思主义理论与思想政治教育
04 教育学	0401 教育学 0402 心理学	040106 高等教育学；040202 发展与教育心理学；040203 应用心理学
12 管理学	1204 公共管理	120401 行政管理；120403 教育经济管理

（一）培养目标

培养思想政治素质优良，具有坚实教育基础理论和系统的专门知识，掌握现代教育与管理的技能与方法，具有较高理论水平、较强实践能力、德智体全面发展的高素质人才。毕业后从事高等学校辅导员工作，成为高等学校学生事务管理的专门人员及高校学生成长的领路人。

（二）培养要求

1.理论要求

掌握马列主义、毛泽东思想和邓小平理论，正确认识国内外形势，正确理解和宣传党和国家的重大方针、政策；具有坚定的政治方向、热爱教育事业；具有良好的师德；具有良好的协作精神；有独立思考、理论联系实际、事实求是的科学态度和优良作风。

2. 业务培养要求

（1）掌握教育学基本原理及现代教育管理理念，懂得教育规律并具备自觉运用教育规律处理问题的意识与能力。

（2）了解教育对象的身心发展特点，掌握科学的教育方法和教育手段，具备一定的教育才能和教育管理才能以及教育研究的能力。

（3）掌握心理健康咨询辅导的方法，有能力独立承担高校的学生心理指导工作。具有良好的个性心理品质和审美情趣，形成健全的人格和良好的道德修养。

（4）掌握大学生就业指导、党团建设指导的方法，能够承担大学生党团建设、实习、就业等的指导工作。

（5）具有健康的体魄，掌握科学锻炼身体的基本方法和技能；有良好的体育锻炼和卫生习惯，达到国家规定的锻炼标准。

（6）掌握一门外语，或达到大学英语四级以上水平；熟练掌握计算机操作知识，通过全国高校计算机考试二级考试。

3. 修业年限：两年

4. 授予学位：完成规定学分，并通过毕业论文答辩，授予教育学硕士学位。

5. 培养方案进度表（见表 6.3）。

表 6.3　高等教育学（辅导员）专业培养方案进度表

	课程名称	学分	学时	理论学时	实践学时	第一学期	第二学期	第三学期	第四学期	考核方式
通识必修课	政治理论	3	45	30	15	3				考试
	英语（1）	4	60	40	20	4				考试
	英语（2）	4	60	40	20		4			考试
	计算机应用	4	60	30	30		4			考查
	教育学	3	45	30	15	3				考查
	心理学	3	45	30	15	3				考查
	管理学	3	45	30	15			3		考查

续表

	课程名称	学分	学时	理论学时	实践学时	第一学期	第二学期	第三学期	第四学期	考核方式
专业必修课	思想政治教育理论与实践	2	30	20	10		2			考查
	高校学生事务管理实务	2	30	20	10		2			考查
	心理健康指导与咨询	2	30	20	10			2		考查
	党团建设理论与实践	2	30	20	10			2		考查
	大学生职业规划与指导	2	30	20	10			2		考查
	社团与学生活动指导	2	30	20	10			2		考查
	学生管理法律问题研究	2	30	20	10				2	考查
	班级建设与公寓事务管理	2	30	20	10				2	考查
	网络维护与监控方法	2	30	20	10				2	考查
	教育科研方法	2							2	考查
其他	教育见习	4								
	实习	4								
	毕业论文	4								
合计		56				13	15	8	8	

注：授课方式采取讲授、研讨与实践相结合的方式进行；教育见习每学期进行，学生承担兼职辅导员的任务；学生在校期间须在省级或省级以上学术期刊发表专业相关论文两篇。

二、完善在职的持续培训体系

布雷德森（Bredesen）在《为学习而设计》一书中提出专业发展需要新

的思维，指的是专业发展的理念需要的变革是艰难的变革。对于辅导员作为教师的专业的发展，应该说大多数人是赞成的。但是专业发展模式的不断改变会持续地给专业领域的人带来困惑，毕竟任何专业发展范式的改变，都是以新的专业发展愿景作为前提的，即"所要达到的目标是什么？这一目标是怎么样的？"① 辅导员发展是一个持续化、终身化的发展过程，既要与瞬息万变的时势相适应，又要与学生发展相吻合，辅导员不断进步、提高需要专业培养的依托，也需要培训体系的跟进。建立一整套与辅导员发展相适应的培训制度，能够全面开发辅导员的潜力与智能，为学生辅导工作提供支撑。

表6.4 L省辅导员业务培训课程表

序　列	课程名称	讲授学时	讨论学时
第一讲	辅导员岗位认知与工作职责	4	4
第二讲	辅导员在校园突发公共事件中的作用	4	4
第三讲	辅导员工作方法与艺术	4	4
第四讲	高校学生事务管理的改革与创新	4	4
第五讲	职业规划与学习指导	4	4
第六讲	校园网络思想政治教育创新与实践	4	4

注：此表为L省暑期对辅导员进行培训的一个课程表，参加培训辅导员比例在5%左右。

表6.5 L省高校辅导员心理素质培训日程表

序　列	课程名称	培训时间
第一讲	辅导员团队精神提升心理行为训练	2学时
第二讲	辅导员沟通能力提升心理行为训练	2学时
第三讲	辅导员创新能力提升心理行为训练	2学时

---

① Bredeson, P.V. Designs For Learning：" A New Architecture for Professional Development in School", Thousand Oaks, California：Corwin Press, 2003, p.258.

续表

序 列	课程名称	培训时间
第四讲	辅导员执行力提升心理行为训练	2学时
第五讲	高校辅导员应具备的心理素质	1学时
第六讲	高校辅导员心理素质现状分析	1学时
第七讲	高校辅导员心理素质提升的意义、方法与途径	2学时
第八讲	心理训练量表应用技巧	2学时
第九讲	辅导员心理素质优化咨询、辅导	2学时
第十讲	高校辅导员必备的心理健康教育知识和技能	4学时
第十一讲	心理健康教育知识和技能在高校辅导员工作中的应用	4学时

注：此表为L省暑期高校辅导员心理素质培训课程表，参加比例为各高校8%左右。

从表中可以看出，虽然培训涵盖的辅导员的工作职责、实践性、实用性的特征较为显著。但从实际效用来看，目前对辅导员的培训范围只能泽及少数人员，对于大批辅导员的培训还存在着很大问题。所以从实际效用上看，这种模式化的培训收到的总体效果不是很乐观，低课时培训只能达到知识普及和扫盲的层次，达不到应用的要求。

培训的过程是要实现教育主体间的互动，有教师之间的教育教学经验交流互动；师生之间的互动，学生独特的视界发送丰富的信息给教师，学生成长的烦恼也是教师反思的动力，学生到校学习除了向老师向书本学习之外（网络或其他学习均可代替），也与老师形成互动关系；教师与学校管理者之间的互动，校长是教师的教学伙伴，从领导那获得教学新观念。培训是一种有组织的知识传授与技能传递，为了实现其预期的教育训练提高的目标，应注意培训内容的实用性与培训形式的多样性，核心是让辅导员通过培训具备专业的能力结构（见辅导员能力结构模型见图6.1，知识、技能、价值观、个性特质、动机和内驱力重要性由低到高，培训的可能性由高到低）。

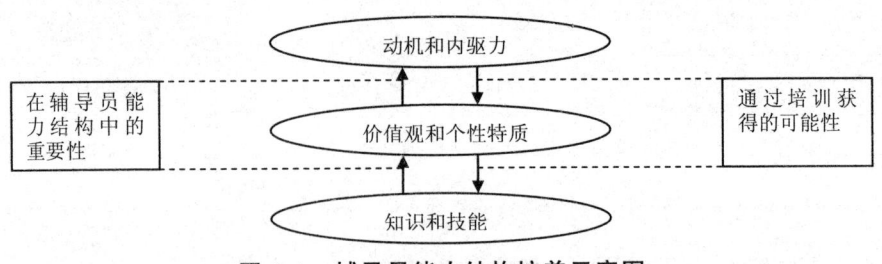

图 6.1 辅导员能力结构培养示意图

(一) 培训内容要实用化

传统的培训除了前面表格列举的统一组织的培训以外，日常的培训即主要针对新上岗人员的培训基本都处于以老带新的局面，自行摸索或经验总结的内容为主，培训方法简单、随意，培训的管理组织也缺乏计划性和系统性。新任辅导员里面年轻的占绝大部分比例，普遍存在人生阅历浅、岗位工作经验储备不足和知识结构相对单一的缺陷，基本上都难以适应现阶段对学生发展事务各方面的要求，所以构建中国辅导员专业发展的培训体系是非常必要的。这一特定类型的高等教育教师，其业务内容与其他教师是有很大区别，辅导员不能像专业教师那样将现有的专业知识直接传授给学生，具体工作难以量化。尽管专业的学习让辅导员具备了相当程度的专业和应用知识储备，一旦与学生工作实际接轨后，因学生专业指导的不同、校园文化的差异、社会发展变化等因素，又都会使辅导员在工作中出现各种不适应的情况。针对新入职的辅导员的培训在一定程度上解决了新任辅导员的岗前适应性问题，很受新任辅导员欢迎。对已经进入岗位一段时间的老辅导员来说，培训也同样重要。这也是符合新的学习观的主张："一辈子充电，一辈子放电。"[①] 要通过设置专门的机构及构建终身专业训练体系，全面地对辅导员进行科学的管理和培养，使他们更有效地履行辅导员的职责。入职前的培养和培训，以获得"高等教育辅导员教师"的资格证书为标志。进入岗位工作以后，应着重在工作中开展相关业务内容的培训，立足工作任务，设计指导性、实用性、针对性强的培训内容。培训方法的选择上见图 6.2。

---

① 邓友超：《教师实践智慧及其养成》，北京：教育科学出版社 2007 年版，第 175 页。

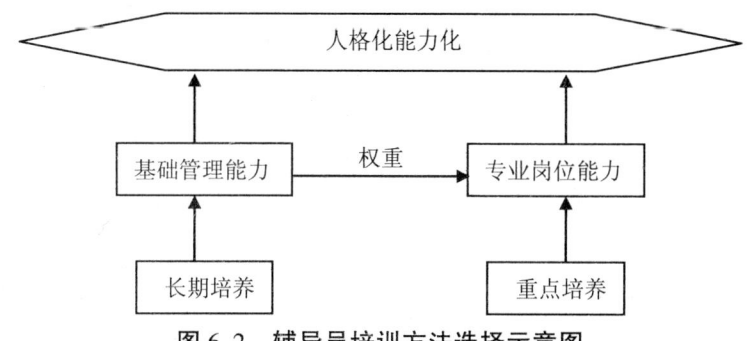

图 6.2 辅导员培训方法选择示意图

(二) 培训形式要多样化

辅导员专业发展在现实工作中可能还是说起来重要,做起来次要的工作。时代在发展,未来不会是过去的重复。[1] 专业发展也可以理解为是对辅导员接受教育后还要不断接受再教育的过程,这里面临的最大问题是如何将理论性的知识向实践性的知识转化。两者转化的方式通常有这样一些做法:同事相互指导、案例教学方法等,目的是使实践智慧得到不断提升。从辅导员发展内涵的角度来看,行政干预不是起决定作用的因素,但在中国,组织推动仍然是辅导员发展模式的一个主要力量。包括制定相关政策与发展规划,搭建发展平台,进行相应的制度保障等。以"16 号文件"为标志,教育部配套的文件其中所包含的培训规划、培训基地建设、辅导员骨干培训、辅导员专业团体建设等是从全国层面运用组织力量来推动辅导员队伍的发展。各省市进一步采取的具体措施与办法便是从省级层面进行的形式多样的组织推动。2006 年,北京市建立了辅导员培训和学生事务研究基地,基地搭建了四个平台,一是课程平台,二是进修平台,三是交流平台,四是科研平台。[2] 每年招收一定数量的辅导员组织进行硕士学位或博士课程班进修学习,教学方面借鉴 MBA 等专业培养模式,交流方面组织辅导员骨干到国内外进行学习考察,研究平台上设立大学生思想政治教育有关项目课题,组织辅导员开展科学研究。上海市在高校辅导员队伍建设方面构筑专兼职结合,坚持专业化培养,系统提高队伍的素质,推动一部分

---

[1] 〔加〕迈克尔·富兰:《教育变革新意义》,赵中健译,北京:教育科学出版社 2005 年版,第 290 页。
[2] 唐景莉、杨晨光:《北京高校辅导员队伍建设模式多样》,载《中国教育报》2006 年 4 月 27 日。

有志于从事此工作的辅导员走职业化发展的道路。从 2005 年起，陆续建立 15 个市级辅导员培训基地，全面展开岗前、专题、日常、职业化培训等培训形式，其中岗前、专题培训当年便有 2133 人参加。到 2008 年年初，有 500 多人参加职业咨询师培训，200 多人接受学校心理咨询师培训。与此同时，建立辅导员队伍的岗位评聘标准和程序，有 123 位辅导员获得高级专业技术职务，占辅导员总数的 4.6%。①

有组织力量的推动，辅导员的培训工作会资源充足，有行政、人力和物力的保证。但我们对辅导员的学习状态调查的结果是不容乐观的，能主动学习的只占 24.6%，有工作需要才会学习的占 32.7%（见第四章表 4.19）。影响辅导员学习的因素是复杂的，所以解决这个问题首先还是需要组织力量的推动。在此基础上，要注意调动辅导员个体的积极性，变"要我发展"为"我要发展"，"要我学习"为"我要学习"，从理念上实现辅导员发展途径的转变。高校自身的组织力量也是很重要的，在此方面比较成熟的经验是清华大学的辅导员沙龙。每个学期，清华大学都要举办若干期沙龙活动，每期都有特定的研究主题，邀请学生辅导工作的专家，高年级优秀辅导员的代表参与讨论，编辑《辅导员之友》，促进辅导员之间的学习和交流。再开设辅导员网络论坛，设立辅导员专项科研课题，效果很好。复旦大学在 2005 年成立全国首家高校辅导员协会，② 集辅导员培训、交流、学习于一体，充分调动辅导员的积极性，提供菜单式的培训课程，设立若干专题，供辅导员定期进行交流、讨论。"建立分阶段、分层次、多形式的培训体系……把他们培养成为高校发展性辅导工作的中坚力量。"③ 培训形式的多样性，必然促使辅导员各取所需，在不同程度上得到专业的提升。教师专业发展是作为主体的教师的主动发展的过程。"成为教师是人生的一次旅途，而不是目的地……教师需要终身学习。"④ 对辅导员的培训要在辅导员发展的每个阶段都能结合辅导员发展的实际需要，才会增强辅导员工作的归属感与满足感。

---

① 李雪林：《上海高校辅导员日趋专业化》，载《文汇报》2006 年 2 月 26 日。
② 王有佳：《培养一支高素质辅导员队伍》，载《人民日报》2005 年 11 月 21 日。
③ 王保义：《发展性辅导视角下的高校辅导员专业化建设》，载《思想政治教育研究》2009 年第 1 期。
④ 〔美〕林达·费奥斯坦：《教师新概念——教师教育理论与实践》，王建平等译，北京：中国轻工业出版社 2002 年版，第 9 页。

第七章 入职阶段的标准与保障

辅导员的专业化，规范严密的专业标准是基础，科学实用的培养方案和整套培训体系的建立是必要的条件。培养方案过去不是没有，但是没能落实。职后的培训工作一直在做，但是为什么效果不佳？建立资质性的资源等保障制度来进行调节等才是解决问题的保障，具体地说，就是要完善和加强体制和机制两方面的建设，以保证辅导员的职前专业培养和职后的持续培训以及在岗位上的发展平稳、顺利地进行。此方面也做了问卷调查，结果见表7.1。分析调查结果可以看出，建立与辅导员专业发展相关的保障制度是解决辅导员专业发展问题的特别重要的一方面。

表7.1 辅导员专业发展的机制保障的调查问卷2结果统计表（多选题目）

调查内容	选 项	次数	排序
25. 考评制度的问题（可多选）	B. 测评方式的科学性	290	1
	D. 考核结果的影响性	240	2
	A. 考核制度的规范性	186	3
27. 专业化建设的支持（可多选）	D. 良好工作制度与保障体系的建立	291	1
	A. 学生的积极参与	278	2
	C. 学校领导关心	180	3
28. 需要完善的主要机制保障（可多选）	D. 物质资源保障建设	287	1
	C. 组织建设	224	2
	A. 体制建设	195	3

续表

调查内容	选项	次数	排序
35. 对辅导员评价的建议（可多选）	A. 以学校工作目标落实度为主	356	1
	C. 以效果和效率两个标准为主	337	2
	B. 以学生满意度为主	231	3

一、建立辅导员专业标准的框架

一个职业是否专业的一个标志就是看它能不能符合专业的标准，专业化的程度有多高，以及是否有相关学科和学术研究的支撑。[①] 专业培养是建立专业标准的基础，专业标准是辅导员专业培养的依据，是专业发展的保证。辅导员专业标准是可以衡量的，因为专业发展具有生长性和目的性等特点，可以将辅导员专业发展的方向和目标具体化，又能确立辅导员准入、考核、评价、晋升制度，是辅导员培养、培训体系建立的基础，也是评价考量辅导员工作质量的依据。教师专业标准是确定和提升教师专业地位的重要前提，是教师从职业到专业的标志。有了专业标准，辅导员的专业和社会地位会如同专业教师、医师、律师、工程师等"专业工作者"一样得到确立，使辅导员从一种"职业"变为一种"专业"。辅导员专业标准是外部的规范和要求，也为辅导员寻求内在价值的实现提供目标。

（一）辅导员专业标准框架的内容

关于专业发展理论中建立教师专业标准的规定，我们的理解一般都是将教师专业发展框架分为横向和纵向两个维度，一个维度是评价指

---

① 冯刚：《论辅导员的专业化培养和职业化发展》，载《思想教育研究》2007 年第 11 期。

标，一个维度是水平描述。关于辅导员专业标准的研究也大致遵循这个思路，学者胡建新的研究将评价的内容指标列在横向，是一致公认的辅导员在发展的各个阶段需要明确而且也能够去做的各方面关键项目。分列了下面四方面的指标：（1）人格；（2）倾向；（3）知识；（4）能力。纵向维度是评价辅导员发展阶段进阶描述性的表现指标，是辅导员在各个发展阶段应该具备的特征和水平描述。设置了四个层级：（1）入职辅导员；（2）合格辅导员；（3）优秀辅导员；（4）专家型辅导员。入职辅导员对象是本、研各阶段的毕业生和其他途径拟进入的人员；合格辅导员的对象为刚入职几年的初任辅导员；优秀辅导员的对象是入职时间和岗位表现都优于合格辅导员的人员；专家辅导员的对象为辅导员队伍中专业发展最为杰出的位于"顶部"的少数成员。[1] 学者霍晓丹的研究遵循经典的胜任力建模思路，将高校辅导员胜任力分为共有胜任力和区分胜任力两个部分。抽取区分胜任力14项，是高绩效辅导员所具备的特征。共有胜任力14项，是对合格辅导员的基本要求。最终构建了高校辅导员胜任力双层耦合模型。[2]

参照本书用在人力资源管理理论工作分析法对辅导员角色、职责和素质的分析，结合笔者岗位实践，特别是深入学习和参考过去在此领域研究过程中的广泛和共识性理解，再融合调查的相关内容及对辅导员职务进行分析以后，笔者认为，辅导员专业标准应该体现的最基本思想和理念是：（1）终身学习的工作理念，辅导员专业发展本身就是一个持续终身的过程。包括知识和技能增加，也涵盖学历层次的提升。同时还意味着个人的身心、体力、责任感、价值观等方面的全面发展。（2）重视辅导员的职业态度，是辅导员应该具备的本职业岗位需要的特定的思想信念与道德品质，表现为辅导员特有的职业特征、职业信念、职业作风和职业态度，是辅导员应具有的理想追求、道德规范和伦理要求的基本价值取向。它影响着辅导员的教育行为，也影响自身的学习和成长。（3）特有的工作智慧，就是复杂情境下解决问题的能力。（4）广博的文化基础知识，包括基础知识、专业知识、实践知识和在此基础上的个性知识等。（5）强大的专业实践能力，一是一般管理能力，二是系统专业能力。（6）突出辅导员专业发展的阶段

---

[1] 胡建新：《高校辅导员专业化标准研究》，载《思想教育研究》2009年第8期。
[2] 霍晓丹：《高校辅导员素质标准与开发——基于胜任力模型》，北京：北京大学出版社2013年版，第61页。

性特征，在终身学习的理念下，对入职条件、在职适应、职后发展的不同阶段都应当有对应的标准。

我们研究提出建立辅导员专业发展的基准图形，分横向和纵向两个维度设立：在横向评价指标方面分为工作理念、职业态度、工作智慧、工作知识（基础知识和实践知识）、工作能力（一般管理能力和系统工作能力）等五个评价指标，每个指标都以5分为满分值，最低标准要达到3分。纵向按照入职辅导员、合格辅导员、优秀辅导员三个阶段性层级评价指标。第一阶段，入职辅导员标准在高校本、研各阶段毕业生或者其他转岗聘任等在完全进入辅导员职业前所要具备和满足的基本标准，它的主要功能是检验将要入职人员在基本理念、价值倾向、知识和能力几方面的基础表现，以此判断未来工作的适应性和发展的可能性。把好辅导员入职关非常重要，对于接受过专业培养的人群和其他岗位经验丰富或者专业特长突出的进入者来说，达到这个入职要求难度不大。但对一些非专业的求职者来说，要达到这个准入标准是需要一个过程的。第二阶段，合格辅导员标准是辅导员上岗后在工作一段时间（一般界定为入职1~3年）内必须要达到的标准，这个标准主要是对辅导员必须具备的基本素质要求进行检验，一个或者几个较短工作考核周期内的表现是否合格？辅导员日常工作的适应情况和为进一步专业发展的能力如何？可持续发展的能力是否足够深厚？等等。第三阶段优秀辅导员的标准是在合格的基础上集中反映水平较高辅导员的素质，这些辅导员的特征是具备了丰富的理论知识和实践经验的基础，同时还表现出很强的专业技能和专业研究能力，工作业绩突出，管理服务到位，发展势头强劲，已经是成功的教育、管理和服务工作的实践者。

优秀的辅导员本身就可以再发展成为思想政治教育工作方面的专家，也具备了成为思想政治教育研究方面专家的条件。他们示范作用明显，理论知识广博，实践经验丰富，随机应变能力强，理论与实际衔接紧密。他们会充分利用学生中的资源，尊重且乐于研究学生事务，形成很强的反思和研究实践能力，既具有个人自主发展的能力，又能在工作方面有能力释义规则，示范、帮助和培训其他辅导员。优秀的辅导员总体表现为职业发展规划清晰，专业发展及研究方向明确，职务、职称的发展也晋升顺畅。

（二）对辅导员专业标准框架的说明

辅导员专业标准基本模型评价标准的建立需要特别注重辅导员专业发展的持续性、动态性和进阶性特征。辅导员本身不是传授既定内容的教师，而是复杂情境中的问题解决者。所以要制定辅导员专业发展的标准，首要问题就是对实践能力的强调。表 7.2 概括列举了五项评价指标，不是在辅导员工作情境中都必然会出现的具体细节（事实上也做不到），所以说这只是建立了一个辅导员专业标准的最基准的矩阵图形，在实践中，横向的测评项目（包括子项目）是可以无限放大的。而纵向三个发展层次又是层层递进的关系，互相之间也有交叉，下一阶段标准是建立在上一阶段标准的同时又做了更高要求的专业表现标准。由于教育的理念和智慧、职业态度、教育知识和技能等都是隐性的，无法用具体言语来全部明晰或者表达，因此辅导员专业标准只是为辅导员专业发展应该是什么样的模式框架提供一个参考依据，并不能完全反映辅导员专业发展的所有目标。在实际操作中还应该针对每一个评价指标所包括的内容再制定出相应的细则，让各个指标都占有不同的权重，这样才能使辅导员的专业标准本身就是专业的。在这方面很多学者都已经研究出了比较成熟的成果。本书的主要研究目的不是要将这些内容具体化，而是要提出一个既宏观又可操作的辅导员发展的全景蓝本，所以这个专题就没有再深入研究。所提供的辅导员专业标准基准表格可以是遴选、管理、考核、评价辅导员的参照，用以指导辅导员专业的可持续发展。

表 7.2 辅导员专业标准模型基准表

评价指标 职级	工作理念	职业态度	工作智慧	工作知识		工作能力		发展方向
				基础知识	实践知识	一般管理能力	系统岗位能力	
入职辅导员	3	3	3	3	3	3	3	专业培养后经过聘用选拔或者在职转岗等进入岗位，热爱辅导员工作，能适应岗位的基本要求，努力成为合格的辅导员

续表

评价指标 职级	工作理念	职业态度	工作智慧	工作知识		工作能力		发展方向
				基础知识	实践知识	一般管理能力	系统岗位能力	
合格辅导员	4	4	4	4	4	4	4	经过试用期及后续几个短工作周期的管理考核，符合一名合格辅导员的标准后，再通过专业分工，选择发展方向，向优秀的辅导员迈进
优秀辅导员	5	5	5	5	5	5	5	学生管理、发展问题的专家；可以选择继续学习深造；或者成为高级职务或者职称的辅导员；成为学生事务问题研究的专家

二、体制建设保障

体制建设的核心内容是领导体制和管理体制的建设，就是要明确辅导员队伍建设的领导责任与管理关系，是辅导员队伍建设的基础，是辅导员队伍建设各项工作得到落实的组织保障，机制建设是辅导员队伍各项措施实施的工作方法，是优化辅导员队伍结构，提高辅导员队伍素质，保证辅导员队伍稳定的基础。

（一）完善"双重领导"的领导体制

专业发展的标志包括专业知识和技能的成熟度，也包括专业制度发展的成熟度。《普通高校辅导员队伍建设规定》要求，高校辅导员实行学校和院（系）双重领导。学校负有统一领导责任，院（系）负有直接领导责任，学校的学生工作部门履行学校管理辅导员的各项职能。"双重"不是重复性的并重，是从不同层次上建立责任制度，明确责任分工，形成工作合力，双重领导体制，职能体现有所不同。

学校一级的领导功能体现在计划、协调、监督等个方面。计划就是将党和国家对大学生思想政治教育工作队伍建设的方针政策的有关要求，通过与本校人才培养工作实际相结合，制定出科学的学校辅导员队伍建设总体规划，使之与学校教育教学、科研队伍建设等一道，成为学校事业发展计划的一个组成部分。协调就是在学校党委的领导下，由分管学生工作的领导牵头成立辅导员建设管理机构，机构要涵盖学生，组织人事、教务、科研、团委、后勤、财务、宣传、保卫等各个与辅导员具体工作相关的部门，依据学校统一的辅导员队伍建设规划，相互协调、认真落实。在体制上，使辅导员队伍建设具备政策平台和资源保障。监督职能是学校要通过制度建设明确各职能部门和院（系）对辅导员队伍的领导和管理责任，从辅导员配备管理培训再到经费落实等，所有辅导员队伍管理和发展的工作中都作为院（系）工作考核指标，使之处于与院系教学、科研、党务等工作处于同等的考核位置，确保监督有力。

在院（系）一级的层次上体现的领导职能有管理、执行、反馈等。管理方面，院（系）对辅导员有直接管理责任，按照学校学生工作部门管理辅导员队伍的要求，制定符合本院工作实际的具体辅导员绩效考核办法，以工作实绩为评估重点，打造一支由本院本专业特色的精干辅导员队伍。在执行方面，严格执行学校有关规定认真落实有关部门的工作要求，在辅导员岗位设置、培训、研修、专业技术评聘、晋升等方面，保证有关的政策落实到位。在反馈方面，结合在管理和执行过程中制度存在的问题、本单位地方特色的问题、辅导员发展中的个人困难等及时总结本院（系）的实际情况，及时向上级领导或有关部门反馈有关信息，并提出相应的意见或建议，使辅导员队伍建设上从上级计划开始别院（系）反馈结束，形成一个科学的、良性循环系统，让学校、院（系）的双重领导体制成为辅导员制度建设的最根本的基础。

（二）落实"双重身份"的管理体制

既是高校教师队伍又是管理队伍的重要组成部分，辅导员具有教师和干部的双重身份。高校在运行中把辅导员同时纳入高校专业教师队伍和党政干部队伍的管理体系进行管理，是辅导员队伍专业发展体制建设的一个重要课题。

我们先看一下"双重身份"的管理体制在政策上的合法性，1980年教育部、团中央《关于加强高等学校学生思想政治工作的意见》,是中国教育文件第一次阐述辅导员具备教师和干部的双重身份的文件,具体规定:"高等学校的学生政治工作干部,既是党的政治工作的一部分,又是师资队伍的一部分,担负着全面培养学生的任务。"[①] 提出并规定了"对于有专业知识,并担任一定教学任务的政工干部,应与专业教师同样评定职称"。1984年中共中央宣传部、教育部《关于加强高等学校思想政治工作队伍建设的意见》中指出,担任学生思想政治工作人员,他们的发展方向是:"(1) 党政干部;(2) 马列主义理论教师、共产主义思想品德教师、业务课教师。这是中国第一次在文件上规定辅导员的职务职称可以"双线晋升"。正式将辅导员列入教师编制在政策上为辅导员"双重身份"做了规定的文件,是1987年中共中央《关于改进和加强高等学校思想政治工作的决定》。文件指出:从事学生思想政治教育的专职人员,是教师队伍的组成部分,应列入教师编制实行教师职务聘任制。此后1993年,中共中央组织部、中共中央宣传部、国家教育委员会《关于新形势下加强和改进高等学校党的建设和思想政治工作的若干意见》中指出,优秀本科生、研究生毕业留校从事2—4年党务和思想政治工作后,实行分流或向党政干部发展,或安排在职攻读学位或向业务教师发展。1994年中共中央《关于进一步加强和改进学校德育工作的若干意见》,专门提出了具体落实解决德育队伍的专业职务、待遇等方面的问题。"16号文件"全面重申了大学生思想政治教育工作队伍的具体组成,着重强调了大学生思想政治教育的骨干力量是辅导员和班主任,提出"要建立、完善大学生思想政治教育专职队伍的激励和保障机制";作为此文件的配套文件,《普通高校辅导员队伍建设规定》明确了辅导员队伍双重身份的管理体制,并详细提出了落实这一体制的运行环节和保障政策。

  从以上政策的发展上解读,中国对辅导员"双重身份"的管理体制的建立突出体现了高校育人队伍建设的规律,成为了中国高校辅导员队伍建设的一条重要历史经验。在实践中的可行性是我们下面要探讨的问题。

  首先,作为大学生日常思想政治教育的主要承担者,辅导员必须全面掌握思想政治教育的学科理论和专业方法,与之相适应的研究是专业性的,也就是说辅导员岗位是一类教师岗位。同时,辅导员在工作中要进行基层的学生事务管理工作,负责学生基层集体建设的组织和管理,具备干部工

[①] 全国普通高校"两课"教育教学调研工作领导小组编:《普通高校思想政治教育课程文献选编(1949—2003)》,北京:中国人民大学出版社2003年版,第83页。

作的实务性,这说明辅导员岗位又是一类干部岗位。这两方面的工作体现着专业性与实务性并存,这说明辅导员双重身份的定位是客观的。

其次,思想政治教育学科有显著的实践性特点,具有长期性,需要在实践中提升专业化水平,而各级各类党政干部的选拔也要求具备基本的基层岗位锻炼,这是辅导员这个岗位要求兼备的。从长期发展的取向和目标上讲辅导员无论是向专家学者发展,还是向党政管理干部发展,这种双重身份定位都为辅导员的专业发展准备了重要的前提条件,这就保证了辅导员队伍的稳定性,并给辅导员以发展期望。

从以上两方面的解析和论述来看,在行政体制上实行"双重领导",在管理体制上实行"双重身份"的辅导员制度建设,是辅导员发展的基础性条件。无论是在政策理论的合理性,还是在工作实践中的可行性方面都给我们提供了重要的历史经验,也突出地反映了辅导员队伍的建设规律,就辅导员发展而言,关键的问题在于坚持和落实,就是要使辅导员的管理完全纳入与专业教师和干部队伍的同样的管理轨道,以保证辅导员队伍长期、稳定、健康地发展。

三、机制建设保障

辅导员队伍的机制建设是在建立健全"双重领导""双重身份"体制基础上,围绕辅导员队伍建设的各个环节,认真落实各项建设工作,切实实行科学化、制度化的工作方法,形成健康的辅导员队伍建设的长效机制。要有开放式的大队伍发展理念和宽视域的大队伍建设理念,辅导员队伍建设的长效机制要求队伍建设须具有活水式、引流式的开放特征,即辅导员队伍的人才引入、职业发展路径的动态发展理念。这一点在专业培养没有完全进入常态化以前更显得尤其重要。

根据调查问卷的结果和对辅导员发展历史的梳理及对辅导员制度的案例分析,我们提出并论证的辅导员专业发展问题就包括队伍机制建设所要解决的方面。在认识方面,社会对辅导员队伍建设的规律性认识尚不充分。辅导员建设仍主要依靠行政命令、文件规定的层面,按照政府的工作任务来布置、完成。在管理方面,辅导员队伍建设的问题见诸各个环节,这在我们调查的过程中反映出来的问题也是最多的。入口方面数量和质量的问题都存在。数量方面,辅导员的发展速度滞后于高校扩招学生的增长速度;质量方面,人才选拔的科学性、专业性都不能得到很好的保证。因为没有辅导员的行业资格标准，没有基础的专业培训，就难有科学的准入制度，出现选聘过程的随意性也是在情理之中。在考核方面，因为辅导员的岗位职责模糊，所以导致考核办法流于形式，考核没有成为激励和优化辅导员管理过程的杠杆，出现考核结果不能科学地反映出辅导员工作实绩的局面。在培训方面，因没有科学的培训体系支撑，辅导员的素质与能力得不到提升。在队伍精神面貌方面，辅导员队伍的职业生涯能力下降，不合理的岗位流动破坏了辅导员队伍发展的平衡，辅导员自身失落感与职业倦怠问题突出。辅导员队伍的机制建设，就是要通过制度化的工作方法，探索行之有效的措施，完善长效机制，解决以上几方面的问题。

（一）建立科学的选聘和培养机制

即使建立了辅导员的入职标准，但因为没有明确条文的要求和行之有效的监督，辅导员准入制度仍然只停留在口号层面。选聘机制要求在国家劳动人事管理部门审批后按一般职业标准设计辅导员的入职标准，彻底解决目前辅导员仅停留在高校内部的一类岗位的层面上。这是一个复杂课题，需要国家教育、劳动、人事部门三方联动，使辅导员职业社会化、标准化。另一方面要有机制保障高校用教师教育的路径对辅导员进行专业的培养。毕竟，目前中国高校的辅导员专业培养还没有进入系统性的阶段，这也是辅导员入口处最根本上需要解决的问题。没有经过专业培养的各层次专业毕业生的参与，虽然辅导员选聘渠道的优化，选聘过程的公平，选聘方法的改进等都在一定程度上对辅导员选聘机制有所改善，但也都是治标不治本的事情。高校领导对选聘过程的认识偏差造成的随意性和主观判断仍然对面试结果起到主要作用。高校人事部门没有把辅导员的招聘纳入人力资源管理的范畴，没有科学的指标用来考核应聘人员的思想政治教育和管理方面的素质和能力，招聘的程序、方法尚不成熟。这些问题的存在都跟辅导员的培养过程的专业性有着直接或间接的联系，完善并切实落实辅导员的专业培养机制是辅导员队伍机制建设问题解决的结点所在。

（二）完善规范的考评、激励机制

按照马斯洛的需求理论，人的需求是按照生理需求、安全需求、社会交往需求、尊重与自我实现需求这几个层级逐渐提高的。调查中，对评价体系的期待很高是辅导员的普遍反应，评价体系直接影响的是辅导员对自身的尊重与自我实现的满足，可见科学的考评体系的重要性。而科学的考评体系的建立是需要完善的考评机制做保障的。传统的"德、能、勤、绩"考核的各方面都很重要，但业绩应排在考核指标中最重要的位置，因为"绩"的出现是以"德、能、勤"为基础的。教育部在《关于进一步加强高等学校辅导员、班主任队伍建设的意见》中明确规定："要完善辅导员、班主任的考核制度，规定对辅导员、班主任进行工作考核。"[1] 科学、合理的考核评价体系，可以提高辅导员整体素质，促使辅导员走向专家化、专业化。

目前，很多高校都已经建立了辅导员考核评价体系，对国内百余所高校考核制度调查显示，建立相关辅导员考核制度的高校占89.5%，其中教育部直属高校占89.8%。[2] 由此可以看出，国内各高校对辅导员考核评价工作非常重视。由于当前辅导员双重身份、多重角色的现状造成了辅导员工作职责模糊、归属管理不清，直接造成了辅导员考核指标体系不健全、缺乏定量考核、考核主体单一等多项问题。考核难以反映辅导员的素质要求，工作界定不清，考核流于形式，考核主体作用发挥不明显，考核结果运用不当，还存在重普遍性、轻特殊性的问题，考评结果与实际绩效的偏差是辅导员考核中无法避免的问题。不良的考评机制会造成考评绩效与实际绩效分离，长此以往会降低工作人员努力程度，直接影响工作绩效，破坏组织激励。根据辅导员职务、职称发展考核体系要求，对辅导员的考核评价指标要全面覆盖辅导员工作的每一环节，要使同辅导员工作挂钩的每一个职能部门都参与其中，院（系）考核，学生也要参与其中，针对有关考评过程中发现的问题再给辅导员答辩的机会，实现全方位的360度考核，让考核结果能够达到有效激励的作用。考评是激励的基础，辅导员主观能动性之所以得不到激发，"付出多，得到少"的不公平感与考评机制不完善是有直接关系的，这是影响辅导员队伍工作积极性的原因之一。激励方面，一是合理的工资定位。就工作复杂性一点来说，辅导员队伍的整体工资水平是应该高于一般教师和行政人员的。毕竟辅导员的工作与一般

---

[1] 教育部编：《关于进一步加强高等学校辅导员、班主任队伍建设的意见》。

[2] 梁金霞、徐丽丽主编：《完善制度健全机制推动辅导员队伍健康发展——全国103所高校辅导员队伍建设状况调研报告》，载《国家教育行政学院学报》2006年第6期。

教师相比是需要额外付出的，所以理所应当追求相对高的收入。"个体对自身利益的追求正是市场经济的原动力所在。"① 二是辅导员的工作时间的弹性安排问题。辅导员白天与行政人员同样坐班，而下班后处理工作的问题可是司空见惯的，对辅导员实行弹性工作模式是完善辅导员激励制度的一个主要问题。三是管理过程的发展性激励措施。加大对辅导员进行科学研究的激励力度，增加辅导员进修机会，给辅导员向专任教师发展和干部提拔任用的政策倾斜等。考评和激励要全方位地体现在薪酬、晋升、培训等机会的各方面，确实存在问题时，警示、处罚也不例外，这样的考评机制才会推动辅导员的健康发展。另外，制度上淡化科研和教育改革的功利性，切实从发展的角度考虑辅导员的发展问题，使辅导员能够心平气和地面对科研和职业发展带来的压力，增强他们对职业的认同感。辅导员的考评机制与辅导员专业化发展水平息息相关，直接影响辅导员职务、职称的规范、科学、健康发展。因此，必须要建立科学、合理的辅导员考核体系。这样就能提高辅导员队伍的稳定性，使更多的辅导员能在敬业的基础上乐业。

科学合理的辅导员考评制度是辅导员队伍实现可持续发展的重要保证，因此应该从多方面多角度予以考虑。调查中发现，人们对评价制度的关注主要的是工作目标落实的效率和效果的问题，同时也关注学生满意度的问题。首先，应注重辅导员工作职责清晰明确。采用专业分工模式，使辅导员工作各有侧重，或侧重于思想政治教育，或侧重于心理咨询，或侧重于就业指导等。明确的职责分工既相对缩小了辅导员的工作总量，提高了辅导员工作队伍的整体工作效率，还可以为学生提供更为细致全面的个性化服务。其次，从专业化发展的角度对不同分工方向进行考核，改变辅导员职称发展中的弱势地位，形成辅导员自身的专业化的职称系列，为辅导员的专业化发展提供制度保障。在专业协会发展成熟的基础上，以专业协会的认证与考核，作为考评辅导员的依据。再次，能量化的工作尽可能地进行量化考核，不能量化的看品质，就是那些"关键时刻的表现与效果"。这样才能使考核的信度与效度都高。比如要求在一个考核周期内，进行N次专业辅导，读N本好书，发表N篇论文，进N次公寓，做N次谈话。丘进、卢黎歌等的研究以辅导员考评机制优劣为因变量，以影响考评机制的因素为自变量，发现具体自变量至少有两个因素：其一，各考评主体在考评过

---

① 陈大超：《"学校管理就是服务"辨析》，载《辽宁教育研究》2002年第4期。

程中所执行的评价标准;其二,考评主体所采集的有关辅导员的工作业绩的信息。如 MKI 模型将辅导员素质结构分为三个因子:管理能力素质(management)、专业知识素质(knowledge)和个人思想政治素质(ideological and political),其中"管理能力素质"属于"工作目标维度","专业知识素质"属于"知识维度","个人思想政治素质"属于"价值维度",三因子的权重从低到高为:I>M>K。辅导员考核指标的确定一是对辅导员考核指标体系的确立。运用关键绩效指标方法(KPI)分析得出高校专职辅导员绩效考核的关键绩效指标应该包括两大方面:一方面是对学校整体及学生个体的有益结果,另一方面是辅导员个体本身的有益的工作努力。二是对考核指标体系权重的确定。该项研究运用层次分析法(AHP)确定指标权重。其过程针对不同的绩效考核指标体系,在综合分析及经验评定的基础上,按照构造层次模型、建立判断矩阵、计算权重向量、一致性检验等四个步骤,来确定各指标因素的重要性和权重或相对优劣的排序值,实现不论辅导员具体从事何种工作内容,依据此绩效考核指标体系,在最终结果上都能具有等量的工作质量和数量的可比性,进而实现绩效考核的客观公平。[①]

张维迎说:"大学必须有一个良好的治理结构,其中最重要的方面是教师的聘任和晋升制度。"[②] 考核评价标准直接影响着辅导员工作的热情和质量,"建立辅导员职称职务序列、完善辅导员职业管理制度、发展专业团体等,才能有效地解决辅导员的归属感和职业忠诚度问题。"[③] 在辅导员职称评定及考核标准上,各高校做法迥异。很多高校如华中科技大学、天津大学,已经设立了辅导员职称评聘系列,辅导员可以晋升教授。在这里,我们既关心晋升教授能解决多少个辅导员的发展问题,更关心职称评聘制度的建立是否能为学生提供更加专业化的全方位服务。调查发现,多数高校的评聘要求仍然与专业教师等同,不具有针对性,没有考虑辅导员工作的特殊性。这等于让辅导员与专业学科教师按同一标准进行评聘,忽略了辅导员工作的实际,因此无法保证辅导员专

[①] 丘进、卢黎歌等:《机制·创新·长效:高校辅导员队伍建设研究》,西安:西安交通大学出版社 2012 年版,第 89—90 页。
[②] 张维迎:《大学的逻辑》,北京:北京大学出版社 2004 年版,第 2 页。
[③] 冯刚:《辅导员的专业化培养和职业化发展》,载《思想教育研究》2007 年第 11 期。

业技术职务共同指标和名额落实。① 有研究者呼吁：辅导员的职称评聘要"回归到高等教育体制之内，回到思政教育学科平台，回归到服务学生发展，确认辅导员是一直'双师型'的教师队伍，确保评聘职务，省级设立专门的评审组织"。② 本研究的前提也包括假设辅导员具有教师和干部的双重身份，其职称的发展与教师既有相似之处也有相异之处，其职务与党政干部既有相似之处也有相异之处。这个假设与后来的调查结果显示是一致的。为此，笔者建议实施纵向四级评价的职务、职称考核聘任与晋升标准。在对辅导员进行横向职责分解、建立专项工作模式的基础上，在纵向的考核标准方面，应实施辅导员专门的考核标准，即建立起初级、中级、副高级、高级的四级考核标准。中级以下侧重工作实绩的考核，副高以上职称辅导员在科研能力上做相应的要求。可以按照教师系列——助教、讲师、副教授、教授的方式评聘考核，也可以按照管理人员系列——研究实习员、助理研究员、副研究员、研究员的方式评聘考核。做到序列单列、指标单列、评审单列。按照专业教师和管理干部的发展路线，正常的入职后3年评（晋）初级，6年评（晋）中级，9年评（晋）副高级，12年以上评（晋）正高级。另外荣誉表彰方面参照教师系列，最高在国家层面定期评选、表彰"全国高校优秀辅导员"。各地教育部门和高等学校也应将辅导员表彰、奖励纳入奖励体系中，使其与专业教师和管理干部一道，和谐共生，共同获得发展。

需要强调的是，辅导员的教育对象是大学生，不仅是从旁观者或当事人身份，而且教育主体——学生的需求和感受也应该被列入评价、考核的体系之中。大学生对辅导员是否认可，辅导员是否为大学生提供了全面及时的服务，都是考核评价辅导员的重要依据。因此，在考核评价中应将学生的民意测评作为重要的考核、评价指标。

普通高校辅导员业务考核指标量化样本见表7.3：

---

① 李永山：《高校辅导员专业化发展问题及其思考》，载《思想教育研究》2008年第1期。
② 蔡国春：《中美高校学生观与学生事务观之比较》，载《江苏高教》2001年第4期。

表 7.3　普通高校学生辅导员业务考核指标样本

一级指标	二级指标	三级指标
一、职业素质 100 分	政治素质	以马克思列宁主义、毛泽东思想、邓小平理论、"三个代表"重要思想和科学发展观为指导，坚持党和国家的教育方针，提高政治素养
		热爱祖国，热爱人民，拥护中国共产党的领导，拥护中国特色社会主义制度。遵守宪法和法律法规，贯彻党的教育方针，依法履行教育职责，维护校园和谐稳定。没有损害党和国家利益以及不利于学生健康成长的言行
	道德素质	为人师表，遵守社会公德，引领社会风尚，以高尚品行和人格魅力教育感染学生。没有损害职业声誉的行为
	业务素质	积极参加各种业务培训和学习活动，出勤率高，没有无故缺席
		认真履行岗位职责，工作作风正派，无失误、违纪行为，每学年学生关于综合测评、奖学金评定、发展党员、特困生评定、学生资助等方面工作的有效投诉不超过 2 次
		工作有创新，创新学生思想政治教育工作理念、方法与手段，成效显著，工作中形成具有一定社会影响和可推广的特色经验、做法和机制。上报各种材料、反馈各种信息和征求意见及时、准确
		要求普通高校本科的辅导员也应该学会体育、艺术等特殊专业的管理知识，熟练半军管等辅导技能，以及针对特殊学生的管理理念。
		积极参加辅导员职业能力大赛得 1 分，在校级竞赛中获奖得 2 分，在国家、省级竞赛获奖得 3 分

续表

一级指标	二级指标	三级指标
二、思想政治教育 100 分	熟悉学生家庭情况、个人特长等基本信息，掌握学生思想特点、动态及思想政治状况	结合学生实际，广泛开展谈心活动，每学期与学生谈心人数不得少于所带学生数的 50%
		及时掌握学生思想动态，认真解决学生的思想问题和实际困难，特殊学生群体要经常谈心，紧抓特殊学生群体的思想教育。
		与学生家长及任课老师保持经常性的联系，及时将学生受到的退学警告、留降级、退学及与学生教育管理相关的重大事件告知学生家长或法定监护人；每学期开展"致家长一封信"活动
	深入开展中国特色社会主义、中国梦宣传教育和社会主义核心价值观教育，帮助学生树立正确的世界观、人生观、价值观，确立在中国共产党领导下走中国特色社会主义道路，实现中华民族伟大复兴的共同理想和坚定信念	认真开展马列主义、毛泽东思想、邓小平理论、"三个代表"重要思想、科学发展观教育和党的基本理论、基本方针、基本路线教育
		认真开展理想信念教育和"三爱"教育
		加强社会主义荣辱观教育，引导学生树立正确的世界观、人生观、价值观
		认真贯彻落实中共中央国务院《关于进一步加强和改进大学生思想政治教育的意见》、教育部《关于进一步加强和改进研究生思想政治教育的若干意见》
		认真贯彻落实《公民道德建设实施纲要》，积极开展学生思想道德、文明礼貌教育，积极推进《普通高等学校学生管理规定》的实施

续表

一级指标	二级指标	三级指标
二、思想政治教育 100分	有针对性地帮助大学生处理好学习成才、择业交友、健康生活等方面的具体问题；协助学校心理发展服务中心开展心理筛查	积极围绕育人主线开展主题思想政治教育活动
		引导学生养成良好的心理品质和自尊、自爱、自律、自强的优良品格，增强学生克服困难、经受考验、承受挫折的能力，有针对性地帮助学生处理好学习成才、择业交友、健康生活等方面的具体问题，提高思想认识和精神境界
		做好学生干部的选拔、培训、考核工作。做好重点关注人群筛查工作，每月要按时报送1次重点关注人群名单（每月报送，注意保密）
三、发展辅导 100分	了解学生所学专业的基本情况，组织开展专业教育；对学生进行初步心理问题排查和疏导	熟悉并掌握国家和学校有关学生管理、修业要求；重视学风建设和学业管理，落实责任制，明确工作内容，有计划开展学风教育、建设工作。重视学生心理情况，针对心理危机事件，做好心理危机疏导、转介、记录及预后工作（注意保密）
		严抓学生考风考纪，加强诚信教育
		重视学风建设，能有效开展各类学风建设及帮教活动。积极配合心理中心做好各项心理测评工作，并协助中心进行约谈工作
	培养学生学习兴趣，指导学生养成良好学习习惯，规范学生学习方式行为	参与班团会或心理健康教育与情商培养活动，每学期至少3次。积极参加心理工作相关培训，提高心理辅导技能
		重视留降级学生的学习帮扶和日常管理工作

续表

一级指标	二级指标	三级指标
三、发展辅导100分	组织开展学风建设，营造浓厚学习氛围；组织开展心理健康教育宣传活动	积极开展加强学风建设的调研和分析，每学期至少召开1次学风建设学生研讨班会，做到有调研分析报告和记录材料。积极配合心理发展服务中心发放或自主设计制作心理、情商知识普及读物及宣传品等
		积极通知学生参加专业技能等级大赛报名，通知学生积极参加国家、省、市科技竞赛活动，为学校取得荣誉。积极维护学生工作管理系统，学生数据翔实准确
		认真组织学生参加学术报告会
四、事务管理100分	开展新生入学教育，组织好学生军训工作；做好毕业生离校教育、管理和服务工作	认真组织迎新活动，各项工作有序进行，积极开展入学教育的各项活动
		按学校统一要求，组织好学生军训工作
		加强毕业生离校期间学生管理，积极开展各项毕业生活动，毕业生能够做到文明离校，离校期间不发生酗酒、闹事、乱扔物品等不文明现象
	有效开展"助、贷、勤"工作，落实好家庭经济困难学生的资助工作	做好家庭经济困难学生的认定，资助工作开展细致全面，公平、公正、公开，无违规行为发生
		认真做好国家助学贷款、学费和国家助学贷款代偿管理工作，报送材料准确、及时；做好生源地国家助学贷款的统计工作，无遗漏
		做好国家助学贷款还款工作，提醒贷款毕业生按期还款
		准确掌握家庭经济困难学生的家庭经济基本情况和变化情况，关心经济困难学生的身心健康
		认真做好各类助学金、困难补助的评定、发放及勤工助学工作

续表

一级指标	二级指标	三级指标
四、事务管理 100 分	做好学生奖励评优和奖学金评审工作	认真组织开展奖学金的评选工作，严格执行奖学金评定相关制度，对获奖学生资格认定做严格审核，确保申报信息及时准确
		做好学生先进典型培养和宣传工作，充分发挥先进典型的引路示范作用；培养学生的诚信意识和感恩意识，引导学生合理使用奖助学金及补助；树立正确消费观和责任感
	为学生的日常事务提供基本咨询，进行生活指导；对危机事件做出初步处理，努力稳定并控制局面，了解事件相关信息并及时逐级上报。为学生的日常事务提供基本咨询，进行生活指导	重视学生日常行为管理，经常教育引导学生注意文明礼貌和行为举止。各项检查中，日常管理优秀得3分；日常管理良好得2分；日常管理一般得1分
		重视学生日常管理，抓好一日生活制度、内务卫生、寝室文化、日常制度等日常管理工作。各项检查中，日常管理优秀得3分；日常管理良好得2分；日常管理一般得1分。对违章用电器、留漏宿等违纪行为不定期进行检查，及时主动进行处理。突发事件处理得当及时。熟悉学校应对和处理各类突发事件的预案；学生发生突发事件及时到位并妥善处理；对敏感时期的学生安全与稳定工作预先防范；协助学校相关部门做好各类突发事件的预防和疏导工作。日常安全与稳定工作紧抓不懈。熟悉学校安全稳定工作的相关规定；经常性开展安全与稳定教育；及时有效地化解和处置涉及学生的有关矛盾和问题
		能够及时对学生日常管理检查通报进行整改。
		定期对学生综合测评进行指导、监督、检查，确保学生综合测评真实、有效
		认真组织新生集中军训、运动会方队训练、大型活动的学生训练等，学生工作志愿者跟班到位
		认真组织学生参加各项集体活动，着装整齐、纪律严明、学生工作志愿者跟班到位
		学生教育管理工作扎实，对违纪学生教育处理及时，程序清楚，操作得当，材料完备
		积极组织学生自我管理组织开展检查、督查、纠察工作

续表

一级指标	二级指标	三级指标
四、事务管理 100 分	指导学生开展宿舍文化建设，促进学生和谐相处，互帮互助；组织基本安全教育并建立基层应急队伍	重视学生寝室卫生，经常进行寝室卫生检查，积极推进学生公寓文化建设，促进学生和谐相处。积极开展防火、防盗、防人身意外、紧急疏散、交通事故、疾病预防等安全教育，安全教育主题班会不少于 1 场，全年无因个人工作失误导致的安全事故。建立基层应急队伍，定期开展安全隐患排查工作，并及时排除隐患。

结合考量这些影响因子，广泛吸收已有研究成果，笔者制作了前述"高校辅导员绩效考核量化样本"，主要指向对辅导员职业生涯考核评估。为了便于操作，下面将我在 2004—2010 年在某大学分管学团工作中制定的辅导员考评体系建议，用以指导对辅导员考评的实践（见 W 大学辅导员考核办法及表 7.4）。

关于 W 大学辅导员考核办法（试行）

一、总则

为深入贯彻落实教育部《关于进一步加强高等学校辅导员、班主任队伍建设的意见》，切实提高辅导员工作能力，建立科学、合理、规范、专业的辅导员考核体系，以实现辅导员工作向专业化、专家化发展。

第一条 考核坚持定性考核与定量考核相结合、学年考核与阶段考核相结合，形成性评价与终结性评价相结合，自我评价与学生反馈、部门评审相结合，使辅导员考核结果直接关系到辅导员的薪金待遇，从而激发辅导员队伍的工作热情和内在潜力。

第二条 本办法适用于本校目前从事教育、管理、服务工作的专、兼职辅导员，以及经过专业分工的各项专职辅导员。

二、组织实施

第三条 辅导员考核工作在学校党委统一领导下，由辅导员协会等自治组织、学生工作部门和学院有关职能部门共同组织实施。学校将成立专门的辅导员工作考核委员会。考核以学年为单位，一般在每学年的期末进行。除此之外，还进行不定期的考核，并收集和反馈各部门对于辅导员工作的意见和建议。

第四条 考核方式共分为辅导员的自我评价、学院考核和学生满意度测评。分项考核满分均为100分，总分100分，权重上其中辅导员自评占总分的20%、学院考核测评占总分的60%、学生满意度测评占总分的20%。

三、考核内容及程序

第五条 辅导员的考核内容及程序：

（一）各学院在校党委的领导下，依据辅导员的工作要求和工作职责，结合学院自身工作需要，联合校教务处、学生处等部门，根据所学理论知识和客观工作时间，对一学年的辅导员工作做出评价与总结。由辅导员本身，辅导员所带班级的学生（原则上不少于班级人数的60%）和学院相关机构共同填写《辅导员工作考核体系简表》。

（二）《W大学辅导员工作考核体系简表》主要从思想引导、事务管理和发展辅导三个维度对辅导员的工作进行评价考核。其中思想引导和事务管理各占考核总分的30%，发展辅导占考核总分的40%。

（三）学校辅导员工作考核委员会最终评定

学生工作部（处）组织并核算辅导员考核的最终得分，对辅导员的考核结果进行汇总，并将汇总结果报学校辅导员工作考核委员会。最终测评的目的在于激励和监督辅导员的日常工作，调动其积极性和内在潜力。

四、考核结果及使用

第六条 考核结果分为优秀、合格、不合格三个等级。学院考评和学生满意度测评有一项低于60%、因工作态度等主观因素出现重大失误、给学校工作造成损失及出现不良影响的考核结果为不合格。考核结果与辅导员的奖惩、晋级、职称评聘、攻读学位、进修培训等挂钩，对于考核结果出现不及格的辅导员，在晋升职务职称、攻读博士学位和进修培训等方面暂缓考虑。

（一）考核优秀的辅导员，由学院授予相应荣誉称号，并作为向学校以及上级申报辅导员其他奖励的依据。

（二）拟晋升职务、职称的辅导员，任职期间每年考核结果需达到优秀；任职期间考核结果出现不合格的辅导员，暂缓晋升职务、职称。

第七条 在一个考核期内，辅导员取得突出成绩、特殊贡献和科研等项目的考评加分根据学校有关规定，制定具体的实施细则，一并作为职务、职称晋升的依据。

第八条 本考核办法自××学年开始实行，由校学生工作部（处）负责解释。

表7.4 W大学辅导员工作学年考核简表

（20 －20 学年）学院：

姓名		性别		出生年月	
职称		职务		担任辅导员时间	
负责班级				负责学生人数	
考核内容					
考核项目	具体工作内容				得分
思想引导	1.用社会主义核心价值体系武装学生。 2.引导学生树立正确的人生观、价值观和世界观。 3.密切关注学生思想动态，切实解决学生成长阶段的疑惑。 4.对学生进行道德观教育和普法教育，增加教师责任感和使命感。 5.帮助学生客观地认识社会形势，树立正确的就业、择业观等。				
发展辅导	1.经常深入学生当中，了解学生的学习情况和学习中遇到的困难、困惑。 2.根据学生学习的不同阶段和学习水平，为学生提供不同的培养计划。 3.了解各专业的发展趋势和社会需要，对考研、考教、考公等信息充分了解，并相应指导。 4.教会学生形成良好的生活习惯，建立有序的生活模式，拥有良好的心态。 5.切实帮助学生解决如人际危机、学习危机、情感危机、经济危机等成长中的发展问题等。				

续表

事务管理	1.科学、有序地组织和管理社团活动、文体活动和社区活动，为学生营造健康活泼的校园生活氛围。 2.有针对性地组织勤工俭学、社会实践和青年志愿者活动，为学生提供接触和了解社会的机会。 3.做好党团建设工作，经常召开党、团支部会议，做好积极分子培养、考察等工作。 4.对班级日常工作管理有序，干部选拔公平公正，建设良好的学风和班级文化。 5.和学生及时沟通，了解学生对自身工作的意见建议，并虚心改正自身缺点等。
学院评分	学生评分　　　　合计
学校考核领导小组考核意见	签名（盖章）： 　　年　月　日

（三）落实长效的培训机制

传统的培训方法被抬高到一个不应有的高度，几乎成为教师专业发展的唯一范式。传统的培训方式无法满足发展的要求，发展强调的是成长和实践的专业发展思路取向，将辅导员队伍看作是具有自我生成能力和自我管理能力的专业共同体成员，从一种专业人员的角度看，他们学习掌握了专门的知识基础，形成了具有个性特点的岗位实践性知识。现有的培训，以教学为中心，强调的是个人具体的、可借鉴的技能，增加或拓展已有的技能，是由别人对学习者进行培训。[①] 这种培训的实质是在用发展的幌子为"专业"遮掩耳目，究其实质，过去"重使用、轻培养、轻培训"的现象是长效机制方面的问题，是短期行为。我们以前文调查的某省暑假高校辅导员培训培训时间为例，每期辅导员培训学时总数为40学时，与香港地区比较一下很能说明问题。香港地区高校的专业辅导人员至少应具备辅导类或

---

① 〔英〕伊恩·麦吉尔，利兹·贝蒂：《行动学习法》，中国高级人事管理官员培训中心译，北京：华夏出版社2002年版，第6页。

社会工作类专业硕士学位,社会工作专业除了学习专业课以外,还要求至少有 800 小时的实习。[①] 40∶800 是中国内地与香港地区对辅导员培训时间的简单对比,这样的对比还是在假设辅导员本科、研究生都是在专业"科班出身"的前提之下做出的。建立辅导员的培训机制就是要从根本上着眼于辅导员工作的实际以及辅导员的长远发展。现在,我们很欣慰地看到现在各省对辅导员培训工作在实践方面的不断努力和创新,新的培训形式,现代化的培训手段,全方位的辅导员素质培训活动已经开展起来。例如辽宁省在 2014 年 4 月初就进行了旨在提高全省辅导员工作水平的技能大赛,全省高校通过本校初赛遴选出 234 名辅导员进入决赛,决赛又分为两个阶段。这样的一次比赛对全省范围内高校辅导员的技能提高来说,是一次很好的拉动。

辅导员的专业发展的培训不是一朝一夕的工作,要建立长效的机制,坚持使用与培养并重的原则,分层次、多形式、重实效地进行培训,岗前与在岗、全员与骨干、日常与专题、学历与非学历培训等相互结合,将学习进行到底,实现辅导员培训体系的全覆盖。要充分发挥教育机构和行业协会的力量,全面利用国内外的资源,挂职锻炼、出国学习考察等形式都要综合运用。保证所有培训措施都能发挥出应有的效用。

四、组织建设保障

辅导员的发展既包括辅导员个人的发展,也体现在辅导员队伍整体的发展,从专业发展的角度是指成立专业发展的组织——辅导员专业协会。专业协会的功效有:

(一)规范和引领学生事务工作走向专业化

现在,辅导员专业发展的依托组织是专业协会,里面可以涵盖学生事务管理人员、学生事务专业现在,辅导员专业发展的依托组织是专业协会,可以涵盖学生事务管理人员、学生事务专业教师,也可以包括有意从事学生事务工作的大学生及热衷于学生事务管理工作的专家、学者、学生事务

[①] 樊富珉、陈启芳、何镜炜主编:《香港高校学生辅导》,北京:清华大学出版社 2004 年版,第 153 页。

官员等。还是以美国为例,美国学生人事工作者协会从1951年成立到如今已经发展成为拥有一个执行董事会,高校和机构成员1400个,拥有会员11000名和7个活动项目的庞大机构。1924年建立的美国高校学生人事工作协会,发展到现在也已经拥有1500个会员单位,将近9000名会员的组织。这两个协会都在美国学生事务的发展中扮演者重要的角色。

专业协会的核心作用即规范和引领学生事务工作走向专业化,主要是通过制定和推行高校学生事务管理的专业标准,以此来保证学生事务管理人员达到一定的专业水平,在不断学习、研究和创新的基础上,鼓励发展更为科学、有效的学生事务工作模式。学生事务管理的专业标准是规范学生事务工作人员行为,为其日常工作实践提供具体的标准。遵守这些行业标准才能使学生事务工作者形成规范的工作作风,行动上为学生们树立良好的榜样,同时也使得学生事务工作有章遵循。对学生事务管理工作的发展方向引领也是专业协会的重要功能。目前,中国辅导员专业化历程中依然存在诸多问题,这就需要专业协会关注高校学生工作的时代目标,从中找到理论与实践结合的突破口,实现引领和推动学生事务实践的作用。通过期刊、学会讨论、网站等多种形式针对高校学生领域集中的问题进行关注、研究,发展理论,开展实践,使最新的成果能第一时间得以发表、推广,从而实现其价值。职业标准随着学生事务工作的变化而不断发生改变,专业协会应积极探讨职业标准,促进学生工作队伍的职业化发展,为会员能够在更高层面来开展工作提供服务。此外,专业协会还能起到服务与监督学生事务人员的作用,对学生事务人员对学校和学生的伦理责任进行界定,便于实现行业自律。

(二) 打造辅导员专业发展的平台

凝聚于服务功能是专业协会的基本职能,凝聚本行业的专家、学者、实践工作者,聚集力量服务于行业,推进行业的发展。辅导员专业协会的主要功能是服务于学生事务管理人员,提供职业发展空间,辅导员得到了良好发展的同时也推动专业协会的发展。

搭建辅导员专业化发展平台。首先,专业协会能为辅导员的再教育提供培训平台,帮助新从业人员完成由初级人员向专门化人员的过渡。其次,专业协会要努力为成员提供专业沟通和交流的平台,通过交流与沟通,互相借鉴成功经验,更有效地应用于实践工作。定期召开特定议题的小组会议,开展学术论坛,使内部成员有就专业问题进行交流的机会。协会网站会及时上传各高校辅导员们工作的情况和经验心得,通过协会的工作小组对相关情况进行研究、总结,形成各种案例;建立全国层面发行的高校辅导员协会刊物,推广项目,介绍经验,选登论文。论文可以作为辅导员职务、职称评聘的成果。再次,专业协会还能参与辅导员考核与评价。形成专门的辅导员考核评价体系,为广大会员的发展及激励保障机制做出贡献。通过考核评价体系的建立,来提高学生事务人员成为专业人士的社会地位。最后,专业协会还要致力于辅导员队伍的自主发展,通过开发辅导项目,鼓励辅导员自行研发项目,充实辅导员业务。对优秀的辅导员组成项目组,建立项目开发的数据库,以此来充实辅导员的业务内容,改进辅导员工作的方式方法,提升辅导员的工作兴趣,激发辅导员的工作热情。

(三) 沟通政府、社会与高校

专业协会是沟通政府、社会与高校的桥梁。不仅可以通过各种调查、分析报告来影响政府的决策,还可以为高校的管理改革提供咨询和服务。近10年,中国成立了很多辅导员专业协会,各个层面的都有。但这些专业协会因为主要强调发挥政府部门的指导作用,成为了政府部门变相的延展工作机构。这样便对高校的服务作用有所忽略,更忽略了对政府部门的决策进行影响和建议的职能。专业协会应该独立于政府与高校之外,通过各类拓展项目的开展和组织行之有效的调研活动,才能成为沟通政府与高校的桥梁和纽带。协会熟悉和掌握政府关于辅导员发展方面的国家相关政策和工作任务,横向能在实际工作中为高校提供政策上的帮助与服务,下能对高校辅导员开展全面的咨询与服务。专业协会还要将高校出现的新的学生事务问题、学生事务工作人员新的工作诉求及时准确地反馈给政府相关部门,以求赢得政府部门更多的支持,作为政府决策的依据和参考,也促进政府决策更加有针对性。

专业协会代表高等教育内部一个重要的群体,是权威的行业协会,也是一个自律性组织。一方面,通过与社会的沟通,不断提高从业人员的社会地位和话语权,突出了学生事务的功能。另一方面,专业协会在与社会的沟通中不断吸收社会各界人士对高校的建议和意见,不断改进学生事务专业人员的管理水平和认识水平。在实际工作中,不断根据社会需要变革高等教育学生事务功能,全面促进高等教育发展,成为有效变革高等教育学生事务的促进者和推动者。

五、物质资源建设保障

我们知道，辅导员专业发展有三个维度：一是从辅导员个体的维度来看，专业的知识基础的提升和内在认知能力的提高是辅导员专业化的基础；二是从高校的维度来看，辅导员的专业化是需要组织上给予一定保障的，从准入资格、在职培训到继续教育，以及职业发展道路的开辟都是需要高校拿出实实在在的行动的；三是从整个社会和国家来看，辅导员队伍专业化是一个为提高自身社会地位而进行努力的过程，政府和社会各界的支持非常重要。纵观辅导员发展的历史以及通过横向的国际比较，不难得出如下结论，就是中国辅导员的发展不可以脱离中国国情，要具有中国特色。没有外部环境的支持，其目标实现只会是遥远的梦想。针对以上几方面的工作，在辅导员管理机制方面必须有一个强有力的物质资源保障机制来支撑。否则，前面所讲的一切诸如选聘、考评、激励、培训等机制将成为一纸空文。建立和完善辅导员工作的物质资源保障机制，对促进高校辅导员队伍的发展建设，推动高校大学生教育和管理工作的制度化、科学化，提高辅导员的发展和服务水平，意义重大。总的来说，各个高校的辅导员都有辅导员集体相对独立的办公室，拥有独立开展工作的办公设备。应该说，这是传统的辅导员工作方式应该具备的最基本条件。但是在调查中也发现个别高校辅导员的办公条件目前仍然相对比较艰苦，办公桌椅和办公电脑陈旧和老化现象严重，亟待更新和解决。国家、省和高校在科研项目立项上应该加大对大学生思想政治工作的倾斜力度，在物质、经费和创立刊物等方面给予更多的支持。高校应该建立辅导员专业的工作室，例如专门的谈心工作室、职业规划中心、心理咨询中心、社团活动指导中、文体活动中心、辅导员协会、科研中心、就业技能培训中心、礼仪训练中心、实训中心等，作为辅导员的日常工作和进行专业研究的平台。人力、财力、物力的支撑是保障机制的基础性工作，学校要成立专门的学生工作委员会，由分管学生工作的校领导牵头，学生处作为办公室部门，吸收所有与辅导员工作相关的部门领导作为成员参与其中，在文件制定之前，辅导员选聘、工作考评、晋升培训等各个辅导员发展方面的工作都由该委员会组织进行，使辅导员的管理机制完全在一个闭合的管理系统框架内运用，做到信息的完全对称。另外，教育主管部门、高等学校应在辅导员培训深造、工作及生活待遇上给予法律、政策上的保障，让所有的文件、规定都能得到落实。

第八章 在职阶段的培训与提升

一、辅导员的培训与提升

辅导员发展是一个持续化、终身化的发展过程,既要与瞬息万变的时势相适应,又要与学生发展相吻合,辅导员不断进步、提高需要专业培养的依托,也需要培训体系的跟进。休伯曼的职业生命周期论说明:不同教龄的教师只要心理发展水平接近,就可能达到相同的专业发展水平。所以,要建立一整套与辅导员发展相适应的培训制度,全面开发辅导员的潜力与智能,为学生辅导工作提供支撑。

培训的过程是要实现教育主体间的互动,包括:教师之间的教育教学经验交流互动;师生之间的互动,学生独特的视界发送丰富的信息给教师,学生成长的烦恼也是教师反思的动力,学生到校学习除了向老师向书本学习之外(网络或其他学习均可代替),也与老师形成互动关系;教师与学校管理者之间的互动,校长是教师的教学伙伴,从领导那获得教学新观念。

发展与现有培训形式形成对照。发展强调的是成长和实践的专业发展思路取向,将辅导员队伍看作是具有自我生成能力和自我管理能力的专业共同体成员,从一种专业人员的角度看,他们学习掌握了专门的知识基础,形成了具有个性特点的岗位实践性知识。传统培训的实质是在用发展的幌子为"专业"遮掩耳目,究其实质,过去"重使用、轻培养、轻培训"的现象是长效机制方面的问题。辅导员的专业发展的培训不是一朝一夕的工作,要建立长效的机制,坚持使用与培养并重的原则,分层次、多形式、重实效地进行培训,岗前与在岗、全员与骨干、日常与专题、学历与非学历培训等相互结合,将学习进行到底,实现辅导员培训体系的全覆盖。要充分发挥教育机构和行业协会的力量,全面利用国内外的资源,挂职锻炼、出国学习考察等形式都要综合运用,保证所有培训措施都能发挥出应有的效用。建立长效培训机制的路径是通过组织建设规范和引领学生事务工作走向专业化,进而打造辅导员专业发展的平台,沟通政府、社会与高校,为辅导员专业发展提供物质资源建设保障。

二、辅导员岗位管理模式的实践样本

(一) 辅导员职业的管理模式类别

1. 专兼职综合工作模式

辅导员发展的困境问题都可以归结为自身专业知识的有限性和工作现实需求的无限性之间的矛盾。前面我们分析过,面对学校各个部门分配任务,辅导员在工作中表现得力不从心。辅导员现实工作的复杂性与某一具体专业的学习是矛盾的。传统的基于班级为基本管理单位的直线型管理模式是目前各高校最普遍的辅导员管理模式。辅导员可简单划分为专职和兼职两类,无论是哪一类辅导员,他们的工作任务都是负责班级的所有学生事务。专职的来源就是岗位聘用的专职工作人员,兼职人员主要来自于教师、研究生、高年级本科生、院系其他行政人员以及离退休工作人员等。专职辅导员保障性高,工作延续性高,尤其是在突发事件处理方面的优势明显。兼职人员因定期或不定期的轮换造成工作延续性很低。无论哪一种模式,专业化程度低是一个基本事实。专职模式下的辅导员在职务晋升、职称聘用方面的竞争相对激烈,工资及投入成本也相比兼职辅导员大很多。对专职模式下的辅导员管理优化策略是切实落实辅导员的"双轨制"管理,就是辅导员的教师、干部双重身份管理以及职务职称发展的双重路径。兼职辅导员管理模式的优化策略是加强辅导员工作制度化建设,加大人力投入和专业化培训,做好前后两任辅导员的工作交接及有关档案管理等。在兼职辅导员的工作模式里,清华大学的"双肩挑"工作模式是一个优秀的样板,强有力的组织保证、优秀的育人氛围、最佳的生源及良好的发展空间使这个辅导员工作模式已经融入清华大学的文化里面,社会及学校师生也广泛认可。从研究和调查来看,"教育者、管理者和服务者"一体的复合型教师角色是大家共同认可的。无论专职还是兼职辅导员管理模式都是对辅导员身份的一种概念,两者对学生发展辅导的工作任务是一致的,是具体到每一项学生工作的,我们这里称之为综合工作模式。通过对近 30 所高校分管学生工作的领导或者学生处处长和辅导员进行访谈以后，我们发现，现在建立高校统一的辅导员队伍管理模式的条件还不成熟，建议各高校在综合管理模式框架内，根据自己的实际情况对设置专职和兼职辅导员管理模式进行选择。访谈过程中也发现各高校还是在应用着中国有代表性的两个高校辅导员管理模式：一个是"清华模式"，其特点是绝大多数兼职、极少专职的模式，这一模式的特点是可用选拔对象多，但是流动性大，同时对兼职对象和服务对象的要求都很高；另一个是"复旦模式"，专兼结合、专职为主导的模式，特点是优势互补，充满活力，专职的优势是长效且有经验，还能承担责任，兼职的优势是知识丰富，有利于接近学生。

2. 专职专项工作模式

调查发现，尽管现在人们普遍认为辅导员工作辛苦，应该得到尊重，但这不是从专业的角度定义的。就是说辅导员的群体信任呈现的危机在专业教师、管理者、专家和学生的认识中还是客观存在的，即使对这个队伍的作用有信任，一些人仍然认为也不见得有必要进行专业的发展。要实现对辅导员队伍的行政承认到专业信任的转向，从根源上改变辅导员的传统管理体制是有必要的。相对于这种以年级和班级为基础的综合工作模式，也就是通常说的矩阵式工作模式，在近些年各高校对这项工作的探索中，特别是依据对学生工作任务的实际需要，一种基于职能进行专项工作分工的辅导员工作模式出现了，它对应的是专门的工作领域，工作的手段也更加专业化。中国的教育发展史上，高校扩招以后，随着上千甚至几千人的"超级"二级学院出现，一些学校通过学生管理体制改革将学生管理权限下移的过程中，为了应对激增的各个专项工作，改变了原来按班级配备辅导员的管理模式，而是在学院设置了专门负责这些专项工作的辅导员。这种矩阵式的专项工作模式是相对于直线型综合工作模式而言的。例如在上海高校，千人以上的院系按工作职能配备党团建设、心理辅导、学生事务、职业发展等专项辅导员，这种专项分工模式既有利于扩大学生思想政治工作的覆盖面，也为辅导员专业发展提供了实践平台。这种模式的合理性就是在于从学生工作发展的现实工作环境需要出发，充分适应学生工作发展，也反映了辅导员实现专业化发展的趋势。

(二) 专项分工管理模式的辅导员配置

变革是教育的永恒伴侣。[①] 高校在招生、就业以及教学方面的改革持续不断地进行着，很多学校对一、二年级学生实行通识教育，原有的班级、专业管理体制已不能适应这种教学改革的需要；有的学校实行多轨制分流培养教学，针对学生考研、就业等发展的不同需要，在教学的过程中会在行政班级基础上产生多个教学班；公寓的后勤社会化管理及多校区的存在，使不同的校区、公寓也会存在不同的实际管理需要……一些高校在进行着实行考研、就业、公寓管理等负责专项的辅导员模式的尝试，也解决了现实辅导员管理中的一些问题。但同时也有相应的新问题出现，如负责专项的辅导员的业务培训问题。毕竟，专项分工对辅导员只是增加了工作的侧重要求，具体业务的专业性问题仍然没有解决。再次回到《规定》上，"专职辅导员可以按助教、讲师的要求评聘思想政治教育学科或其他相关学科的专业技术职务"，只要"相关"的字眼一出现，就等于在操作中没了下文，辅导员工作的每一个专项都可以成为一个人终身研究的专业，因此可以说高校辅导员管理制度的改革需要明晰，从而改变辅导员目前职业发展的随意和无序状态，给辅导员一个不再模糊的身份。这样的职业分工也符合帕森斯的"人职匹配"理论。（人职匹配的两种类型，一是条件匹配，即所需专门技术与专业知识的职业与掌握特殊技能和专业知识的择业者相匹配；二是特长匹配，即某种职业需要具有一定的特长或性格特点的人来从事。）顾明远先生说："社会职业有一条铁律，即只有专业化才有社会地位。"专项分工是辅导员专业发展的基础，要改变原来完全按照班级配备的综合模式，实行按专项分工设置辅导员的工作模式，分专项对辅导员进行业务指导和培训，是解决这个问题的一个很好的路径。这样的管理模式可以使辅导员工作内容清晰化、具体化，使学生得到全方位的服务。同时，也为设置专项辅导员的考核评价指标提供了方便（见表 8.1）。

[①] 〔美〕D.G 阿姆斯特朗：《教育学导论》，李长华等译，北京：中国人民大学出版社 2007 年版，第 58 页。

表 8.1 专项工作模式下的辅导员配置表

序号	专项职责	辅导员名称
1	学生日常"知""行"考评及所有常规事务性的管理工作	管理辅导员
2	入党积极分子培训、考察、共青团活动及相关思想教育,业余党校的组织管理,预备党员的活动组织和管理	党团辅导员
3	心理健康知识普及、心理咨询、心理危机干预,包括安排课程,组织有关活动	心理辅导员
4	就业辅导与服务、实习社会实践工作、就业课及相关就业工作,组织安排实习,建立就业档案	就业辅导员
5	社团活动组织与管理、重点社团指导,建立全员社团活动档案,对学生社团活动情况进行考评	社团辅导员
6	学校门户网站的维护、监控,对学生进行网络思想政治教育,管理信息员,及时沟通汇报有关信息	网络辅导员
7	考研、公务员等学习辅导员相关信息收集及技能培训,相关教学班级的管理,活动交流等	考研辅导员
8	公寓思想政治教育及相应的管理服务,包括公寓文化建设,学生安全问题,沟通公寓管理人员	公寓辅导员
9	新生学籍注册与管理,信息平台维护,学籍休、退、转、复管理,毕业生信息库	信息辅导员
10	学生基本素质养成与培养培训,包括制订计划,组织训练和活动,实训考核	实训辅导员

这个专项分工的设计是笔者在过去的工作实践中进行过实际操作的一个基本模式,其间也在不断地发现问题和总结经验。从根本上说,辅导员专业发展的方向最终是要跳出事务性的圈子,走向专业化。对这个专项分工的问题,笔者在问卷调查后又专门进行了访谈,通过对 30 位辅导员和高校分管领导的访谈,有 21 位也就是 70%的人支持也相信辅导员未来的发展

方向是实行专项分工的工作模式。另外9位对辅导员专业发展的信心不足，也对现有辅导员制度的功用和未来发展前景表示了担忧。他们尽管也认可发达国家的专业化发展模式，但仍然认为中国高等教育对辅导员制度的特有要求下，现有辅导员制度的专业化也只是海市蜃楼般的展望罢了。深层次分析这些原因以后，我们发现，人们对辅导员专业发展信心不足的原因与我们对此研究中发现和要解决的问题其实是一致的，也无须再赘述。按照入职的时间脉络，本书为中国高校辅导员专业发展所提供了路线图（见图8.1）。

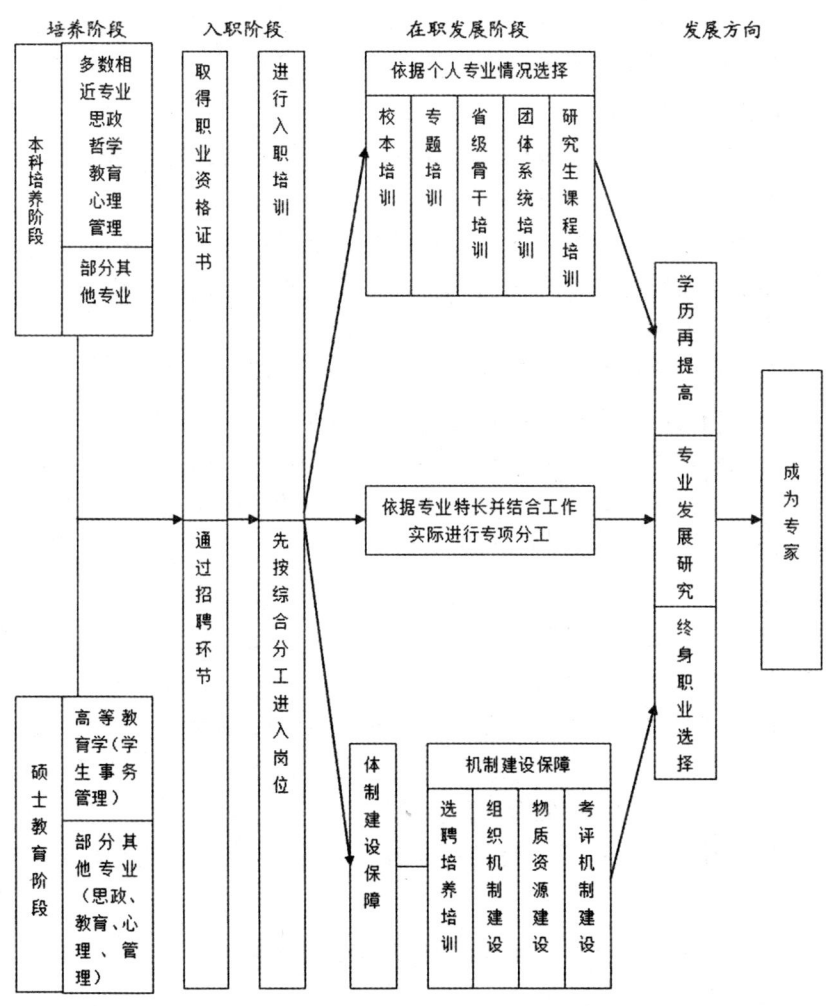

图 8.1　高校辅导员专业发展线路图

结　语

维特根斯坦（Wittgenstein）眼中的生命不是生理意义上的也不是心理意义上的，而是世界，生命与世界是一个东西，幸福不是欲望的满足而是生命问题的解决。人不能阻止或加速生死，应该时时活在幸福之中。哲学问题的解决是和时代问题的解决密切相关的，要解决哲学问题，必须解决时代的问题——维氏哲学给我们的最后教训。奎因（Quine）彻底翻译的不确定性昭示着只有相对于一个存在论承诺和背景语言的事实。这是要我们讨论一切关于辅导员发展的问题，都必须回到辅导员的现实语境当中去进行生命问题的解决。

教师教育研究意味着发展观念和发展方式的改变，研究辅导员专业发展也不是什么文字游戏，其终极目的是要促进辅导员的发展，进而为大学生提供相对高品质的教育。辅导员发展不仅影响着个体的知识态度和工作实践，也影响着辅导员所在的组织机构，并为实践提供一个解决方案。辅导员的专业发展问题是高校改革的一个层面，我们对它的基本态度是"期望对大学这个层次的教师教育和教育研究进行改革，也许能够对教育实践带来一场有力的、影响深远的转变。这个策略使学校更多受过高等教育的人——将会给学校带来变化，这些变化最终会刺激和促进组织的自我更新，并由此在组织内进行改革"①。高校辅导员队伍的发展研究在中国总体还处在起步阶段，这是一项长期的任务，需要不断进行经验探索和积累。本书通过对中国当前辅导员工作现状的调查，对有关问题的梳理，借鉴国内外高校学生事务发展的成功经验，提出了几个解决问题的建议和策略，希望能够形成符合中国高等教育发展的辅导员发展新模式。通览全文，似乎已经说明白了一些问题，毕竟，辅导员需要发展的问题从逻辑上说都已经是很清楚的。可是，行文到此，这里面似乎还隐喻着应该再强调的问题。如多尔说的，隐喻"帮助我们看到我们没看到的"，逻辑"帮助我们清晰地看到我们已经看到的"。② 无论是从隐喻出发，还是从逻辑结论，辅导员的专

---

① 〔美〕罗伯特·G.欧文斯：《教育组织行为学》，窦卫霖等译，上海：华东师范大学出版社 2006 年版，第 12 页。
② 〔美〕小威廉姆·E.多尔：《后现代课程观》，王红宇译，北京：教育科学出版社 2002 年版，第 240 页。

业发展都要回到这三个古老的问题上。在这个环节提出下面三个问题，作为笔者对辅导员专业发展未来的期盼。

第一，对政策制度稳定加长效的期盼。辅导员的专业发展是系统化、科学化的工程，要确保其稳定性和持续性，辅导员队伍建设不仅要有大的政策环境和舆论环境，更需要以规范的管理制度为支撑来确保其建设在科学、正确的轨道上进行。因此，强大的制度保障体系是辅导员各项发展的核心后盾。应该说现在辅导员发展的外部动力很多：系列文件、命令等把"加强和改进大学生思想政治教育"放到重大的战略任务高度，把辅导员的建设放到高校教师队伍建设的工作里面，并对辅导员工作的要求、职责、配备、选聘、培养、发展、管理和考核等都做了详细的要求。党和国家领导人历来重视教师队伍的发展，例如习近平同志在参观完《复兴之路》后提出的振奋全国人民的"中国梦"构想和在教师节专门致广大教师的慰问信中给广大教师的鼓励，都可以成为辅导员专业发展的动力！原国务委员陈至立在全国高校辅导员队伍建设工作会议上指出："辅导员专业化建设要有坚强的制度保障。要根据时代的发展和环境的变化，建立一套既能立足当前，有效解决突出问题，又能着眼长远，保证辅导员队伍建设不断推进的领导体制和工作机制。"① 体制和机制有根本性和全局性的特点，是全面推动辅导员队伍建设的关键，从组织的角度和个人的角度都要有"稳定+长效"的保障措施。

第二，对高校内在辅导员的管理与外部助力有力结合的期盼。辅导员的专业发展归根结底是在外因作用下达成的内因转变，必须结合高校内在的现实发展需要并辅以外部助力，才能取得最佳的发展效果。在对辅导员专业发展的研究中，我们发现影响辅导员发展的多元素、多维度和多样性等都与复杂性有关。比如政府的政策拉动、高校领导的理念等都是影响辅导员专业发展的因素。我们的认识过程也必须从方法上多角度、多观点、多原理。分析莫兰在书中说"复杂的东西不能概括为一个主导性，不能归结为一条定律，不能被划归为一个概念"②，我们在研究中发现，在辅导员的培养、选拔和培训及工作实践中的所有问题几乎都不能用分离或还原的

---

① 陈至立主编：《在全国高校辅导员队伍建设工作会议上的讲话 EB/OL》http：//www.jyb.com.cn cm/jycm/beijing/jybgb/zh/t20061125_ 51108.htm 2006-07-27。

② 〔法〕埃德加·莫兰：《复杂性思想导论》，陈一壮译，武汉：华中师范大学出版社2008年版，第3页。

方式划归到某个简单范式当中来。因为是做人的工作，又有不同的时间、环境、情绪因素作用。同样是一个问题面对不同的两个人，辅导员用同一个方法可能产生截然相反的效果。辅导员在面对学生做工作时，对待集体活动的组织和个案的处理时就有了依据，无论个人和集体有什么需要，最终都必须契合社会的整体要求。所以，辅导员需要建立一种"内隐于心，外显于行"的精神。① 这种精神会不断地演化成发展的力量。我们期盼社会、政府要保持政策的稳定性，建立多方合作的资源网络，为辅导员发展提供有效的外部力量。作为辅导员，也要将自身的自我发展与外在环境作用有机结合，不断走向职业化、专业化、专家化。

第三，对辅导员职业终身化的期盼。辅导员专业发展是一个终身的发展过程，包括从职前、入职到职后持续的专业发展轨道。在这个长期的发展过程中，个体要通过不断的学习、反思、探究，不断拓展自身的专业内涵，提高专业水平。辅导员发展是一项长期的、终身的目标。任何一个人不可能将包罗万象的知识都学透，辅导员的自主发展就会显得至关重要。借鉴金美福老师的"育人、学习、研究"② 同期互动的教师专业发展理论，在这个自主发展的过程中，辅导员个人要不断挖掘前进的能量。学者成有信指出："教师和公务员一样，事实上具有终身职业的性质，即铁饭碗的性质，若没有与公务员职业性质相悖的行为（反政府、反社会公德……）是不得解雇的。"③ 虽然没有失业的担忧，但是终身化的发展需要自身的不断努力，既要树立终身教育的理念，还要体现在终身探索的行动上，当然也需要组织提供持续性的、终身性的服务。高校学生事务永远都是在变化中发展的，要努力达成师生对话的语境，否则的话，一切发展、辅导的教育都将成为空谈。无论"大众化"到什么程度，教育的标准永远不会更不应该随之大众化普通化，这是辅导员发展中面临的基本课题。

《朱子语类·第八卷·学二》里认为，做学问面对任何事物，"定有不少伦序"，"仔细参研"方得奥妙，"此便是格物穷理也"。对辅导员专业发展进行研究后会发现，研究辅导员的发展问题有时候需要综合考量所有与辅导员有关的环境因素，使之为辅导员的发展所用；有时候又不得不抛开辅导员自身以外的这一切因素，让辅导员自己找到打开学生发展大门的钥

---

① 李德显、韩彩虹：《论大学教师精神特质》，载《教育科学》2009年第1期。
② 金美福：《教师自主发展论》，北京：教育科学出版社2005年版，第368页。
③ 成有信：《现代教育论集》，北京：人民教育出版社2002年版，第496页。

匙。像做论文一样,无论怎么努力,总是还觉得存在问题,今天发现并解决昨天的问题,明天再研究今天的……很多问题研究了,也清楚了,但是有时候一追问,可能就又没了答案,仿佛回到了千年前的奥古斯丁的时间之问一样。有些问题,比如建立辅导员的专业标准,辅导员的职务、职称发展考评等问题,笔者没有在书中深入地细化研究,只是提出了一个方向性或者基础性的研究框架,这些都有待以后再慢慢地深入研究。大道至简,研究中存在的问题,"是我们的朋友,不避免的要出现,没有问题就学不到东西,也不能成功"[1]。对辅导员发展的问题的研究是以解决育人中的实际问题为原因,也是目的,是高校改革发展中永恒的主题。笔者相信,只要方向明确,坚持科学的发展,政府、社会、高校与辅导员一道,共同努力,就一定能够加速建设具有中国特色的高校辅导员专业发展道路的进程。

康德(Kant)在实践理性批判中明确了人类理性有认识功能(理论理性在必然性领域是他律的自然法则,支配人的自然性)和意志功能(实践理性是克服欲望按理性行动的应该,是自律的道德法则,影响人的理性)。因为人的有限存在(自然存在+理性存在)并在两个世界中由两种法则支配,即对自然法则不得不服从而理性法则是应该服从但却不一定遵从的。所以他的道德哲学是典型的动机论伦理学,道德意义不是结果和行为判定而是动机判定,因为同一行为有不同动机且不一定都良善的,比如商人标榜的"童叟无欺、货真价实"是为了给自己带来利益不是为了诚实,我们可以将其理解为"动机不纯。"在此意义上我们理解幸福应该是德行的基础,而不是目的,即我们应该努力做个值得幸福的人,而不是简单地为了幸福而生活,这是我们追求辅导员专业发展的真谛。

平日里我们经常说,讲述一百个外部的方法不如提高一个本质的行动,说的是行动的重要性。看过但丁《神曲》的人都会知道,对人来说,刀山剑树火海油锅都不算严酷,最严酷的是寒冰地狱,把人冻在那里一动都不能动。假如前面所有的著述得不到行动,那我们在这里基于辅导员专业发展所有的论述可能还不如寒冰地狱里对视着有趣。

---

[1] 〔加〕迈克尔·富兰:《变革的力量——透视教育改革》,中央教育科学研究所译,北京:教育科学出版社2004年版,第35页。

后 记

著作行将付梓，那种博士论文收稿时的兴奋与不安再次袭来。是否将辅导员专业发展论述得清楚？我不知道。因为我发现，很多时候，我千方百计努力要表达的，不一定是人们要看的。用教师专业发展理论为基础来研究高校辅导员的发展问题，我是较早"吃螃蟹"的人。从学理的角度，辅导员是教师，**教师要发展**，现在的教师发展是在向专业化进路，能说得通。同时，我的发展方案设计可行，论证依据充分，实践样本也经过检验。一切似乎顺理成章。

然而，社会中的人才是人。无论我们怎么努力，现实中的辅导员还是辅导员。"观念和观念"冲突着！是苏格拉底和城邦两种原则的冲突吗？如果是，这个时间差有多远？也要等到1000年以后再证明？这是我们反思的节点，希望百思终会有解。

面对"诸多因素+学校文化"，我们必须"回到事情本身"，去寻找"烈火中飞溅出来的火花"，力求在其中发现事物的本真意义。现实中辅导员的困境不是政策保障不到位，也不是大学校长的无边际权力改革造成，也许是我们在思路上就错了。所以要从发展的本初意义上去理解和实践；从辅导员发展的现状问题来**理解**它的独特文化和历史背景，走我们自己特色的辅导员专业发展之路；同时，在引介、论证的基础上描绘自己的学术图谱，而不是单纯依靠现成的教师专业发展理论，毕竟，辅导员是高于教师的教师，这将是我今后研究的主要关注点。

发展的真谛，就是让辅导员的发展回到其本源，走向它的自由才是问题的根本。推进辅导员专业发展，是我们的历史责任。勒庞说："公众对一个观念的认识与这个观念是否包含真理无关。"辅导员专业发展的问题就是被公众的这个认识蒙蔽了眼睛，这是历史发展的必然。在这个问题上，我们知道的多于我们所能言说的。百思不得其解的时候，马克思的那段经典在脑海里浮现："物质生活的生产方式制约着整个社会生活、政治生活和精神生活的过程，不是人们的意识决定人们的存在，相反，是人们的社会存在决定的人们的意识。"专业是发展的理，发展是专业的据。我相信：辅导员专业发展，在不远处。

附 件

附件1：《对高校辅导员职业的认识调查问卷》（调查问卷1）

您好！

感谢您在百忙之中参与我的问卷调查！本调查旨在从高校管理者和专业教师的角度了解大家对辅导员队伍的基本认识，各高校对辅导员队伍的管理现状以及对辅导员专业发展的认识和理解等。本调查问卷以匿名形式填写，您的答案仅作科学研究之用，请放心回答。

填写说明：1—11题目为单项选择题，其余题目为多选，请您在所选答案标号上划"√"。再次感谢各位老师的合作，您的鼎力协助是对我们莫大的鼓励！

高校辅导员专业发展研究课题组　2013.9.9.

1. 辅导员发展对高等教育的意义：
A.对高等教育的发展不可或缺　B.没有什么实质意义　C.应该取消这个岗位　D.一般行政人员均可代替

2. 对一个大学生来说，一个大学专业教师和一个辅导员哪个对他的发展所起到的作用更大？A.专业教师的作用大　B.辅导员的作用大

3. 你认为辅导员工作与行政工作的关系：
A.即一般行政人员的工作　B.是一项专业性很强的专门工作　C.辅导员与行政工作可相互代替　D.其他

4. 辅导员工作与教学工作的关系：A.相辅相成　B.比教学工作更基础更重要　C.关系不大　D.不清楚

5. 对于一个职业是否专业的认定，国际社会通常有三条公认的标准：第一，成员的职业实践有系统理论作依据，有专门的技能作保证，有持续

不断的研究作支持；第二，其成员把服务对象的利益放在首位，有严格的职业道德规范；第三，其成员的行为不受外力的限制，有专业性的自主权。根据以上有关专业的基本特征，您认为辅导员工作的专业性是：

　　A.专业　　B.半专业　　C.非专业

6. 你认为辅导员的培养（发展）应该：

　　A.进行专业化培养，结合实践进行培训，再进入工作系统　　B.辅导员工作技术含量不高，不需要专业化培养，可直接在工作中边学边做　　C.在入职后培训代替专业化的培养更有效果　　D.不清楚

7. 你认为辅导员是否应该并能够成为一个独立的专业：

　　A.应该并能　　B.不应该也不能　　C.应该，但目前还不能　　D.不清楚

8. 您对现实中的辅导员是知识分子的身份：

　　A.认同　　B.不认同　　C.不清楚

9. 您认为辅导员具有教师和干部的双重身份：

　　A.应该　　B.没必要　　C.不清楚

10. 你们单位辅导员招聘的依据是：

　　A.根据专业择优聘用　　B.根据学校工作的即时需要择优选择，不限定专业　　C.不清楚

11. 你们单位辅导员工作调动的情况：

　　A.根据工作需要随意调动　　B.严格的指标考核后按规定调动　　C.一般不调动

12. 辅导员的基础知识结构中最重要的是：

　　A.公文写作　　B.办公自动化　　C.言语表达　　D.公关　　E.数学

13. 辅导员的专业知识结构中最重要的而是：

　　A.思想政治教育理论　　B.教育学理论　　C.心理学理论　　D.管理学理论　　E.社会学理论

14. 辅导员的实践知识结构中最重要的是：

　　A.党团建设知识　　B.职业规划与就业指导知识　　C.心理健康教育与干预知识　　D.安全预警知识　　E.社团管理与指导知识

15. 辅导员的基础能力最重要的是：

　　A.自我管理　　B.学习力　　C.自我反省　　D.自信乐观　　E.文笔与口才

16. 辅导员的计划能力最重要的是：

　　A.战略思维　　B.判断力　　C.规划力　　D.环境分析　　E.远见

17. 辅导员的领导能力最重要的是：

A.控制力　B.领导力　C.诚信度　D.社交能力　E.整合能力

18. 辅导员的组织能力最重要的是：
A.全局意识与组织能力　B.专业精神与行动力　C.协调能力　D.解疑与创新能力　E.主动精神

19. 辅导员的人事能力最重要的是：
A.知人善任　B.指导帮助　C.交往与交流　D.团结合作　E.严肃

20. 党团辅导员最重要的工作是
A.入党积极分子培训、考察　B.共青团工作　C.相关思想教育　D.带动后进生　E.发展学生党员

21. 心理辅导员最重要的工作是：
A.心理健康知识普及　B.心理咨询　C.心理危机干预　D.案例分析　E.理论讲述

22. 就业辅导员最重要的工作是：
A.就业辅导与服务　B.实习社会实践组织　C.上就业课　D.组织模拟招聘　E.办理就业手续

23. 社团辅导员最重要的工作是：
A.社团活动组织与管理　B.重点社团指导　C.社团规划和发展　D.组织参加各类比赛

24. 网络辅导员最重要的工作是：
A.学校门户网站的维护与监控　B.对学生进行网络思想政治教育　C.管理学生信息员　D.及时汇总汇报有关信息　E.网上办公

25. 考研辅导员最重要的工作是：
A.考研及公务员等相关信息收集与政策学习　B.相关教学班级的管理　C.组织交流活动　D.组织参观考察考研目标学校　E.建立考研学生档案

26. 公寓辅导员最重要的工作是：
A.公寓思想行政治教育以及相关的管理服务　B.学生公寓文化建设　C.学生安全管理　D.沟通公寓管理人员　E.管理学生备品

27. 信息辅导员最重要的工作是：
A.学生学籍注册　B.信息平台维护　C.休、退、转、复学等特殊学籍管理　D.学生奖惩　F.管理学生信息员

28. 管理辅导员最重要的工作是：
A.日常事务性的管理工作　B.学生知、行考评　C.安全教育　D.学生奖惩　E.管理学生会

29. 实训辅导员最重要的工作是：
   A.制订素质培训教学计划　B.组织实训活动　C.考评学生实训成果　D.建立实训档案　E.管理学生干部

30. 辅导员岗位需要的系统工作能力有：
   A.沟通与表达能力　B.观察与分析能力　C.管理与控制能力　D.学习与创新能力　E.统筹与协调能力　F.团队与群众工作能力

附件2：《关于高校辅导员的职业、专业发展现状的调查问卷》（调查问卷2）

您好！

感谢您在百忙之中参与我的问卷调查！本调查旨在了解高校辅导员队伍专业发展的基本情况，问卷以匿名形式填写，您的答案仅作科学研究之用，请放心回答。

填写说明：请根据您的实际情况及真实想法作答。除特别标明的多选题目以外，其余题目均为单项选择题，请您在所选答案标号上划"√"。再次感谢各位辅导员老师的合作，您的鼎力协助是对我们莫大的鼓励和帮助！

高校辅导员专业发展研究课题组　2013.9.9.

一、个人背景资料

1. 所在城市：_____　所学专业_____

2. 辅导员类别：A.专职　B.兼职　C.其他类别

3. 所带年级：A.大一　B.大二　C.大三　D.大四

4. 年龄：A.20岁及以下　B.21～30岁　C.31～40岁　D.41以上

5. 学历：A.专科　B.本科　C.硕士　D.博士

6. 职务：A.科级及以下　B.副处　C.正处

7. 职称：A.初级及以下　B.中级　C.副高　D.高级

8. 从事辅导员工作时间：A.5年及以下　B.6—10年　C.11—20年　D.21年以上

二、对辅导员职业的一般认识：

9. 您从事辅导员工作的最大感受是：
   A.和学生在一起快乐，获得满足感　B.是人生价值的体现，可以得到他人尊重　C.工作需要，没有更多的感觉　D.辅导员工作轻松，没有太大压力

10. 你在工作中经常有疲劳的感觉和挫败感吗？

　　A.每天都有　B.偶尔　C.没有　D. 不清楚

11. 你对自己工作的意义有怀疑吗？

　　A.从未有　B.很少有　C.一直有　D. 无所谓

12. 你最关注你所做工作的贡献是：

　　A.帮助学生成长　B.为学校管理学生　C.养家糊口　D. 个人的发展

13. 你对目前的工作收入满意吗？

　　A.满意　B.不满意

14. 你在工作中学习方面经常的状态是：

　　A.积极主动学习研究，有预见性地做好　B.事务性工作铺天盖地，没有学习研究时间　C.工作有需要时才会抽时间学习　D.很少将私人时间用来学习

15. 你认为辅导员在当今社会受尊重的程度是

　　A.很受尊重　B.一般　C.不受尊重　D. 没感觉

三、辅导员发展方面存在的问题与解决对策认识

16. 辅导员工作包括（可多选）：

　　A.思想政治　B.心理咨询　C.职业规划与指导　D.日常事务　E.其他

17. 很多辅导员认为现在学生管理难度比以往更大，你认为原因是（多选）：

　　A.传统班级概念削弱　B.高校扩招导致辅导员负担加重　C.学分制不利于统一管理　D.后勤与辅导员沟通减少　E.学生就业压力大　F.学生心理问题多

18. 你认为辅导员工作突出的困境是（可多选）

　　A.职业流动性太大　B.领导重视不够　C.经济收入低　D.社会认可度低　E.个人发展空间小　F.工作压力大

19. 作为辅导员，主观能动性得不到发挥的最主要的原因是什么？

　　A.与部分行政岗位工作相比，加班量大且回报低　B.与教师相比，学术论文奖励额度相差大　C.晋升与发展渠道模糊，最终还靠个人关系实现个人的发展　D.价值无处体现　E.薪酬低　F.其他

20. 您认为应对辅导员职业倦怠现象的最主要措施是：

　　A.合理休假　B.提高晋升渠道等　C.重视培训与学习　D.完善激励机制　E. 增进交流　F.明确工作分工

21. 学生的有关问题如考研、就业知识、心理……你都能非常专业的给

予指导吗？

A.能　B.不能

22. 辅导员如何才能最好地为学生服务？（可多选）

A.满足学生所有要求　B.在学生有困难时进行帮助　C.了解学生的认知水平和不断变化的需要，为学生发展创造条件　D.其他

23. 当前社会，辅导员角色冲突的直接成因：

A.工作种类繁多　B.自身专业技能不足　C.学生管理难度加大　D.薪资待遇与社会地位低　E.工作时间长　F.其他

24. 辅导员工作方面存在的问题有哪些？（可多选）

A.专业知识的有限性与工作现实需求的无限性　B.要面对所有部门分派工作　C.工作繁杂，没有专项分工　D.其他

25. 你认为学校现有考核制度存在最主要问题是：

A.考核制度的规范性　B.测评方式的科学性　C.领导层的主观随意性　D.考核结果的影响性　E.考核对象的配合性

26. 你认为辅导员发展的最佳形式是：

A.专业培养教育　B.入职后岗位培训　C.实践中锻炼　D.不清楚

27. 辅导员队伍专业化建设需要支持的方面有：（可多选）

A.学生的积极参与　B.专任教师的支持配合　C.学校领导关　D.良好工作制度与保障体系的建立　E.政策

28. 辅导员发展的保障条件：

A.体制建设　B.机制建设　C.组织建设　D.物质资源保障建设　E.家庭支持

29. 你进入辅导员岗位：

A.专业学习毕业后进入　B.竞聘教师调整　C.竞聘行政人员分配　D.其他

30. 如果在高校有重新工作的机会，你会：

A.专任教师　B.继续做辅导员　C.行政人员　D.后勤部门

31. 如果去进修，你会：

A.学习辅导员相关专业　B.学习其他专业

32. 你有高等教育的教师资格证吗？

A.有　B.没有

33. 辅导员的社会地位主要体现在：

A.社会的认可度　B.辅导员的政治、经济地位　C.发展前景

34. 辅导员成长：

A.工作中积累经验即可　B.专门的培养教育　C.不清楚

35. 评价辅导员工作应该：

A.以学校工作目标落实度为主　B.以学生满意度为主　C.以效果和效率两个标准进行全面评价

36. 你们学校的辅导员大概几年能轮流参加一次省里统一组织的培训？

A.2年　B.2—4年　C.5年以上

37. 现有培训的不足之处表现在（可多选）

A.内容不实用　B.形式单一　C.时间短　D.间隔周期长

38. 辅导员在思想工作方面容易出现的问题是：

A.目标远大，与学生实际脱轨　B.缺少共鸣　C.缺少计划性，灵活性

注：以下题目均可多选。

39. 辅导员的基础知识结构中最重要的是：

A.公文写作　B.办公自动化　C.言语表达　D.公关　E.数学

40. 辅导员的专业知识结构中最重要的是：

A.思想政治教育理论　B.教育学理论　C.心理学理论　D.管理学理论　E.社会学理论

41. 辅导员的实践知识结构中最重要的是：

A.党团建设知识　B.职业规划与就业指导知识　C.心理健康教育知识　D.安全预警知识　E.社团管理与指导知识

42. 辅导员的基础能力中最重要的是：

A.自我管理　B.学习力　C.自我反省　D.自信乐观　E.文笔口才

43. 辅导员的计划能力中最重要的是：

A.战略思维　B.判断力　C.规划力　D.环境分析　E.远见

44. 辅导员的领导能力中最重要的是：

A.控制力　B.领导力　C.诚信度　D.社交能力　E.整合能力

45. 辅导员的组织能力中最重要的是：

A.全局意识与组织能力　B.专业精神与行动力　C.协调能力　D.解疑与创新能力　E.主动精神

46. 辅导员的人事能力中最重要的是：

A.知人善任　B.指导帮助　C.交往与交流　D.团结合作　E.严肃

47. 党团辅导员最重要的工作是

A.入党积极分子培训、考察　B.共青团工作　C.相关思想教育　D.带动

后进生　E.发展学生党员

48. 心理辅导员最重要的工作是：

A.心理健康知识普及　B.心理咨询　C.心理危机干预　D.案例分析　E.理论讲述

49. 就业辅导员最重要的工作是：

A.就业辅导与服务　B.实习社会实践组织　C.上就业课　D.组织模拟招聘　E.办理就业手续

50. 社团辅导员最重要的工作是：

A.社团活动组织与管理　B.重点社团指导　C.社团规划和发展　D.组织参加各类比赛

51. 网络辅导员最重要的工作是：

A.学校门户网站的维护与监控　B.对学生进行网络思想政治教育　C.管理学生信息员　D.及时汇总汇报有关信息　E.网上办公

52. 考研辅导员最重要的工作是：

A.考研及公务员等相关信息收集与政策学习　B.相关教学班级的管理　C.组织交流活动　D.组织参观考察考研目标学校　E.建立考研学生档案

53. 公寓辅导员最重要的工作是：

A.公寓思想政治教育以及相关的管理服务　B.学生公寓文化建设　C.学生安全管理　D.沟通公寓管理人员　E.管理学生备品

54. 信息辅导员最重要的工作是：

A.学生学籍注册　B.信息平台维护　C.休、退、转、复学等特殊学籍管理　D.学生奖惩　F.管理学生信息员

55. 管理辅导员最重要的工作是：

A.日常事务性的管理工作　B.学生知、行考评　C.安全教育　D.学生奖惩　E.管理学生会

56. 实训辅导员最重要的工作是：

A.制订素质培训教学计划　B.组织实训活动　C.考评学生实训成果　D.建立实训档案　E.管理学生干部

57. 辅导员岗位需要的系统工作能力有：

A.沟通与表达能力　B.观察与分析能力　C.管理与控制能力　D.学习与创新能力　E.统筹与协调能力　F.团队与群众工作能力

附件3：《关于高校辅导员工作效果的调查问卷》（调查问卷3）

同学你好！

本调查希望了解高校辅导员工作的一些基本情况、工作效果以及大学生对辅导员专业发展的期待等。问卷以匿名形式填写，你的答案仅作科学研究之用，请放心回答。

填写说明：请根据你的实际情况及真实想法作答。除了特别注明的多选题目以外，其余均为单项选择题，请你在所选答案标号上划"√"。非常感谢各位同学的合作！

高校辅导员专业发展研究课题组　2013.9.9.

一、个人基本情况

1. 性别：
A.男　B.女

2. 班级干部或学生会干部：
A.是　B.不是

3. 独生子女？
A.是　B.不是

二、对辅导员工作的认识与理解

4. 你入党的目的是？
A.理想和信仰　B.增加就业竞争筹码　C.家长的意见，自己无所谓

5. 你希望学生与辅导员的关系是怎样的？
A.上下级　B.师生　C.朋友　D.家人

6. 你认为辅导员应该如何对待犯错的学生？
A.原谅包容　B.惩罚　C.视情况批评教育　D.不闻不问

7. 你认为影响学生与辅导员关系的因素是：
A.学习成绩　B.性别　C.性格　D.年龄

8. 你对辅导员到班级听课是什么态度？
A.非常好　B.无所谓　C.有些畏惧不自在　D.很讨厌

9. 你觉得辅导员该怎样让同学积极参加学校的活动以及完成上级领导布置的任务？

A.强制　B.以加分进行诱惑　C.讲解活动意义，鼓励并帮助同学参与　D.学生的活动不用管

10. 您认为辅导员工作应如何提高学生素质？

A.直接传授各类科学知识　B.传授学习的方法、技能　C.引发兴趣，引导学生自主学习　D.培养学生树立科学精神

11. 你的辅导员在工作中遇到困难时该怎么办？

A.抱怨　B.逃避　C.积极应对　D.不知道

12. 你认为大学辅导员最重要的工作是什么？

A.开展并鼓励学生进行科研活动　B.发展学生文艺才能，丰富同学课余生活　C.使学生掌握扎实的专业知识　D.培养学生社会适应能力与人际沟通能力

13. 你心目中辅导员应该具备什么样的品质？（可多选）

A.有深入学生的亲和力　B.学术水平高　C.思想觉悟较高　D.阅历丰富，能够做学生的人生导师

14. 你认为辅导员主要对学生进行哪方面的辅导？（可多选）

A.就业方面　B.心理方面　C.学习方面　D.生活及感情方面

15. 一般在什么方面上，你会对你的辅导员产生不满？

A.缺乏公平对待学生的态度　B.个人能力不强，与缺乏交流　C.品格不够高尚　D.知识面窄，理论水平不高

16. 你认为辅导员该怎样提高在同学们心目中的影响力？（可多选）

A.一视同仁、公平公正对待每一位同学　B.积极参与同学们自发组织的活动　C.在管理同学上科学化、人性化　D.提高自身素养　E.积极解决同学们关心的问题

17. 你认为辅导员应该加强哪些方面的培训？

A.学业辅导咨询能力　B.心理疏导能力　C.就业指导、职业规划能力　D.突发事件处理能力

18. 为什么有困难时学生不愿意找辅导员谈心、倾诉？

A.没有安全感怕隐私泄露　B.没有平等交流的感觉　C.说了也解决不了什么问题

19. 你对辅导员任用的学生干部信服吗？

A.信服　B.不信服

20. 你认为辅导员培养的学生党员都是先进性的代表吗？

A.是　B.不是

21. 你认为辅导员思想政治教育方面，学生比较愿意接受的是：

    A.灌输   B.说教   C.讨论   D.主题教育

22. 对一个大学生来说，一个大学专业教师和一个辅导员哪个对他的发展所起到的作用更大？

    A.专业教师的作用大   B.辅导员的作用大

23. 你们学校辅导员工作调动的情况：

    A.根据工作需要随意调动   B.严格的指标考核后按规定调动   C.一般不调动

24. 您对现实中的辅导员是知识分子的身份：

    A.认同   B.不认同   C.不清楚

25. 关于辅导员的工作方面，你还有要补充的问题吗？如果有可以直接写在下面。

附件4：访谈提纲

姓名：　　　　单位：　　　　职务：

1. 贵校辅导员管理的组织架构是什么形式的？实现辅导员的管理主要在哪个层面？效果如何？
2. 贵校辅导员的选聘途径是什么？有哪些专门规定？问卷调查中我们发现转岗的比例很大，能给我们分析一下原因吗？
3. 贵校辅导员的待遇如何？晋升方面的情况怎么样？
4. 贵校辅导员的培训情况如何？您认为这方面的问题有哪些？
5. 辅导员队伍的稳定性如何？有哪些保障措施？
6. 您认为辅导员在职务、职称发展方面的路径应该是什么样子的？
7. 您支持辅导员走职业化和专业化的发展道路吗？有哪些现实问题？
8. 解决辅导员的发展问题您认为最核心的问题是什么？
9. 您对辅导员工作的总体评价是什么？您还有哪些改革的想法或者经验方面的介绍？

签名：

参考文献

中文著作：

[1] 中国大百科全书编委会：《中国大百科全书教育》，北京：中国大百科全书出版社1985年版。

[2] 朱智贤：《思维发展心理学》，北京：北京师范大出版社1986年版。

[3] 瞿葆奎：《教育学文集——学校管理》，北京：人民教育出版社1988年版。

[4] 傅维利：《文化变迁与教育发展》，成都：四川教育出版社1988年版。

[5] 瞿葆奎：《教育学文集——德育》，北京：人民教育出版社1989年版。

[6] 瞿葆奎：《教育学文集——教育目的》，北京：人民教育出版社1989年版。

[7] 戴本博：《外国教育史》，北京：人民教育出版社1990年版。

[8] 傅维利：《教育功能论》，沈阳：辽宁教育出版社1990年版。

[9] 邹进：《什么是教育》，北京：生活·读书·新知三联书店1991年版。

[10] 瞿葆奎：《教育学文集——教师》，北京：人民教育出版社1991年版。

[11] 瞿葆奎：《教育学文集——课外校外活动》，北京：人民教育出版社1991年版。

[12] 瞿葆奎：《教育学文集——教育与教育学》，北京：人民教育出版社1993年版。

[13] 桑新民：《呼唤新世纪的教育哲学——人类自身生产探秘》，北京：教育科学出版社1993年版。

[14] 杨启亮：《困惑与抉择：20世纪的新教学论》，济南：山东教育

出版 1995 年版。

[15] 裴娣娜：《教育研究方法导论》，合肥：安徽教育出版社 1995 年版。

[16] 顾明远、申昊华：《学校学生管理运作全书》，北京：开明出版社 1995 年版。

[17] 联合国教科文组织：《教育——财富蕴藏其中》，北京：教育科学出版社 1996 年版。

[18] 杨春如、奕永玉：《高校政治辅导员工作概论》，长沙：湖南大学出版社 1997 年版。

[19] 顾明远：《教育大辞典》，上海：上海教育出版社 1997 年版。

[20] 金生鈜：《理解与教育》，北京：教育科学出版社 1997 年版。

[21] 陆有铨：《躁动的百年》，济南：山东教育出版社 1997 年版。

[22] 黄延复：《清华逸事》，沈阳：辽海出版社 1998 年版。

[23] 吴康宁：《教育社会学》，北京：人民教育出版社 1998 年版。

[24] 孙立春：《素质教育新论》，济南：山东教育出版社 1999 年版。

[25] 潘懋元，王伟廉：《高等教育学》，福州：福建教育出版社 2000 年版。

[26] 谢维和：《教育活动的社会学分析——一种教育社会学的研究》，北京：教育科学出版社 2000 年版。

[27] 杨芷英：《教师职业道德》，北京：高等教育出版社 2000 年版。

[28] 石中英：《知识转型与教育改革》，北京：教育科学出版社 2001 年版。

[29] 钟启泉、张华：《世界课程改革趋势研究》，北京：北京师范大学出版社 2001 年版。

[30] 鲁洁：《教育社会学》，北京：人民教育出版社 2001 年版。

[31] 袁振国：《教育原理》，上海：华东师范大学出版社 2001 年版。

[32] 赵文华：《高等教育系统论》，南宁：广西师范大学出版社 2001 年版。

[33] 郅庭瑾：《教会学生思维》，北京：教育科学出版社 2001 年版。

[34] 张洪彬：《后现代视野中的学生观研究》，长春：东北师范大学教育科学学院 2002 年版。

[35] 朱宁波：《中小学教师专业发展的理论与实践》，长春：吉林人民出版社 2002 年版。

［36］袁振国：《教育新理念》，北京：教育科学出版社2002年版。

［37］成有信：《现代教育论集》，北京：人民教育出版社2002年版。

［38］陈洪捷：《德国古典大学观及其对中国的影响》，北京：北京大学出版社2002年版。

［39］刘捷：《专业化：挑战世纪的教师》，北京：教育科学出版社2002年版。

［40］徐小洲：《高等教育论：跨学科的观点》，北京：人民教育出版社2003年版。

［41］郑新蓉：《现代教育改革理性批判》，北京：人民教育出版社2003年版。

［42］张祥龙：《朝向事情本身》，北京：团结出版社2003年版。

［43］韩映雄：《高等教育质量研究——基于利益关系人的分析》，上海：上海科技教育出版社2003年版。

［44］杨东平：《大学之道》，上海：文汇出版社2003年版。

［45］陈希：《清华大学辅导员制度五十周年回顾与展望》北京：清华大学出版社2003年版。

［46］何晓文：《教育——发现与发展学生的潜能》，北京：教育科学出版社2003年版。

［47］韩延明：《大学理念论纲》，北京：人民教育出版社2003年版。

［48］王晓阳：《大学社会功能比较研究》，北京：高等教育出版社2003年版。

［49］张楚廷：《课程与教学哲学》，北京：人民教育出版社2003年版。

［50］教育部师范教育司：《教师专业化的理论与实践》，北京：人民教育出版社2003年版。

［51］张汝伦：《现代西方哲学十五讲》，北京：北京大学出版社2003年版。

［52］钱民辉：《教育社会学——现代性的思考与建构》，北京：北京大学出版社2004年版。

［53］张维迎：《大学的逻辑》，北京：北京大学出版社2004年版。

［54］张志伟：《西方哲学十五讲》，北京：北京大学出版社2004年版。

［55］赵福庆、王立华、徐铎厚：《自主管理——创新教育的制度建构》，济南：山东教育出版社2004年版。

［56］樊富珉、陈启芳、何镜炜：《香港高校学生辅导》，北京：清华大

学出版社 2004 年版。

[57] 马健生：《现代教育制度与思想》，北京：高等教育出版社 2004 年版。

[58] 钟启泉、高文、赵中健：《多维视角下的教育理论与思潮》，北京：教育科学出版社 2004 年版。

[59] 瞿葆奎：《教育学的探究》，北京：人民教育出版社 2004 年版。

[60] 王定华：《走进美国教育》，北京：人民教育出版社 2006 年版。

[61] 黄济、王策三：《现代教育论》，北京：人民教育出版社 2005 年版。

[62] 黄希庭：《大学生心理健康教育》，上海：华东师范大学出版社 2004 年版。

[63] 方明：《陶行知教育名篇》，北京：教育科学出版社 2005 年版。

[64] 漆小萍、唐燕：《高校学生事务管理》，广州：中山大学出版社 2005 年版。

[65] 朱宁波、陈旭远：《新课程核心概念诠解》，北京：高等教育出版社 2005 年版。

[66] 吴伦敦：《教师专业发展导论》，武汉：华中师范大学出版社 2005 年版。

[67] 柳建营：《大学礼仪教程》，北京：学苑出版社 2005 年版。

[68] 滕大春：《外国教育通史》，济南：山东教育出版社 2005 年版。

[69] 朱小蔓：《情感德育论》，北京：人民教育出版社 2005 年版。

[70] 毛礼锐、沈灌群：《中国教育通史》，济南：山东教育出版社 2005 年版。

[71] 金美福：《教师自主发展论》，北京：教育科学出版社 2005 年版。

[72] 黄国庆：《普通高等学校辅导员队伍建设规定及辅导员素质培训手册》，北京：中国知识出版社 2006 年版。

[73] 彭剑锋：《人力资源管理概论》，上海：复旦大学出版社 2006 年版。

[74] 徐松巍：《高等学校辅导员队伍建设与新时期学生工作管理百科全书》，北京：中国高等教育出版社 2006 年版。

[75] 叶澜：《教育概论》，北京：人民教育出版社 2006 年版。

[76] 陈立民：《高校辅导员理论与实务》，北京：中国言实出版社 2006 年版。

[77] 陈惠英：《课堂中的学生资源》，北京：中国轻工业出版社 2006 年版。

[78] 王枬：《智慧型教师的诞生》，北京：教育科学出版社 2006 年版。

[79] 赵同森：《解读人本主义教育思想》，广州：广东教育出版社 2006 年版。

[80] 张文辉：《普通高等学校辅导员队伍建设规定贯彻实施与辅导员职能、培训、聘任及考核测评手册》，北京：中国教育出版社 2006 年版。

[81] 李茂：《彼岸的教育》，上海：华东师范大学出版社 2006 年版。

[82] 肖川：《造就自主发展的人》，成都：四川教育出版社 2006 年版。

[83] 杨德广：《高等教育管理学》，上海：上海教育出版社 2006 年版。

[84] 单中惠：《西方教育思想史》，北京：教育科学出版社 2007 年版。

[85] 刘维俭、王传金：《教师职前教育实践概论》，南京：南京师范大学出版社 2007 年版。

[86] 张文强：《高校政治辅导员职业化研究》，郑州：河南大学出版社 2007 年版。

[87] 张志勇：《创新教育——中国教育范式的转型》，济南：山东教育出版社 2007 年版。

[88] 丛立新：《课程改革的教学支持研究》，北京：教育科学出版社 2007 年版。

[89] 冯建军：《生命化教育》，北京：教育科学出版社 2007 年版。

[90] 石中英：《教育哲学》，北京：北京师范大学出版社 2007 年版。

[91] 邓友超：《教师实践智慧及其养成》，北京：教育科学出版社 2007 年版。

[92] 傅建：《教师专业发展——途径与方法》，上海：华东师范大学出版社 2007 年版。

[93] 刘铁芳：《新教育的精神》，上海：华东师范大学出版社 2007 年版。

[94] 柳夕浪：《教师研究的意蕴》，北京：教育科学出版社 2007 年版。

[95] 顾建明：《高等教育学》，杭州：浙江大学出版社 2008 年版。

[96] 钟志贤：《大学教学模式革新：教学设计视域》，北京：教育科学出版社 2008 年版。

[97] 钟启泉：《课程的逻辑》，上海：华东师范大学出版社 2008 年版。

[98] 钟启泉、汪霞、王文静：《课程与教学论》，上海：华东师范大学出版社 2008 年版。

[99] 储祖：《高校学生事务管理教程》，北京：科学出版社出版 2008 年版。

[100] 冯刚、赵锋：《走进英国高校学生事务管理》，北京：中国人民大学出版社 2008 年版。

[101] 俞国良、宋振韶：《现代教师心理健康教育》，北京：教育科学出版社 2008 年版。

[102] 广东省高校学生工作专业委员会：《辅导员的考核与管理》，广州：中山大学出版社 2008 年版。

[103] 刘海春：《高校辅导员职业生涯发展教程》，北京：人民出版社 2009 年版。

[104] 卢乃桂、操太圣：《中国教师的专业发展与变迁》，北京：教育科学出版社 2009 年版。

[105] 李若虹：《在牛津和哈佛求学》，上海：华东师范大学出版社 2009 年版。

[106] 广东省高校学生工作专业委员会：《高校辅导员的校本培训》，广州：中山大学出版社版 2009 年版。

[107] 郝文武：《教育哲学研究》，北京：教育科学出版社 2009 年版。

[108] 柳海民：《现代教育理论与实践》，长春：东北师范大学出版社 2009 年版。

[109] 龙宝新：《教师教育文化创新研究》，北京：教育科学出版社 2009 年版。

[110] 李长吉：《教学论思辨》，北京：教育科学出版社 2009 年版。

[111] 丁谷怡、孙双金：《重建课堂文化》，北京：教育科学出版社 2009 年版。

[112] 傅维利：《教师职业道德教育指南》，北京：高等教育出版社 2009 年版。

[113] 冯刚：《辅导员队伍专业化建设理论与实务》，北京：中国人民大学出版社 2010 年版。

[114] 高伟：《回归教育、回归生活——教师教育哲学研究》，北京：教育科学出版社 2010 年版。

[115] 单中惠：《教师专业发展的国际比较》，北京：教育科学出版社

2010 年版。

　　[116] 胡卫、何金辉、朱丽霞：《办学体制改革：多元化的教育诉求》，北京：教育科学出版社 2010 年版。

　　[117] 张再兴：《高校辅导员队伍建设理论与实践》，北京：人民出版社 2010 年版。

　　[118] 储祖旺、胡志红：《学生事务管理专业化论》，北京：科学出版社 2010 年版。

　　[119] 胡金波：《高校辅导员职业化发展研究》，苏州：苏州大学出版社 2010 年版。

　　[120] 周洪兴：《教师教育论》，北京：北京师范大学出版社 2010 年版。

　　[121] 瞿葆奎：《孟宪成文集——大学教育》，上海：华东师范大学出版社 2010 年版。

　　[122] 瞿葆奎：《孟宪成文集——实用主义》，上海：华东师范大学出版社 2011 年版。

　　[123] 朱旭东：《教师专业发展理论研究》，北京：北京师范大学出版社 2011 年版。

　　[124] 胡春光：《规训与抗拒：教育社会学视野中的学校生活》，上海：华东师范大学出版社 2011 年版。

　　[125] 罗蓉、李瑜：《教师专业发展：理论与实践》，北京：北京师范大学出版社 2012 年版。

　　[126] 杨天平、申屠江平：《教师专业发展概论》，重庆：重庆大学出版社 2012 年版。

　　[127] 潘裕民：《教师专业发展的理论取向与实践路径》，南宁：广西师范大学出版社 2013 年版。

　　[128] 孙立平：《社会学导论（第四版）》，北京：首都经济贸易大学出版社 2014 年版。

　　[129] 赵敦华：《现代西方哲学新编（第二版）》，北京：北京大学出版社 2014 年。

　　[130] 史金霞：《主建师生关系》，北京：中国轻工业出版社 2016 年版。

　　[131] 王思斌：《教育社会的教程》，北京：北京大学出版社 2016 年版。

中文期刊：

[1] 傅维利：《确定教师工资待遇的几个原则》，载《教育科学研究》1986年第4期。

[2] 傅维利：《论教育功能的释放与阻滞》，载《教育科学》1989年第1期。

[3] 朱宁波：《问卷调查数据处理程序设计》，载《统计与决策》1989年第1期。

[4] 傅维利：《美国道德教育的特点及对我们的启示》，载《教育评论》1989年第4期。

[5] 朱宁波：《英、法、德大学招生制度的特色与启示》，载《教育科学》1994年第4期。

[6] 傅维利：《学校教育与亚文化》，载《教育评论》1997年第6期。

[7] 王治河：《后现代主义的建设性向度》，载《中国社会科学》1997年第1期。

[8] 张桂春：《高校思想政治工作者应在学术上有所建树》，载《辽宁师范大学学报》1998年第1期。

[9] 张新洲：《教师职务聘任制度答疑》，载《人民教育》1998年第3期。

[10] 叶澜：《新世纪教师专业素养初探》，载《教育研究与实验》1998年第4期。

[11] 朱宁波：《国外教师人事制度探析》，载《教育评论》1998年第4期。

[12] 朱宁波：《论教师的专业精神》，载《教育科学》1999年第3期。

[13] 吴刚平、章晓琴：《我国义务教育的机会公平与质量公平》，载《乐山师范高等专科学校学报》1999年第12期。

[14] 李江源：《知识与智慧：现代教育中的二律背反》，载《现代教育论丛》2001年第2期。

[15] 赵飞：《中美学校德育实施途径的比较研究》，载《思想政治教育》2001年第2期。

[16] 石中英：《缄默知识与教学改革》，载《北京师范大学学报》2001年第3期。

[17] 蔡国春：《中美高校学生观与学生事务观之比较》，载《江苏高教》2001年第4期。

［18］赵康：《专业化运动理论——人类社会中专业性职业发展历程的假设》，载《社会学研究》2001 年第 5 期。

［19］黄志成、王俊弗、莱雷：《对话式教学述评》，载《全球教育展望》2001 年第 6 期。

［20］许明：《美国关于教师素质的界定》，载《教师评论》2002 年第 1 期。

［21］陈琴、庞丽娟、许晓辉：《论教师专业化》，载《教育理论与实践》2002 第 2 期。

［22］陈大超：《"学校管理就是服务"辨析》，载《辽宁教育研究》2002 年第 4 期。

［23］柳海民：《教师职业专业化与高师教育学科课程机构改革》，载《课程·教材·教法》2002 年第 8 期。

［24］傅维利、朱宁波：《试论我国教师职业道德规范的基本体系和内容》，载《中国教育学刊》2003 年第 2 期。

［25］王枏：《过有意义的教师职业生活》，载《中国教师》2003 年第 4 期。

［26］宁先圣：《与时俱进强化高校辅导员工作》，载《辽宁教育研究》2003 期第 7 期。

［27］傅维利：《教育研究原创性探析》，载《教育研究》2003 年第 7 期。

［28］郑洁、胡卫喜：《马克思主义关于人的全面发展理论及其对思想政治教育的启示》，载《长春工业大学学报》（社会科学版）2003 年第 8 期。

［29］朱宁波：《新课程为教师专业发展提供了平台》，载《全球教育展望》2003 年第 9 期。

［30］顾瑾玉：《小班教学与义务教育的发展》，载《教育研究与实验》2003 年第 10 期。

［31］申春生：《教师专业化的内涵分析》，载《前沿》2003 年第 11 期。

［32］朱炜：《发达国家高校学生事务管理比较及其启示》，载《黑龙江高教研究》2003 年第 11 期。

［33］朱宁波：《日本教师专业发展特征的嬗变》，载《辽宁师范大学学报》2004 年第 2 期。

［34］范润宽：《高校政治辅导员队伍"专业化"建设的必要性及途径》，载《山西财经大学学报》（高等教育版）2004年第3期。

［35］傅维利、刘磊：《论教育改革中的教师压力》，载《中国教育学刊》2004年第3期。

［36］金美福：《生活体验研究：含义、原理与主要环节——范梅南的教育学研究方法论在教师教育意义上的解读》，载《外国教育研究》2004年第6期。

［37］黄永乐：《高校学生工作专业化发展初探》，载《辽宁教育研究》2004年第7期。

［38］杨秀玉、孙启林：《教师的角色冲突和职业倦怠》，载《外国教育研究》2004年第9期。

［39］吴志功：《美国高校学生工作的历史和现状》，载《比较教育研究》2004年第9期。

［40］张大林、葛文胜：《泰国高校学生事务管理的特点》，载《中国地质教育》2004年第12期。

［41］袁振国：《努力成为一名教育家》，载《河南教育》2005年第2期。

［42］杨春梅：《试析高等教育课程中的公平》，载《江苏高教》2005年第3期。

［43］李明忠：《美国大学生事务管理工作的发展特性》，载《现代教育科学》2005年第5期。

［44］吴亚玲：《英国高校学生事务概况及启示》，载《中国高教研究》2005年第5期。

［45］闫卫铎、裴春燕：《谈高等院校政治辅导员"专业化"》，载《河北北方学院学报》2005年第5期。

［46］冯邵红：《专业化发展高校学生工作势之必然》，载《黑龙江高教研究》2005年第6期。

［47］杨伦琪：《大众化教育下高校辅导员工作面临的问题及对策》，载《黑龙江高教研究》2005年第6期。

［48］吕一军：《马克思主义关于人的全面发展理论与高校思想政治教育》，载《中国高教研究》2005年第7期。

［49］时长江：《试论我国高校学生管理专业化及其制度保障》，载《中国高教研究》2005年第11期。

［50］徐建华：《高校辅导员队伍专业化建设的思考》，载《上海工程技术大学教育研究》2006 年第 6 期。

［51］赵庆典、李海鹏：《努力建立大学生思想政治教育的组织保证和长效机制——高校辅导员班主任队伍建设情况调研报告》，载《国家教育行政学报》2006 年第 2 期。

［52］潘艳、贾会彦：《现象学的教育研究范式探析——以马克斯·范梅南为例》，载《教书育人》2006 年第 3 期。

［53］廖敏：《树立科学发展观、建立高校辅导员独立专业发展标准》，载《陕西师范大学学报》2006 年第 4 期。

［54］梁金霞、徐丽丽：《完善制度健全机制推动辅导员队伍健康发展——全国 103 所高校辅导员队伍建设状况调研报告》，载《国家教育行政学院学报》2006 年第 6 期。

［55］杨晓：《"学会关心"———一种新的教育范式》，载《中国德育》2006 年第 6 期。

［56］孔明福：《论高校辅导员的专业化建设》，载《中国德育》2006 年第 7 期。

［57］肖丽：《英国高职院校学生管理工作的启示》，载《山西教育》2006 年第 7 期。

［58］焦文铭：《论高校学生工作的专业化》，载《扬州大学学报》2006 年第 8 期。

［59］童静菊：《高校辅导员队伍建设的回顾与展望》，载《学校党建与思想教育》2006 年第 8 期。

［60］曲建武：《着力建设一支专业化职业化的辅导员队伍》，载《高校理论战线》2006 年第 9 期。

［61］罗俊：《新时期高校辅导员队伍专业化教育论要》，载《科技信息》2006 年第 11 期。

［62］陈静：《"生活体验研究"与教师成长》，载《教学月刊》（中学版下）2007 年第 1 期。

［63］吴广宇：《新时期高校辅导员专业化探析》，载《哈尔滨学院学报》2007 年第 1 期。

［64］张志、张书丰：《高校辅导员队伍建设发展的五个历史时期及其特点》，载《科技信息》2007 年第 2 期。

［65］史迎霞：《辅导员队伍建设的专业化探索》，载《辽宁行政学院学

报》2007 年第 4 期。

［66］赵永乐、王慧：《中国高校教师职称改革模式的抉择》，载《南京社会科学》2007 年第 4 期。

［67］童伟中：《新时期辅导员激励机制构建新探》，载《学校党建与思想教育》2007 年第 5 期。

［68］王道阳：《我国高校政治辅导员制度的历史演变》，载《思想教育研究》2007 年第 5 期。

［69］林琳：《专业化高校辅导员的素质要求与保障机制》，载《教书育人》2007 年第 6 期。

［70］梁家峰：《辅导员队伍专业化的途径分析》，载《思想理论教育导刊》2007 年第 6 期。

［71］邢国忠：《美国高校学生事务管理专业化概况及其启示》，载《教育发展研究》2007 年第 7 期。

［72］吕向虹：《布鲁贝克高等教育哲学观述评》，载《中山大学学报论丛》2007 年第 9 期。

［73］傅维利：《论教育中的惩罚》，载《教育研究》2007 年第 10 期。

［74］廖红梅：《小议高校辅导员队伍专业化发展面临的问题》，载《中国水运》2007 年第 10 期。

［75］刘保平：《试论我国高校辅导员队伍建设》，载《湘潮》2007 年第 10 期。

［76］冯刚：《论辅导员的专业化培养和职业化发展》，载《思想教育研究》2007 年第 11 期。

［77］杨铁军：《我国高校辅导员队伍建设和职能定位演变过程回顾及启示》，载《黑龙江教育》2007 年第 11 期。

［78］曹麒麟、李向成、张滟：《高校辅导员专业化的必要性分析与可行路径研究》，载《思想政治教育研究》2008 年第 1 期。

［79］李永山：《高校辅导员专业化发展问题及其思考》，载《思想教育研究》2008 年第 1 期。

［80］黄乾玉、韦永革：《高校开展心理健康教育的途径探讨》，载《教书育人》2008 年第 3 期。

［81］陈立永：《高校辅导员队伍专业化途径初探》，载《高教研究版》2008 年第 4 期。

［82］林良盛：《高校辅导员制度发展沿革与功能演化》，载《广东石油

化工学院学报》2008年第4期。

[83] 徐士元、任莉：《社会学视角下高校辅导员队伍专业化途径探析》，载《辽宁教育研究》2008第5期。

[84] 朱宁波、齐冰：《基于教师专业发展的校本教研专业引领的实施策略》，载《教育科学》2008年第6期。

[85] 李平：《专业化对辅导员队伍建设的作用》，载《产业与科技论坛》2008年第6期。

[86] 漆小萍：《论辅导员队伍专业化的建设路径》，载《思想理论教育》2008年第6期。

[87] 林娜：《高校辅导员队伍专业化发展路径选择》，载《思想教育研究》2008年7期。

[88] 朱孔军：《从两难选择到整合协调——辅导员队伍专业化建设的现实问题思考》，载《思想教育研究》2008年第7期。

[89] 柳海民、常艳芳：《论大学精神的价值》，载《教育研究》2008年第8期。

[90] 屈朝霞、齐秀强：《美国高校学生事务管理与我国辅导员制度的改进》，载《教育探索》2008年第8期。

[91] 张贤根：《科学的判断表达及其现象学阐释》，载《武汉科技学院学报》2008年第8期。

[92] 刘春蕾：《高校辅导员队伍专业化建设的思考》，载《高等函授学报》2008年第9期。

[93] 吉兴华、姜瑛、叶丽萍：《高校辅导员制度的形成与发展》，载《北京工业职业技术学院学报》2008年第10期。

[94] 黄军伟：《中美高校辅导员的角色定位比较及启示》，载《理论月刊》2008年第11期。

[95] 杨启亮：《教师专业发展的几个基础性问题》，载《教育发展研究》2008年第12期。

[96] 王保义：《发展性辅导视角下的高校辅导员专业化建设》，载《思想政治教育研究》2009年第1期。

[97] 李德显、韩彩虹：《论大学教师精神特质》，载《教育科学》2009年第1期。

[98] 丁文勤：《论高校辅导员专业化知识体系》，载《黑龙江高教研究》2009年第2期。

[99] 江丽媚、揭育通：《高校辅导员角色定位的历史过程》，载《安康学院学报》2009年第2期。

[100] 李爱民：《高校辅导员专业化发展的基本内涵及实现路径》，载《国家教育行政学院学报》2009年第2期。

[101] 张丽玉：《高校辅导员专业化的制约因素及对策分析》，载《南昌高专学报》2009年第2期。

[102] 郭永邦：《论高校辅导员队伍专业化建设的困惑与出路》，载《湘潮》2009年第3期。

[103] 莫岳云、陈敏：《改革开放以来党对高校思想政治理论课指导的历史经验》，载《思想理论教育导刊》2009年第3期。

[104] 童建福、周娟娟：《改革开放三十年我国高校辅导员队伍建设的回顾与展望》，载《福建论坛》2009年第4期。

[105] 李永山：《美国高校学生事务队伍专业化发展及其启示》，载《思想教育研究》2009年第4期。

[106] 马超：《规范与指导：专业协会在美国高校学生事务中的作用》，载《清华大学教育研究》2009年第4期。

[107] 张立兴：《高校辅导员制度的沿革进程考察》，载《思想理论教育导刊》2009年第4期。

[108] 陈瑄：《人本主义理论在大学生思想教育中的应用》，载《中国成人教育》2009年第5期。

[109] 刘畅、张泽宝：《从专业化建设的视角看辅导员的队伍建设》，载《电子科技大学学报》2009年第6期。

[110] 罗海燕、冯建：《从职业自主性反思我国高校辅导员职业的发展》，载《理工高教研究》2009年第6期。

[111] 宋辉、康婷：《国外高校学生管理工作的经验与启示》，载《辽宁高职学报》2009年第6期。

[112] 俞锋：《美国高校学生事务管理队伍的最新发展及启示》，载《比较教育研究》2009年第7期。

[113] 董丹辉：《关于高校辅导员队伍专业化建设发展的研究综述》，载《新课程学习》2009年第8期。

[114] 郑琼英：《论我国高校辅导员队伍职业化建设的方略》，载《当代教育理论与实践》2009年底8期。

[115] 张杰、王庚：《论高校辅导员职业发展能力的培养》，载《思想

理论教育导刊》2009 年第 8 期。

　　[116] 袁杨华：《高校辅导员职业应趋向专业化——从教师专业化角度分析》，载《合肥工业大学学报》（社会科学版）2009 年第 10 期。

　　[117] 赵扬：《辅导员队伍专业化发展的制度创新》，载《思想理论教育》2009 年第 10 期。

　　[118] 黄发友、周强：《试论我国高校政治辅导员角色定位及其工作职责的变迁轨迹》，载《长春工业大学学报》2009 年第 12 期。

　　[119] 殷善兵：《对政治辅导员队伍职业化、专业化和专家化建设的思考》，载《山东社会科学》2009 年第 12 期。

　　[120] 张晓辉、李如密：《教学风格的影响因素及其结合机制探析》，载《教育学报》2009 年第 12 期。

　　[121] 孙帅梅：《高校辅导员的角色冲突与专业化建设》，载《思想理论教育》2009 年第 17 期。

　　[122] 杨启亮：《教师职业专业发展的几种水平》，载《教育发展研究》2009 年第 24 期。

　　[123] 王长华：《美国高校学生事务专业协会的角色功能及其启示》，载《思想教育研究》2010 年第 1 期。

　　[124] 张铤：《论美国高校辅导员制度》，载《黑龙江高教研究》2010 年第 1 期。

　　[125] 熊芬、张璟：《高校辅导员队伍"职业化、专业化"建设探索》，载《高校辅导员学刊》2010 年第 2 期。

　　[126] 刘进：《我国高校辅导员专业化的现实悖论》，载《江苏高教》2010 年第 2 期。

　　[127] 毛爱军、郭为民：《美国高校学生事务管理模式研究》，载《西安电子科技大学学报》2010 年第 3 期。

　　[128] 徐涌金、章珺：《关于有效推进高校辅导员职业化的思考》，载《思想教育研究》2010 年第 3 期。

　　[129] 魏小鹏：《着力专业化职业化建设，提高辅导员工作科学化水平》，载《中国高等教育》2010 年第 7 期。

　　[130] 张秀荣：《高校辅导员专业化体系构建初探》，载《辽宁教育行政学院学报》2010 年第 7 期。

　　[131] 芮鸿岩：《发展学生：美国高校学生事务管理的借鉴》，载《江苏高教》2010 年第 11 期。

[132] 王冀:《提高实施教育规划纲要的文化自觉》,载《中国高等教育》2010年第11期。

[133] 张桂生:《浅谈做好高校辅导员工作的几个着力点》,载《思想理论教育导刊》2010年第11期。

[134] 程子杰:《试论高职学校学生管理的教师主体地位》,载《武汉职业技术学院学报》2010年第12期。

[135] 杨建义:《高校辅导员身份定位与建构》,载《思想教育研究》2011年第11期。

[136] 侯启海、庞德英、桑淑钧:《国外及香港地区高校学生事务管理给予我国高校辅导员专业化发展的启示》,载《山东省农业管理干部学院学报》2011年第3期。

[137] 张学安、甘家武:《高校辅导员队伍稳定性探析》,载《云南财经大学学报》(社会科学版)2011年第4期。

[138] 余芳:《高校网络思想政治教育新探》,载《文教资料》2011年第5期。

[139] 朱洁义:《"高校辅导员专业化"研究进程:2005—2010——基于期刊数据库文献的题名检索》,载《高教研究与实践》2011年第6期。

[140] 韩锦标:《大学管理模式的历史嬗变》,载《当代教育科学》2011年第6期。

[141] 李春晖:《改革开放以来大学生思想政治教育的发展历程》,载《思想政治教育研究论坛》2011年第7期。

[142] 王德华:《基于辅导员专业化素质结构的分层目标设计》,载《高教论坛》2011年第7期。

[143] 陈绍山、王小婷:《"高校辅导员专业化"研究进程:2005—2010——基于期刊数据库文献的题名检索》,载《昆明理工大学学报(社会科学版)》2011年第8期。

[144] 刘法虎:《西方大学学术自由的发展与特征》,载《学园》2011年第8期。

[145] 彭庆红:《论高校学生思想政治工作队伍的组织价值与性质》,载《思想教育研究》2011年第8期。

[146] 王长纯:《教师专业化发展:对教师的重新发展》,载《教育研究》2011年第11期。

[147] 侯启海、王建成:《高校辅导员辅导员队伍的专业化发展模式比

较研究》，载《高校辅导员》2011年第12期。

[148] 张红、张行：《"全人发展"育人理念下的香港高校学生工作特点分析及其启示》，载《华北电力大学学报》2011年第12期。

[149] 朱宁波：《试析我国高校辅导员制度存在的问题与对策》，载《教育探索》2011年第12期。

[150] 张波：《论高校辅导员专业化的知识基础》，载《建构与整合》2012年第2期。

[151] 张波：《建构与整合：论高校辅导员专业化的知识基础》，载《高校辅导员》2012年第2期。

[152] 虞晓东：《高校辅导员队伍专业化建设的对策与抉择》，载《黑龙江高教研究》2012年第3期。

[153] 倪娟、杜德省：《高校辅导员队伍职业化建设的实现路径工会论坛》，载《山东省工会管理干部学院学报》2012年第5期。

[154] 王晨：《谈教育的自由与纪律》，载《长春教育学院学报》2012年第6期。

[155] 冯刚：《党的十六大以来大学生思想政治教育的创新与发展》，载《中国高等教育》2012年第9期。

[156] 陈明霞：《辅导员队伍专业化发展与思想政治教育专业建设》，载《思想教育研究》2012年第12期。

[157] 陈思玉：《高校辅导员队伍继续教育体系研究》，载《江苏技术师范学院学报》2012年第12期。

[158] 杨宾峰：《高校辅导员队伍建设职业化的法理性》，载《河南科技学院学报》2013年第1期。

[159] 吴琼：《高校辅导员培训制度的探索》，载《继续教育研究》2013年第1期。

[160] 黄军伟：《从行政承认到专业信任：辅导员专业化的应然转向》，载《扬州大学学报》（高教研究版）2013第2期。

外文译著：

[1]《马克思恩格斯选集》，北京：人民出版社1979年版。

[2]〔英〕罗素：《罗素论教育》，杨汉麟译，北京：人民教育出版社1980年版。

[3]〔苏〕苏霍姆林斯基：《给教师的建议》，杜殿坤译，北京：教育

科学出版社1981年版。

[4]〔苏〕苏霍姆林斯基：《教育的艺术》，肖勇译，长沙：湖南教育出版社1983年版。

[5]〔荷〕斯宾诺莎：《伦理学》，贺麟译，北京：商务印书馆1983年版。

[6]〔捷克〕夸美纽斯：《大教学论》，傅任敢译，北京：人民教育出版社1984年版。

[7]〔美〕约翰·S.布鲁贝克：《高等教育哲学》，郑继伟等译，杭州：浙江教育出版社1987年版。

[8]〔美〕马斯洛：《存在心理学探索》，李文湉译，长沙：湖南人民出版社1987年版。

[9]〔德〕伽达默尔：《科学时代的理性》，薛华等译，国际文化出版公司1988年版。

[10]〔德〕赫尔巴特：《普通教育学·教育学讲授纲要》，李其龙译，北京：人民教育出版社1989年版。

[11]〔德〕第斯多惠：《德国教师培养指南》，袁一安译，北京：人民教育出版社1990年版。

[12]〔德〕雅斯贝尔斯：《什么是教育》，邹进译，北京：北京生活·读书·新知三联书店1991年版。

[13]〔美〕P.克拉克：《高等教育系统》，王承绪等译，杭州：杭州大学出版社1994年版。

[14]〔英〕史蒂文森：《人性七论》，袁荣生译，北京：商务印书馆1994年版。

[15]联合国教科文组织、国际教育发展委员会：《学会生存——教育世界的今天和明天》，华东师范大学比较教育研究所译，北京：教育科学出版社1996年版。

[16]〔美〕威廉·维尔斯曼：《教育研究方法导论》，袁振国译，北京：教育科学出版社1997年版。

[17]〔德〕黑格尔：《美学》，朱光潜等译，商务印书馆1997年版。

[18]〔德〕马克思·韦伯：《学术与政治》，冯克利译，北京："生活·读书·新知"三联书店1998年版。

[19]〔美〕J.罗尔斯：《正义论》，何怀宏译，北京：中国社会科学出版社1998年版。

[20]〔美〕加里·德斯勒:《人力资源管理》,刘昕译,北京:中国人民大学出版社1999年版。

[21]〔德〕马克思·韦伯:《社会科学方法论》,李秋零、田薇译,北京:中国人民大学出版社1999年版。

[22]〔美〕华勒斯坦:《学科、知识、权力》,刘健芝译,北京:"生活·读书·新知"三联书店1999年版。

[23]〔英〕J.洛克:《教育漫话》,傅任敢译,北京:教育科学出版社1999年版。

[24]〔加〕D.J.史密斯:《全球化与后现代教育学》,郭深生译,北京:教育科学出版社2000年版。

[25]〔德〕沃尔夫冈·布列钦卡:《教育科学的基本概念——分析、批判和建议》,胡劲松译,上海:华东师范大学出版社2000年版。

[26]〔法〕E.迪尔凯姆:《社会学方法》,狄正明译,北京:商务印书馆2001年版。

[27]〔美〕J.杜威:《民主主义与教育》,王承绪译,北京:人民教育出版社2001年版。

[28]〔古罗马〕昆体良:《教育论著选》,任钟印译,北京:人民教育出版社,2001年版。

[29]〔日〕佐藤正夫:《教学原理》,钟启泉译,北京:教育科学出版社2001年版。

[30]〔加〕马克思·范梅南:《教学机智——教育智慧的意蕴》,李树英译,北京:教育科学出版社2001年版。

[31]〔日〕藤田英典:《走出教育改革的误区》,张琼华、许敏译,北京:人民教育出版社2001年版。

[32]〔西〕奥尔特加·加塞特:《大学的使命》,徐小洲、陈军译,杭州:浙江教育出版社2001年版。

[33]〔英〕J.亨利·纽曼:《大学的理想》,徐辉译,杭州:浙江教育出版社2001年版。

[34]〔荷〕弗兰斯·K.范富格特:《国际高等教育改革比较研究》,王承绪译,杭州:浙江教育出版社2001年版。

[35]〔美〕亚伯拉罕·弗莱克斯纳:《现代大学论——美英德大学研究》,徐辉、徐晓菲译,杭州:浙江教育出版社2001年版。

[36]〔美〕德里克·博克:《走出象牙塔——现代大学的社会责任》,

徐小洲、陈军译，杭州：浙江教育出版社 2001 年版。

[37]〔美〕R.M.赫钦斯：《美国高等教育》，汪利兵译，杭州：浙江教育出版社 2001 年版。

[38]〔巴西〕弗莱雷：《被压迫者的教育学》，励建新译，上海：华东师范大学出版社 2001 年版。

[39]〔奥〕莫里茨·石里克：《伦理学的问题》，孙美堂译，北京：华夏出版社 2001 年版。

[40]《赫尔巴特文集——教育学卷》，李其龙译，杭州：浙江教育出版社 2002 年版。

[41]〔美〕亨利·A.吉罗克思：《跨跃边界——文化工作者与政治教育学》，刘惠珍译，上海：华东师范大学出版社 2002 年版。

[42]〔美〕小威廉姆·E.多尔：《后现代课程观》，王红宇译，北京：教育科学出版社 2002 年版。

[43]〔加〕马克思·范梅南：《生活体验研究——人文科学视野中的教育学》，宋文等译，北京：教育科学出版社 2003 年版。

[44]〔美〕克里夫·贝尔：《优化学校教育》，戚石学译，上海：华东师范大学出版社 2003 年版。

[45]〔日〕佐藤学：《课程与教师》，钟启泉译，北京：教育科学出版社 2003 年版。

[46]〔加〕K.纳普尔、J.克罗普利：《高等教育与终身学习》，徐辉、陈晓菲译，上海：华东师范大学出版社 2003 年版。

[47]〔美〕内尔诺丁斯：《学会关心——教育的另一种范式》，于天龙译，北京：教育科学出版社 2003 年版。

[48]〔英〕亨利.纽曼：《大学的理念》，高师宁等译，贵阳：贵州教育出版社 2003 年版。

[49]〔美〕斯蒂芬·P.罗宾斯、玛丽.库尔特：《管理学》，孙健敏等译，北京：中国人民大学出版社 2004 年版。

[50]〔美〕小威廉姆·E.多尔、〔澳〕诺尔·高夫：《课程愿景》，张文军译，北京：教育科学出版社 2004 年版。

[51]〔加〕迈克尔·富兰：《变革的力量——透视教育改革》，中央教育科学研究所译，北京：教育科学出版社 2004 年版。

[52]〔日〕佐藤学：《学习的快乐——走向对话》，钟启泉译，北京：教育科学出版社 2004 年版。

[53]〔法〕雅克.德里达:《多重立场》,佘碧平译:"生活·读书·新知"三联书店2004年版。

[54]〔英〕赫斯·宾塞:《斯宾塞教育论著选——德育》,胡毅、王承绪译,北京:人民教育出版社2005年版。

[55]〔瑞士〕裴斯泰洛齐:《林哈德与葛笃德》,北京编译社译,北京:人民教育出版社2005年版。

[56]〔德〕F.W.克·罗思:《教学论基础》,李其龙等译,北京:教育科学出版社2005年版。

[57]〔澳〕科林·马什:《初任教师手册》,吴刚平、何立群译,北京:教育科学出版社2005年版。

[58]〔美〕丹尼尔·科顿姆:《教育为何是无用的》,仇蓓玲、卫鑫译,南京:江苏人民出版社2005年版。

[59]〔加〕迈克尔·富兰:《教育变革新意义》,赵中健译,北京:教育科学出版社2005年版。

[60]〔英〕弗兰克·富里迪:《知识分子都到哪去》,戴从容译,南京:江苏人民出版社2005年版。

[61]约翰·史密斯:《当代心理学体系》,郭本禹等译,西安:陕西师范大学出版社2005年版。

[62]〔美〕鲍里奇:《教师观察力的培养——通向高效率教学之路》,么加利等译,北京:中国轻工业出版社2006年版。

[63]〔美〕罗伯特·G.欧文斯:《教育组织行为学》,窦卫霖等译,上海:华东师范大学出版社2006年版。

[64]〔美〕奥姆罗德:《教育心理学》(第四版),彭运石等译,陕西:陕西师范大学出版社2006年版。

[65]〔美〕劳伦斯·纽曼:《社会研究方法》,郝大海译,北京:中国人民大学出版社2007年版。

[66]〔美〕奥斯特曼·克特坎普:《教育者的反思与实践——通过专业发展来促进学生学习》,郑丹丹译,北京:中国轻工业出版社2007年版。

[67]〔美〕凯瑟琳:《杜威学校》,王承绪等译,北京:教育科学出版社2007年版。

[68]〔美〕D.G.阿姆斯特朗:《教育学导论》,李长华等译,北京:中国人民大学出版社2007年版。

[69]〔美〕J.L.古德莱德:《一个称作学校的地方》,苏智欣等译,上

海：华东师大出版社 2007 年版。

［70］〔美〕J.波斯纳：《课程分析》，仇先鹏译，上海：华东师大出版社 2007 年版。

［71］〔法〕福柯：《规训与惩罚》，刘北成等译，北京："生活.读书.新知" 三联书店 2007 年版。

［72］〔美〕布鲁纳：《教学论》，姚梅林、郭安译，北京：中国轻工业出版社 2008 年版。

［73］〔美〕杜威：《杜威教育文集》，赵祥麟、王承绪等译，北京：人民教育出版社 2008 年版。

［74］〔法〕埃德加·莫兰：《复杂性思想导论》，陈一壮译，武汉：华中师范大学出版社 2008 年版。

［75］〔英〕瓦尔特·吕埃格：《欧洲大学史》，张斌贤等译，河北大学出版社 2008 年版。

［76］〔美〕理查德·罗蒂：《后哲学文化》，黄勇译，上海：上海译文出版社 2009 年版。

［77］〔苏〕苏霍姆林斯基：《和青年校长的谈话》，赵玮译，北京：教育科学出版社 2009 年版。

［78］〔法〕笛卡尔：《谈谈方法》，王太庆译，北京：商务印书馆 2009 年版。

［79］〔法〕卢梭：《爱弥儿》，李平沤译，北京：商务印书馆 2009 年版。

［80］〔古希腊〕柏拉图：《理想国》，郭斌和、张竹明译，北京：商务印书馆 2009 年版。

［81］〔德〕尼采：《偶像的黄昏——或怎样用锤子从事哲学》，李超杰译，北京：商务印书馆 2009 年版。

［82］〔英〕大卫·帕尔菲曼：《高等教育何以为"高"——牛津导师制教学反思》，北京：北京大学出版社 2011 年版。

［83］〔美〕古德·布罗菲：《透视课堂》，陶志琼译，北京：中国轻工业出版社 2011 年版。

［84］〔美〕弗雷德里克·温斯洛·泰罗：《科学管理原理》，北京：机械工业出版社 2013 年版。

［85］〔奥〕维特根斯坦：《逻辑哲学论》，韩林合译，北京：商务印书馆 2013 年版。

［86］〔德〕康德：《康德著作全集——卷9 教育学卷》，李秋零主编：中国人民大学 2013 年版。

［87］〔以〕马丁·布伯：《我和你》，陈维纲译，北京：商务印书馆 2015 年版。

［88］〔德〕马丁·海德格尔：《同一与差异》，孙周兴等译：北京：商务印书馆 2016 年版。

［89］〔英〕约翰·洛克：《人类理解论》，关文运译，北京：商务印书馆 2017 年版。

外文原著：

［1］Liberman, A.and Miller, L.1992："Professionalization of Teachers", In M.C.Alkin（ED.）, *Encyclopedia of Educational Research Vol.*2, NewYork：Macmillan, 1945.

［2］Wayne F. Cascio："Applied Psychology in Personnel Management", RestonVA：Reston, 1978.

［3］Carr‐sanders, A. M.：*The Profession*, Oxford：Clarendon Press, 1993, p.3—4.

［4］Margaret J.Barr：*The Hand book of Student Affairs Administration*, The Jossey‐Bass higher and adult education series, 1993.

［5］National Commission on Teaching and America's Furture："What matters most：Teaching for America's Future", Septemper 1996.

［6］Robert A.Schwartz, William A.Bryan："What Is Professional Development？", *New Direction For Student Services*, 1998.

［7］John H.Schuh：*Guiding Principles for Evaluating Student and Academic Affairs Partnerships*, New Directions For Student Services, Jossey‐Bass Publishers no. 87, Fall 1999.

［8］［9］［10］Margaret J.Barr Mary K.Desler and Associates："The Handbook of Student Affairs Administration", *Jossey‐Bass Publishers*, 2000.

［11］Gregory S. Blimling , Elizabeth J. Whitt and Associates："Good Practice in Students Affairs—Principle To Foster Students Learning", San Francisco：Jossey‐Bass publishers, 2001.

［12］Laura A.Dean："CAS Professional Standards for Higher Education：six", *Council for the Advancement of Standards in Higher Education*, 2006.

[13] Hellfritzch, A.G.: "A factor analysis of teacher abilities", *Journal of Experimental Education*, 1945.

[14] Brophy, J.E. and Good, T.L.: "Teacher behavior and student achievement", in M.C. Wittrock (ed.), *Handbook of Research on Teaching*, New York: Macmillan, 1998.

[15] Bisschoff, B.G.: "The management of teacher competence", *Journal of In-service Education*, 1998, 24.

[16] Lieberman, A., Saxi, E.R. and Miles, M, B.: *Teacher Leadership: Ideology and Practice*, In a Lieberman (Ed.), Building a professional culture in schools, New York: Teachers College Press, 1988: p.148~166.

[17] Peterson, A.: "Teachers' changing perceptions of self and others throughout the teaching career: some perspectives from an interview study of fifty retired secondary school teachers", Paper present to the southwest Educational research association, San Francisco, 1979.

[18] Schon, D.A.: Education the reflective practitioner: *Toward a new design for teaching and learning in the professions*, San Francisco: Jossey-Bass, Inc., 1987.

[19] Ashton, P. and Webb, R.: *Making a difference: Teacher's sense of efficacy and student achievement*, New York: Longman, 1986.

[20] Lau, P.S.Y.: "Teacher burnout in Hong Kong secondary schools", A PhD dissertation of the Chinese University of Hong Kong, Hong Kong: The Chinese University of Hong Kong, 2002.

[21] Fuller, F.: "Concerns of teachers: A developmental conceptualization", *American Educational Research Journal*, 1969, 6 (2): p.207~226.

[22] Shulman, L.S.: "Knowledge and Teaching: Foundations of the New Reform", *Harvard Educational Review*, 1987, 57 (1): p.1~22.